STARK

ABITUR
2013

Prüfungsaufgaben
mit Lösungen

Deutsch

Leistungskurs
Gymnasium • Gesamtschule
Nordrhein-Westfalen

2010–2012

STARK

ISBN 978-3-8490-0100-1

6. neu bearbeitete und ergänzte Auflage
www.stark-verlag.de

Inhalt

Autorinnen und Autoren:
Natalie Schneider (Übungsaufgaben 1, 4), Lothar Adam (Übungsaufgabe 2), Dr. Bertold Heizmann (Übungsaufgabe 8), Christoph Oldeweme (Übungsaufgabe 3), Dr. Peter Peters (Übungsaufgaben 5, 7), Ellen Schindler-Horst (Übungsaufgabe 6)

Lösungen 2010: Dr. Hildegard Steinkamp (Aufg. 1, 2), Dr. Peter Peters (Aufg. 3, 4)
Lösungen 2011: Dr. Hildegard Steinkamp
Lösungen 2012: Dr. Peter Peters

Vorwort

Liebe Abiturientinnen und Abiturienten,

Sie haben Deutsch als Leistungskurs gewählt und werden 2013 das Zentralabitur ablegen. Seit dem Abitur 2007 werden die Aufgaben einheitlich für alle Schülerinnen und Schüler in NRW zentral vom Bildungsministerium gestellt. Dieser Band wird Ihnen dabei helfen, sich optimal auf diese Prüfungen vorzubereiten!

Das einführende Kapitel „**Hinweise und Tipps**" informiert Sie über die offiziellen Rahmenvorgaben, macht Sie mit den Arbeitsanweisungen (Operatoren) vertraut und erläutert die verschiedenen Schwierigkeitsstufen (Anforderungsbereiche) innerhalb jeder einzelnen Aufgabe sowie deren Bewertung. Es schließen sich konkrete Tipps an, wie Sie die verschiedenen Aufgabenarten am besten lösen können. Hinweise zur mündlichen Prüfung im Fach Deutsch runden diesen Teil ab.

Die acht **abiturähnlichen Übungsaufgaben** richten sich zum einen nach den gültigen Richtlinien und Lehrplänen Deutsch für die Gymnasiale Oberstufe des Gymnasiums und der Gesamtschule in Nordrhein-Westfalen sowie der Weiterbildungskollegs. Zum anderen greifen sie die ministeriellen Vorgaben für das Zentralabitur Deutsch auf und berücksichtigen alle Schwerpunktthemen und verbindlichen Inhaltsfelder.

Die **Original-Prüfungsaufgaben 2010, 2011 und 2012** zeigen Ihnen, was im Abitur auf Sie zukommt, und sind optimales Übungsmaterial.

Zu jeder Aufgabe finden Sie einen ausführlichen **Lösungsvorschlag**, mit dem Sie Ihren eigenen Aufsatz vergleichen können. Den Lösungsvorschlägen vorangestellt sind **Hinweise und Tipps**, die Ihnen bei der Erschließung der einzelnen Arbeitsanweisungen helfen. Wesentliche **Fachbegriffe** in den Lösungsvorschlägen sind durch Fettdruck hervorgehoben, **Strukturierungshinweise am Rand** sollen helfen, den Gedankengang nachzuvollziehen. Vergegenwärtigen Sie sich bei Ihrer Vorbereitung immer wieder die genaue Fragestellung und die verwendeten **Operatoren** und lesen Sie wiederholt die Erklärung der unterschiedlichen Aufgabenarten in den Hinweisen nach. Auf diese Weise wiederholen Sie auch die im Unterricht gelernten Inhalte und Methoden.

Ein **Stichwortverzeichnis** ermöglicht die schnelle Orientierung in den Prüfungsaufgaben.

Sollten nach Erscheinen dieses Bandes noch wichtige Änderungen in der Abiturprüfung 2013 vom Kultusministerium bekannt gegeben werden, finden Sie aktuelle Informationen dazu im Internet unter
www.stark-verlag.de/info.asp?zentrale-pruefung-aktuell

Wir wünschen Ihnen eine effektive Vorbereitung und eine erfolgreiche Abiturprüfung!

Die Autoren und der Verlag

Stichwortverzeichnis zu den Original-Prüfungsaufgaben

Sachregister

Werkregister

Personenregister

Hinweise und Tipps

1 Grundlagen

Seit 2007 werden die Prüfungsaufgaben in Nordrhein-Westfalen für die schriftliche Abiturprüfung zentral vom Ministerium für Schule und Weiterbildung gestellt. Die mündliche Abiturprüfung hingegen wird weiterhin dezentral von der jeweiligen Schule entwickelt.

1.1 Vorgaben für den Doppeljahrgang des Zentralabiturs Deutsch 2013

In Aufbau und Inhalt orientieren sich die zentralen Prüfungsaufgaben an drei Vorgaben:
- an den gültigen Richtlinien und Lehrplänen Deutsch Sekundarstufe II – Gymnasium/Gesamtschule (Abschnitt 5.3.1)
- an den bundesweit gültigen Einheitlichen Prüfungsanforderungen in der Abiturprüfung (EPA)
- an den jährlichen Vorgaben zu den unterrichtlichen Voraussetzungen für die schriftliche Prüfung im Abitur in der gymnasialen Oberstufe

Die Berücksichtigung dieser Vorgaben im Unterricht soll sicherstellen, dass alle Schülerinnen und Schüler in der Qualifikationsphase der JS 12 und 13 bzw. der Q1 und Q2 konkret auf die Anforderungen des Abiturs vorbereitet werden. Alle für Sie wichtigen Informationen für die Prüfung finden Sie in den anschließenden Hinweisen. Im Internet können Sie sich zusätzlich auf folgenden Seiten des Schulministeriums Düsseldorf ergänzend informieren:

www.standardsicherung.schulministerium.nrw.de/abitur-gost/fach.php?fach=1
www.standardsicherung.schulministerium.nrw.de/abitur/abitur-weiterbildungskolleg/faecher/weiterbildungskolleg-dateiliste.html?fach=1
http://www.kmk.org/bildung-schule/allgemeine-bildung/sekundarstufe-ii-gymnasiale-oberstufe/abitur.html

1.2 Termine

schriftliche Abiturprüfungen Deutsch (GK und LK): 10. April 2013
mündliche Prüfung im 4. Fach: ab 24. April 2013

1.3 Zeitrahmen

Bei den zentralen Abiturprüfungen im Fach Deutsch werden Ihnen drei verschiedene Aufgaben vorgelegt, von denen Sie eine zur Bearbeitung auswählen müssen. Für die Auswahl haben Sie 30 Minuten Zeit. Im Leistungskurs stehen Ihnen für die Anfertigung der Arbeit dann noch 4 ¼ Stunden (255 Minuten) zur Verfügung.

1.4 Struktur der Aufgaben

Die Abituraufgaben entsprechen folgenden ministeriellen Vorgaben:

1. Die Themen stammen aus den vier Halbjahren der Qualifikationsphase (also aus den Jahrgangsstufen 12 und 13 bei G9 und den Jahrgangsstufen 11 und 12 bei G8). Dabei werden die Schwerpunktthemen der Vorgaben (siehe unten) vorausgesetzt.
2. Die drei zur Auswahl gestellten Aufgaben greifen unterschiedliche Themen aus diesen inhaltlichen Vorgaben auf. Zur erfolgreichen Bearbeitung einer Aufgabe ist Wissen aus unterschiedlichen thematischen Bereichen notwendig, da jede Abiturprüfungsaufgabe über einen einzelnen Schwerpunkt hinausreichende Bezüge aufweist.
3. Die Abituraufgaben sind im Hinblick auf die konkrete Aufgabenstellung so gestaltet, dass sie von Ihnen Leistungen auf drei aufeinander aufbauenden Niveaus, den sogenannten „Anforderungsbereichen“ (siehe S. 15) verlangen und einer der im Lehrplan zugelassenen Aufgabenarten I bis III (siehe S. 4 f.) entsprechen müssen.

2 Unterrichtsbereiche und Aufgabenarten

2.1 Schwerpunktthemen
„Inhaltliche Schwerpunkte“ im Fach Deutsch für die Abiturprüfung 2013

(Quelle: Ministerium für Schule und Weiterbildung Düsseldorf 2010; vgl. auch Richtlinien und Lehrpläne Deutsch Sek. II)

Schwerpunkte	Übungsaufgaben
Epochenumbruch 18./19. Jh. – unter besonderer Berücksichtigung der Entwicklung des Dramas: Goethe, *Iphigenie auf Tauris;* Büchner, *Woyzeck;* Kleist, *Prinz von Homburg* (nicht WBK)	1, 4, 7
Epochenumbruch 19./20. Jh. – unter besonderer Berücksichtigung der Entwicklung epischer Texte: Th. Mann, *Buddenbrooks* (nicht WBK); Literarische Beispiele der neuen Sachlichkeit: Romanauszüge/Erzähltexte von Kästner, Fallada, Fleißer oder Keun	5, 6

Gegenwartsliteratur (2. Hälfte des 20. Jh.): Koeppen, *Tauben im Gras*	8
Lyrik: thematischer Längsschnitt – Liebesgedichte mit Schwerpunkten in den Epochen Barock, Romantik (unter Einbezug von Heine) und in der 2. Hälfte des 20. Jh.	3
Reflexion über Sprache: Spracherwerb und Sprachentwicklung: Herder, *Abhandlung über den Ursprung der Sprache;* Aspekte des Sprachwandels in der Gegenwart: Einfluss neuer Medien; Mehrsprachigkeit Sprachkritik; Sprachskepsis, Sprachnot: H. v. Hofmannsthal, *Chandos-Brief;* Gedichte und Sachtexte zum Thema	2

Inhaltlich werden sich Ihre Abiturprüfungsaufgaben auf diese verbindlichen Schwerpunktthemen konzentrieren. Dies bedeutet für Sie jedoch nicht, dass sich Ihre Vorbereitung ausschließlich auf diese Texte und Bereiche beschränken darf. Die Lektüre von Th. Manns Roman *Buddenbrooks* allein beispielsweise befähigt Sie noch nicht hinreichend, das Thema Epochenumbruch 19./20. Jh. für die Abiturprüfung umfassend zu erschließen. Vielmehr müssen Sie sich auch mit den übrigen im Unterricht zu diesem Thema behandelten Texten beschäftigen, um eine gute Abiturvorbereitung zu gewährleisten.
Sie werden Aufgaben bekommen, die auf Kenntnissen und methodischen Fähigkeiten basieren, die Sie im Unterricht im Zusammenhang mit diesen Texten erworben haben.

Vorstellbar sind daher z. B.:

- eine Aufgabe mit einem Analyseauftrag zu einem dramentheoretischen Text und einem weiterführenden Schreibauftrag, der sich auf Goethes *Iphigenie* bezieht;
- die Aufgabe, zwei Rezensionen zu einem der Werke vergleichend zu analysieren, eine Aufgabe mit einem Analyseauftrag zu einem Text, in dem sich Büchner oder Kleist zu ihrem Werk oder zu ihrem Verstandnis als Dichter/Schriftsteller äußern, verbunden mit einem weiterführendem Schreibauftrag, der umfassende Kenntnisse zu den Werken, zu den Autoren oder zur jeweiligen Epoche voraussetzt;
- eine Aufgabe mit einem Analyseauftrag zu einem Auszug aus einem im Unterricht nicht behandelten Drama oder Roman mit anschließendem weiterführenden Schreibauftrag, der sich auf die im Unterricht behandelten Dramen Goethes und Büchners oder einen der behandelten Romane bezieht (Voraussetzung: Beherrschen der Methode der Dramen- und Romananalyse, umfassende Kenntnisse der behandelten Dramen und Romane sowie der jeweiligen Autoren und Epochen).

Überdies sollten Sie beachten, dass jede Abiturprüfungsaufgabe zwei unterschiedliche Schwerpunktthemen in ihrer Aufgabenstellung berücksichtigen muss.

Beispiel: Eine Abiturprüfungsaufgabe zur Liebeslyrik wird von Ihnen nicht einfach nur eine Interpretation eines romantischen Liebesgedichts verlangen, sondern Sie beispielsweise auffordern, dieses mit einem thematisch entsprechenden Gedicht der Gegenwart zu vergleichen. Somit sind zwei Schwerpunktthemen in der Aufgabe enthalten, die strukturell oder thematisch miteinander in Beziehung gesetzt werden können.

2.2 Aufgabenarten und Bearbeitungshinweise

In der Abiturprüfung werden Ihnen Aufgaben gestellt, die zu den folgenden drei Aufgabenarten gehören: der **Analyse von Sachtexten** (siehe S. 4 ff.), der **Analyse von literarischen Texten** (siehe S. 9 ff.) und der **Erörterung im Anschluss an die eingeschränkte Analyse einer Textvorlage** (siehe S. 12 ff.). Die folgende Tabelle gibt Ihnen einen kurzen Überblick über diese unterschiedlichen Aufgabenarten.

Aufgabenarten

I	A	Analyse eines Sachtextes mit weiterführendem Schreibauftrag
	B	vergleichende Analyse von Sachtexten
	C	vergleichende Analyse eines Sachtextes und eines literarischen Textes
II	A	Analyse eines literarischen Textes mit weiterführendem Schreibauftrag
	B	Analyse eines literarischen Textes mit weiterführendem, produktionsorientiertem Schreibauftrag
	C	vergleichende Analyse von literarischen Texten
III	A	argumentative Entfaltung eines fachspezifischen Sachverhaltes bzw. Problems oder eines Problems, dessen fachlicher Hintergrund aus dem Unterricht bekannt ist, im Anschluss an eine Textvorlage

Typ I: Analyse von Sachtexten

Aufgabenart I fordert die Analyse von Sachtexten mit überwiegend informierender, argumentierender oder appellativer Funktion. Es werden Ihnen z. B. Texte vorgelegt, die sich mit Fragen der Literatur oder der Sprache beschäftigen. Vorwiegend handelt es sich hierbei um theoretische Abhandlungen, um Briefe, Rezensionen zu Filmen oder Theaterstücken sowie um (politische) Reden oder um Leitartikel aus Zeitungen.

Denkbar sind z. B.:

- Rezensionen zu einer Inszenierung von *Iphigenie, Woyzeck* oder *Prinz von Homburg,*
- Rezensionen zu *Buddenbrooks* oder *Tauben im Gras,*
- Texte zum Thema „Sprachkritik“,
- dramentheoretische Texte, z. B. ein Brief, in dem sich ein Autor mit seiner Aufgabe als Dramatiker auseinandersetzt.

Zur Vorbereitung auf Prüfungsaufgaben der Aufgabenart I sollten Sie sich vor allem eingehend mit den Epochenmerkmalen befassen, da sich die zu analysierenden Texte auf diese Bereiche beziehen können.

Typ I A: Analyse eines Sachtextes mit weiterführendem Schreibauftrag

Hinweise zur Aufgabenstellung

Die erste Teilaufgabe, der etwa ein Stellenwert von **60 % bei der inhaltlichen Bewertung** zukommt, fordert die **Analyse des Sachtextes**. Auf diesem Teil muss das Hauptgewicht Ihrer Ausführung liegen.

Der erste Arbeitsauftrag kann sich auf die Aufforderung *„Analysieren Sie den vorliegenden Text“* beschränken, kann aber auch eine besondere Schwerpunktsetzung beinhalten, z. B. *„Analysieren Sie den vorliegenden Text unter besonderer Berücksichtigung der Frage, welche Wirkung der Verfasser erreichen wollte“*. In diesem Fall müssen Sie im Rahmen Ihrer Analyse besonders ausführlich auf diesen zusätzlichen Aspekt eingehen. Das kann z. B. dadurch geschehen, dass Sie einzelne rhetorische Mittel hinsichtlich der Wirkung, die durch sie erzielt werden soll, untersuchen und zudem verdeutlichen, wie dadurch die Intention des Verfassers deutlich wird.

Hinweise zur Bearbeitung

Da es sich bei Aufgabenart I um Texte handelt, die überwiegend informierenden, argumentierenden oder appellativen Charakter aufweisen, stehen die **Untersuchung der (Argumentations-)Struktur** und der **rhetorischen Mittel** im Mittelpunkt der Analyse. Wichtig ist vor allem, dass Sie darauf achten, Merkmale des Textes nicht einfach nur aufzulisten. Sie müssen vielmehr stets die Funktion bzw. Wirkung der verwendeten Elemente hinterfragen: Welche Wirkung soll durch den Einsatz der rhetorischen Fragen an Stelle X des Textes hervorgerufen werden? Woran wird deutlich, dass der Verfasser weniger argumentiert als manipuliert?

Da der Text in einem bestimmten Kommunikationszusammenhang steht, ist es erforderlich, auch diesen angemessen darzustellen. Nur auf diese Weise lassen sich Aussagen zur Funktion von Besonderheiten des Textes treffen.

So ist es z. B. bei Reden wichtig, sowohl den zeitlichen Bezug herzustellen als auch den Zuhörerkreis zu betrachten, vor dem diese Rede gehalten wurde. Es macht schließlich einen Unterschied, ob die Rede an das einfache Volk, an Soldaten vor einem Kriegseinsatz oder an Politiker während einer Bundestagsdebatte gerichtet ist.

Es empfiehlt sich, dass Sie bei der Analyse den unten aufgeführten Fragenkatalog als Hilfe verwenden und ihn dazu im Gedächtnis behalten. Stichpunkte können Sie am Rand der Texte während des mehrmaligen Lesens vor Beginn Ihrer Niederschrift festhalten – arbeiten Sie mit verschiedenfarbigen Stiften! **Sie selbst** müssen sich nach intensivem Lesen und nach Ihrem ersten Verständnis des Sachtextes darüber klar werden, welche Aspekte/Fragen im Hinblick auf diesen zu analysierenden Text besonders wichtig und welche eher nachrangig zu behandeln sind: setzen Sie Schwerpunkte! Machen Sie sich bewusst, dass jeder Text andere Eigenarten hat. So kann es bezogen auf den einen Text besonders wichtig sein, auf Anlass und Adressaten einzugehen; bezogen auf einen anderen Text, z. B. den Werkstattbericht eines Autors oder eine theoretische Abhandlung über die Rolle des Theaters, kann dies eher unbedeutend sein. Sie müssen also bei jedem Text individuell entscheiden, welche Aspekte und Fragestellungen die jeweils größte Relevanz aufweisen und somit in Ihrer Analyse besonders zu berücksichtigen sind.

Fragen, die bei der Erschließung von Sachtexten hilfreich sind

1. *Welches sind Anlass, Thema/Inhalt und Intention des Textes?*
2. *Wer ist der Verfasser? Wer sind die Adressaten?*
   Hinweise darauf sind z. B. den Anreden innerhalb des Textes und – im Falle einer Rede – den ausgewiesenen Reaktionen des Publikums zu entnehmen.
3. *Eigenschaften des Textes*
   - Wie geht der Verfasser vor, um wirksam zu sein?
     Besonders zu beachten sind die folgenden Elemente in ihrer Funktion/Wirkung: Aufbau des Textes/Inhalt der Sinnabschnitte, Argumentationsstruktur (Thesen, Argumente, Belege); vorherrschende Funktion des Textes: Selbstoffenbarung/Ausdruck, Appell, Darstellung.
   - Welche These(n) vertritt der Verfasser? Spricht er Vermutungen, Annahmen oder Überzeugungen aus?
   - Enthalten die Thesen Forderungen? Falls ja: welche Forderungen werden gestellt?
   - Mit welchen Argumenten werden Thesen gestützt? (z. B. Tatsachen, Gesetzmäßigkeiten, Forschungsergebnisse, Meinungen von Autoritäten oder Experten, allgemeine/persönliche Erfahrungen)
   - Mit welchen Belegen bzw. Beispielen verdeutlicht der Verfasser seine Argumente?
   - Zieht der Verfasser Schlussfolgerungen?
   - Wie setzt sich der Verfasser mit möglichen Einwänden auseinander?
4. *Sprachlich-rhetorische Gestaltung*
   - Welche Stilmittel verwendet der Verfasser? (z. B. Bilder, Vergleiche, Metaphern, Antithesen, Klimax, Negationen, rhetorische Fragen)
   - Welche Wirkung soll durch die Verwendung dieser Stilmittel erzielt werden?
   - Auf welcher Sprachebene bewegt sich der Verfasser? Benutzt er Fachsprache(n), Umgangssprache, Vulgärsprache?
   - Wie lässt sich die verwendete Sprache charakterisieren? Handelt es sich um einen sachlichen Sprachstil oder ist die benutzte Sprache emotional geprägt?
   - Besitzt der Text einen appellativen Charakter?
   - Dient er der Manipulation des Lesers?
5. *Rezeption des Textes*
   - Wie wurde der Text aufgenommen?
   - Welche Reaktionen sind zu erwarten?

Hinweise zur Gliederung

Die oben genannten Aspekte 1 (Anlass, Thema und Intention des Textes) sowie 2 (Verfasser, Adressaten) sollten in Kurzform auch Bestandteil der **Einleitung** sein, werden jedoch hauptsächlich im Hauptteil bearbeitet.

Beispiel:

Zu seinem Brief vom … wurde der Dramatiker … durch die Vorwürfe seiner Familie veranlasst. Er will sich vor seinen Eltern rechtfertigen, wendet sich an seine Familie und erklärt, worin er seine Aufgabe als Dichter sieht. Besonderen

Wert legt er darauf, sich von anerkannten Dichtern wie … abzugrenzen. Sein Brief lässt die Annahme zu, dass er an das Verständnis seiner Familie appelliert.

Im **Hauptteil** (siehe oben genannte Aspekte 3 und 4: Aufbau des Textes, Argumentationsstruktur, vorherrschende Funktion, sprachlich-rhetorische Gestaltung) müssen Sie darauf achten, dass Sie die Untersuchungsgesichtspunkte miteinander in Verbindung setzen und nicht nur additiv aneinanderreihen. Das bloße Aufzählen rhetorischer Mittel verdeutlicht z. B. nicht, aus welcher Wirkungsabsicht heraus diese in dem jeweiligen Text vom Autor eingesetzt wurden.

Den **Schluss** kann z. B. eine kurze eigene Stellungnahme bilden, falls diese nicht Bestandteil der zweiten Teilaufgabe ist. Diese Stellungnahme kann etwa Ihre persönliche Bewertung der Textaussage, der Überzeugungskraft der Argumente oder der Wirkung der sprachlich-rhetorischen Gestaltung auf Sie selbst zum Gegenstand haben.

Hinweise zur Bearbeitung des weiterführenden Schreibauftrages

An die Analyse des Sachtextes schließt sich bei der Aufgabenart I A als zweite Arbeitsanweisung ein weiterführender Schreibauftrag an. Hierbei sollen Sie vor allem im Unterricht erworbene Kenntnisse einbringen und anwenden. Die Bewertung dieses Teils wird ca. **40 % der inhaltlichen Benotung** ausmachen.

Der weiterführende Schreibauftrag fordert z. B.:

- eine ausführliche Stellungnahme vor dem Hintergrund der im Unterricht erworbenen Kenntnisse;
- einen Vergleich mit einer anderen im Unterricht behandelten Position (z. B. bei der Vorlage eines dramentheoretischen Textes einen Vergleich mit dem Anliegen, das in Goethes *Iphigenie* deutlich wird);
- ein Inbezugsetzen zu einem im Unterricht behandelten Werk, z. B. wenn ein literaturtheoretischer Text zur Analyse vorliegt;
  Beispiel:
  „Verdeutlichen Sie, inwiefern sich die hier vertretene Position in literarischen Werken des 20. Jahrhunderts nachweisen lässt. Beziehen Sie sich dabei vor allem auf Wolfgang Koeppens ‚Tauben im Gras'."
- ein eigenes Produkt, z. B. in Form eines Leserbriefs, als Antwort auf einen Artikel, den Sie zuvor analysiert haben;
- eine eigene kurze Rede zu einem bestimmten Anlass, z. B. der geplanten Namensgebung Ihres Gymnasiums im Anschluss an einen Zeitungsartikel, der sich mit der für die Neubenennung in Frage kommenden Person kritisch auseinandersetzt.

Typ I B: Vergleichende Analyse von Sachtexten

Hinweise zur Aufgabenstellung

Sie haben zwei (selten mehr) Sachtexte zu bearbeiten, die sie zunächst analysieren und anschließend miteinander vergleichen sollen. Möglicher Arbeitsauftrag:

1. *Untersuchen Sie den vorliegenden Textauszug 1 im Hinblick auf die Position des Verfassers und stellen Sie die Kerngedanken dar, mit denen der Autor seine Position vertritt.*
2. *Formulieren Sie mit eigenen Worten, wie in Text 2 das Verhältnis von Welterfahrung und gegenseitigem Verstehen bestimmt wird. Vergleichen Sie die beiden Texte dahingehend, in welchen Punkten Autor A und B übereinstimmen und in welchen sie sich unterscheiden. Nehmen Sie abschließend begründet Stellung, indem Sie für eine der beiden Positionen Partei ergreifen.*

Sie sollten wie bei Typ I A in der Einleitung beide Texte kurz im Hinblick auf Anlass, Thema, Verfasser, Intention und Adressaten vorstellen.

Sie müssen dann

- zunächst den ersten Text im Hinblick auf die vorgegebenen Aspekte (hier: *„Position des Verfassers“* und *„Kerngedanken“*) analysieren,
- anschließend den zweiten Text ebenfalls unter Berücksichtigung des vorgegebenen Aspektes/der vorgegebenen Aspekte analysieren (hier: *„Verhältnis von Welterfahrung und gegenseitigem Verstehen“*),
- anschließend die Übereinstimmungen bzw. Unterschiede herausstellen,
- abschließend begründet Stellung beziehen.

  Formulierungshilfen:
  „Während Text 1 auf … abzielt, verfolgt Text 2 die Intention …“;
  „Anders als in Text 1 …“; / „Im Gegensatz zu Text 1 …“;
  „Dieser Aspekt wird im Vergleich dazu in Text 1 … thematisiert“;
  „Während in Text 1 davon ausgegangen wird, dass … wird in Text 2 die Behauptung aufgestellt, … sei …“;
  „Anders als in Text 1 wird in Text 2 … positiv bewertet“.

Aufbau der Arbeit

1 Einleitung
2 Hauptteil
2.1 Darstellung der Analyse von Text 1
2.2 Darstellung der Analyse von Text 2
2.3 Aspektbezogener Vergleich der beiden Texte
3 Schluss: reflektierte Schlussfolgerung/begründete Stellungnahme

Typ I C: Vergleichende Analyse eines Sachtextes und eines literarischen Textes

Hinweise zur Aufgabenstellung

Dieser Aufgabentyp zielt auf den Vergleich eines Sachtextes mit einem literarischen Text ab. Denkbar ist z. B., dass Sie einen theoretischen Text zur Aufgabe von Lyrik und ein thematisch verwandtes Gedicht vergleichend analysieren sollen.

Der Arbeitsauftrag ist in der Regel mit einem zusätzlichen Analyseschwerpunkt verbunden:

1. *Analysieren Sie das vorliegende Gedicht. Gehen Sie dabei schwerpunktmäßig auf die Beziehung des lyrischen Sprechers zur Sprache ein und untersuchen Sie die sprachlich-formale Gestaltung dieser Beziehung.*
2. *Formulieren Sie mit eigenen Worten, wie im Sachtext die Bedeutung von Dialekten dargestellt wird. Vergleichen Sie die beiden Texte dahingehend, inwiefern Gemeinsamkeiten bzw. Unterschiede vorliegen. Beziehen Sie begründet Stellung.*

Hinweise zur Bearbeitung

Bei diesem Aufgabentyp ist es wichtig, dass Sie **dem literarischen Text als solchem** gerecht werden: Dies bedeutet, dass Sie die entsprechenden textsortenspezifischen Merkmale und den Zusammenhang von Inhalt/Aussage und Gestaltung erfassen und darstellen.

Beachten Sie hierauf bezogen die Hinweise, die Sie nachfolgend zur Analyse eines literarischen Textes erhalten.

Aufbau der Arbeit

1 Einleitung
2 Hauptteil
2.1 Darstellung der Analyse von Text 1
2.2 Darstellung der Analyse von Text 2
2.3 Aspektbezogener Vergleich der beiden Texte
3 Schluss: reflektierte Schlussfolgerung/begründete Stellungnahme

Typ II: Analyse von literarischen Texten

Aufgabenart II bezieht sich auf die Analyse von literarischen Texten. Es werden Ihnen dabei z. B. Gedichte, ein Auszug aus einem Drama oder aus einem Roman zur Analyse vorgelegt. Die Analyse literarischer Texte setzt fundierte Kenntnisse der im Unterricht behandelten Schwerpunktthemen und der jeweiligen Epochen- und Textsortenmerkmale voraus.

Denkbar sind z. B.:

- Auszüge aus einem bürgerlichen Trauerspiel,
- Auszüge aus einem Roman oder aus einem anderen literarischen Text, der vor dem Hintergrund Ihrer Beschäftigung mit den epischen Texten Th. Manns und Koeppens von Ihnen analysiert werden kann,
- Gedichte, z. B. Barocksonette oder andere lyrische Formen, die Sie im Hinblick auf Ihre im Unterricht erworbenen Kenntnisse analysieren können.

Typ II A:
Analyse eines literarischen Textes mit weiterführendem Schreibauftrag

Hinweise zur Aufgabenstellung

Die erste Teilaufgabe, der bei der **inhaltlichen Bewertung ein Stellenwert von etwa 60 %** zukommt, fordert die Analyse des literarischen Textes und sollte den Schwerpunkt Ihrer Ausfertigung bilden. Die Aufgabenstellung kann als allgemeiner Analyseauftrag an Sie gerichtet sein *(„Analysieren Sie den vorliegenden Text“)*, sie kann jedoch auch einen zusätzlichen Aspekt umfassen, den Sie in Ihrer Analyse schwerpunktmäßig untersuchen sollen, z. B. *„Analysieren Sie den vorliegenden Text unter besonderer Berücksichtigung der Metaphorik“*. In diesem Fall müssen Sie im Rahmen der Analyse in besonderem Maße auf den genannten Untersuchungsaspekt eingehen.

Hinweise zur Bearbeitung

Im Verlauf Ihrer Textanalyse ist entscheidend, dass Sie keine bloße Auflistung von Textmerkmalen erstellen, sondern dass Sie die einzelnen Elemente stets hinsichtlich Ihrer Funktion und Wirkung hinterfragen und entsprechend erläutern.

> *Beispiel:*
> „Das insgesamt achtfache Vorliegen von Negationen im zweiten Abschnitt verdeutlicht im besonderen Maße die Ablehnung des Schriftstellers; die in diesem Abschnitt ebenfalls vorkommenden drei Antithesen verstärken das gemeinte positive Gegenbild, worin X im Unterschied hierzu die Lösung sieht.“

Hinweise zur Gliederung

In Ihrer Einleitung sollten Sie zunächst kurz auf den Autor, die Epoche und die Textsorte eingehen und den Inhalt in aller Kürze wiedergeben. Die Ausführungen zu Autor und Epoche sollten gezielt erfolgen: Beschränken Sie sich auf das, was im Hinblick auf den zu analysierenden Text von Bedeutung ist. Geben Sie danach Ihr Text-/Themenverständnis wieder.
Wichtig ist, dass Sie im Hauptteil darauf achten,

- dass Sie dem Text **kein starres Analyseschema** überstülpen, sondern von einer Arbeitshypothese oder von besonderen Textmerkmalen ausgehen und davon Ihre weiteren Analyseschritte ableiten;
- dass Sie die Untersuchungs**gesichtspunkte miteinander in Verbindung bringen**. So soll z. B. geklärt werden, welche rhetorischen Mittel der Autor einsetzt, um die Eigenschaften des Protagonisten besonders zu betonen.

Hinweise zur Bearbeitung des weiterführenden Schreibauftrages

Dieser Teil, in dem Sie hauptsächlich im Unterricht erworbene Kenntnisse einbringen können, wird ca. **40 % der inhaltlichen Bewertung** ausmachen. Er erfordert, dass Sie sich darlegend, erklärend und/oder deutend äußern, z. B. durch

- eine ausführliche Stellungnahme,
- einen Vergleich von Rolle oder/und Verhalten einer Figur des vorgelegten Textes mit einer anderen aus dem Unterricht bekannten Figur (z. B. aus Thomas Manns *Buddenbrooks*),

- eine Verbindung zu einer im Unterricht behandelten Epoche oder zu einem im Unterricht behandelten Werk.

  Beispiel:
  „Erläutern Sie, welche Kritik ein Vertreter der Epoche des Realismus an vorliegendem Text geübt haben könnte“ oder *„Vergleichen Sie das im vorliegenden Text zum Ausdruck gebrachte Frauenbild mit dem Bild, das in dem Ihnen bekannten Roman X von Figur Y entworfen wird“.*

Typ II B: Analyse eines literarischen Textes mit weiterführendem, produktionsorientiertem Schreibauftrag

Hinweise zur Aufgabenstellung

Dieser Aufgabentyp unterscheidet sich vom Aufgabentyp II A nur durch die Art des weiterführenden Schreibauftrags, der im Falle von II B **produktionsorientiert** ist. Dies bedeutet, dass der Schreibauftrag von Ihnen in diesem Fall vor dem Hintergrund Ihrer Kenntnisse aus dem Unterricht (vgl. Schwerpunktthemen!) und der von Ihnen im ersten Teil der Klausur erbrachten Analyse die Anfertigung eines quasi „literarischen“ Textes verlangt, z. B.:

- eines Textes/Textteils aus der Perspektive einer Figur des Textes
- eines Paralleltextes
- eines Gegentextes
- einer Stellungnahme aus der Sicht einer literarischen Figur, die Ihnen bekannt ist („Verfassen Sie aus der Sicht der Figur x eine Stellungnahme zu …“)

Die Bewertungsmaßstäbe sind identisch mit denen von Aufgabentyp II A. Auch bei diesem Aufgabentyp fließt die Bewertung des weiterführenden Schreibauftrages etwa zu 40 % in die inhaltliche Benotung Ihrer Arbeit ein.

Typ II C: Vergleichende Analyse von literarischen Texten

Hinweise zur Aufgabenstellung

Bei der vergleichenden Analyse literarischer Texte müssen Sie zwei (selten mehr) literarische Texte analysieren und anschließend miteinander vergleichen; dabei wird in der Regel ein Aspekt bzw. Schwerpunkt benannt. Mögliche Aufgabenstellung:

1. *Analysieren Sie das vorliegende Gedicht im Hinblick auf die hier entwickelte Vorstellung vom menschlichen Leben und dessen Bedeutung. Beachten Sie dabei auch die Metaphorik.*
2. *Erschließen Sie die zentralen Motive und Strukturen des 2. Gedichtes. Vergleichen Sie anschließend die Konzepte menschlicher Lebensführung, die in beiden Gedichten zur Sprache kommen.*

Hinweise zur Bearbeitung

Die vergleichende Analyse unterscheidet sich von der normalen Analyse eines literarischen Textes nur darin, dass Sie dazu aufgefordert werden, zwei oder mehrere Texte hinsichtlich Ihrer Analyseergebnisse miteinander in Beziehung zu setzen und zu vergleichen.

Hinweise zur Gliederung
Es gelten die bereits zu den Aufgabentypen I B und I C dargestellten Gliederungs- und Darstellungsempfehlungen (vgl. S. 8 f.).

Aufbau der Arbeit
1 Einleitung
2 Hauptteil
2.1 Darstellung der Analyse von Text 1
2.2 Darstellung der Analyse von Text 2
2.3 Aspektbezogener Vergleich der beiden Texte
3 Schluss: reflektierte Schlussfolgerung

Typ III A: Erörterung im Anschluss an die Analyse einer Textvorlage
(argumentative Entfaltung eines fachspezifischen Sachverhalts bzw. Problems, dessen fachlicher Hintergrund aus dem Unterricht bekannt ist, im Anschluss an eine Textvorlage)

Hinweise zur Aufgabenstellung, erste Teilaufgabe
Dieser Aufgabentyp fordert von Ihnen in der ersten Teilaufgabe die eingeschränkte Analyse eines Sachtextes argumentierender Natur. Dies bedeutet, dass sich die Analyse in diesem Fall auf die Argumentationsstruktur sowie den Argumentationsansatz des jeweiligen Textes beschränkt und dass im Gegensatz zu Aufgaben des Typs I keine Untersuchung sprachlich-rhetorischer Mittel gefordert wird.

Beispiele:
„Analysieren Sie den vorliegenden Text im Hinblick auf den Argumentationsansatz und die Argumentationsstruktur“ oder eingeschränkter *„Analysieren Sie den vorliegenden Text im Hinblick auf die Argumentationsstruktur“*.

Mögliche Themen:
- theoretische Abhandlungen, z. B. über die Aufgabe des Dramas oder über den Spracherwerb oder die Sprachentwicklung
- Texte, die sich auf die Funktion und Aufgabe von Literatur beziehen, z. B. Briefe, die ein Dichter verfasst hat, um sich zu einem seiner Werke zu äußern
- Rezensionen zu Filmen oder Theaterstücken
- (politische) Reden oder Leitartikel aus Zeitungen

Hinweise zur Aufgabenstellung, zweite Teilaufgabe
Die zweite Teilaufgabe fordert von Ihnen eine eigene Erörterung, die sich voraussichtlich beziehen wird auf
- die im vorgelegten Text vertretene Position oder
- eine im Text ausführlich entfaltete These sowie entsprechende Argumente.

Mögliche Formulierung: *„Erörtern Sie die hier vertretene Position“* oder *„Setzen Sie sich kritisch mit der hier vertretenen These und den entsprechenden Argumenten auseinander“*.

Als zweite Teilaufgabe sind auch noch andere Aufgabenformulierungen möglich. So kann die Aufgabe z. B. darin bestehen zu untersuchen, inwieweit die in einem Brief eines Dichters geäußerte Position zur Aufgabe von Literatur in einem Ihnen bekannten Roman literarisch umgesetzt wird. In diesem Fall besteht Ihre Aufgabe darin, begründete Nachweise für Übereinstimmungen zwischen der im Brief vertretenen Position und entsprechenden Elementen des Romans zu erbringen und diese durch konkrete Beispiele zu belegen.

Hinweise zur Bearbeitung

Wenn Sie diese Aufgabenart erfolgreich bewältigen möchten, sollten Sie

- die Methode der Analyse eines Sachtextes sicher beherrschen,
- über eine ausreichende Sicherheit im Verfassen eigener Erörterungen verfügen,
- die Bereiche der Obligatorik gründlich wiederholen, da die zu analysierenden Texte sich mit Themen der inhaltlichen Vorgaben zu den unterrichtlichen Voraussetzungen 2013 auseinandersetzen werden.

Der Schwerpunkt Ihrer Ausführung **muss** auf der eigenen **Erörterung** liegen, denn dieser Teil der Aufgabe fließt meist zu ca. **2/3 in die Gesamtnote** ein. Daher sollten Sie sich bei der eingeschränkten Analyse auf das Wesentliche, nämlich die Untersuchung der Argumentationsstruktur bzw. des Argumentationsansatzes (sofern in der Aufgabenstellung gefordert) konzentrieren.

In der **Einleitung** sollten Sie kurz Bezug nehmen auf Zeit, Anlass sowie Thema/Inhalt des Textes und dann auf den Verfasser, seine Rolle und seine Intention eingehen.

Im **Hauptteil** werden Sie zunächst, sofern es die Aufgabenstellung verlangt, den Argumentationsansatz aus dem Text ableiten. Im Anschluss daran sollten Sie die Argumentationsstruktur ausführlich und deutlich darlegen.

Fragen zur Argumentationsstruktur (Thesen, Argumente, Belege):

- Welche These(n) vertritt der Verfasser?
- Spricht er Vermutungen, Annahmen oder Überzeugungen aus?
- Enthalten die Thesen Forderungen? Falls ja: Welche Forderungen werden gestellt?
- Mit welchen Argumenten werden Thesen gestützt (z. B. Tatsachen, Gesetzmäßigkeiten, Forschungsergebnisse, Meinungen von Autoritäten bzw. Experten, allgemeine/persönliche Erfahrungen)?
- Mit welchen Belegen bzw. Beispielen verdeutlicht der Verfasser seine Argumente?
- Zieht der Verfasser Schlussfolgerungen?
- Wie setzt sich der Verfasser mit möglichen Einwänden auseinander?

Bei der Bearbeitung Ihrer Erörterung, die Sie gemäß der Vorgaben der zweiten Teilaufgabe verfassen müssen, ist vor allem wichtig, dass Sie die Hauptthesen der Textvorlage und die Argumente kritisch hinterfragen:

- Was spricht für die Stimmigkeit der Thesen?
- Welche Gegenargumente lassen sich anführen?
- Bietet sich ggf. ein Kompromiss an?

Wenn Sie eine bestimmte Position erörtern sollen, die in der zuvor analysierten Textvorlage enthalten ist, können Sie

A begründet der Position/der These/dem Argument zustimmen:
„Den Standpunkt des Verfassers halte ich für richtig (teile ich), insofern als […] / Wenn der Verfasser kritisiert, dass […], so kann ich das nur bekräftigen, denn […]"

B begründet die Position/die These/das Argument ablehnen:
„Im Gegensatz zum Verfasser bin ich überhaupt nicht der Ansicht, dass […] / Schon allein aus Grund X ist die These […] nicht haltbar"

C differenzieren, d. h. in Teilen zustimmen, in Teilen ablehnen:
„Zwar hat der Verfasser recht, wenn er […] fordert, aber […] /
Sicher kann man dem Verfasser darin zustimmen, dass […], aber er beachtet dabei nicht […] /
Gar nicht berücksichtigt wird, dass […]".

Achten Sie darauf, Ihre Position immer sachlich und differenziert zu begründen und wenden Sie hierfür die Kenntnisse an, die Sie im Unterricht erworben haben.

Hinweise zur Gliederung
Es gibt mehrere Möglichkeiten, Ihre Erörterung aufzubauen und zu gestalten:

1. **Die linear steigende Erörterung**
   Hierbei ordnen Sie die Argumente zur eigenen Position bzw. zur Zustimmung/Ablehnung der in der Textvorlage vertretenen Position nach ihrer Wichtigkeit vom schwächeren zum stärksten Argument.
2. **Die blockbildende Pro-und-Contra-Erörterung**
   Diese ist vor allem dann sinnvoll, wenn sich Argumente für und gegen die in der Textvorlage vertretene Position in etwa die Waage halten. Hierbei entfalten Sie zunächst die Argumente der Pro- und dann die der Contra-Seite, wenn Sie der Contra-Seite eher zustimmen und wollen, dass diese durch die Endstellung dem Leser besonders im Gedächtnis bleibt. Oder Sie beginnen mit den Argumenten der Contra-Seite, wenn Sie der Pro-Seite eher zustimmen und wollen, dass Letztere durch die Endstellung dem Leser besonders im Gedächtnis bleibt.
3. **Die fortlaufend antithetische Pro-und-Contra-Erörterung**
   In dieser stellen Sie einem Argument der einen Seite jeweils ein Argument der anderen Seite gegenüber.

Zum **Schluss** Ihrer Ausführung fassen Sie die Ergebnisse Ihrer Erörterung zusammen.

3 Anforderungsbereiche und Operatoren

3.1 Anforderungsbereiche (AFB)

In der Abiturprüfung erwarten Sie Aufgabenstellungen, die klar definierte Anforderungen an Ihre Verstehens- und an Ihre Darstellungsleistung stellen. Diese Anforderungen und die zugehörigen Arbeitsanweisungen lassen sich den drei verschiedenen **Anforderungsbereichen I bis III** zuordnen, die aufeinander aufbauen und von Ihnen einen zunehmenden Grad an Komplexität und an Abstraktionsfähigkeit verlangen.

Jede Abiturprüfungsaufgabe setzt sich aus Elementen dieser drei Anforderungsbereiche zusammen, die drei Leistungsstufen entsprechen. Dies bedeutet, es werden von Ihnen bei der Bearbeitung der Aufgaben grundsätzlich Leistungen dreier verschiedener Leistungsniveaus verlangt: die **Wiedergabe von Kenntnissen** (Anforderungsbereich I), die **Anwendung dieser Kenntnisse** (Anforderungsbereich II) sowie das **Problemlösen und Werten** (Anforderungsbereich III). Der Schwerpunkt der Anforderungen liegt bei allen Aufgabentypen im Bereich des Anforderungsbereichs II, für den die meisten Punkte bei der Bewertung vergeben werden.

3.2 Operatoren

Operatoren definieren, welche Art von Aufgabenstellung mit der jeweiligen Arbeitsanweisung gemeint ist, und zeigen, welches Anforderungsniveau mit ihrer Hilfe angesteuert werden soll. Mit ihnen sind die detaillierten Arbeitsaufträge gemeint, die Ihnen in den Klausuren gestellt werden. Sie dienen durch ihre konkreten Vorgaben sowohl dazu, Arbeitsaufträge eindeutig zu formulieren und voneinander abzugrenzen als auch einheitliche Bewertungs- und Korrekturmaßstäbe zu setzen. Daher ist es äußerst wichtig, dass Sie sich mit den Anforderungen, die die einzelnen Operatoren an Sie stellen, eingehend auseinandersetzen und sich bewusst machen, was durch die Verwendung der einzelnen Operatoren konkret von Ihnen gefordert wird.

In der folgenden Tabelle werden die AFB skizziert und im Zusammenhang mit den einzelnen Operatoren erläutert. Ein Beispiel dient jeweils dem näheren Verständnis.

Quelle (Spalten 1 und 2):
http://www.standardsicherung.schulministerium.nrw.de/abitur-gost/fach.php?fach=1

Übergeordnete Operatoren mit Leistungen in allen drei Anforderungsbereichen

analysieren (inter-pretieren)	**Literarische Texte:** ***Texterfassung, Textbeschreibung, Text-deutung*** unter Berücksichtigung des Wechselbezuges von Textstrukturen, Funktionen und Intentionen; Erfassen zentraler strukturbildender genretypischer, syntaktischer, semantischer und stilistisch-rhetorischer Elemente und ihrer Funktionen für das Textganze ***Kontextualisierung*** (historischer und aktueller Verstehenshorizont) ***Reflektierte Schlussfolgerungen*** auf der Grundlage der Ergebnisse der Textdeutung ziehen *Sollte eine Wertung oder Beurteilung gewünscht sein, wird dies ausdrücklich in der Aufgabenstellung formuliert.* **Sachtexte:** ***Texterfassung, Textbeschreibung, Text-untersuchung:*** Zusammenhang Textstruktur und Textintention; strukturbildende semantische, syntaktische Elemente unter Berücksichtigung der sprachlichen Funktion, Wirkung; Erfassen der pragmatischen Struktur des Textes unter besonderer Berücksichtigung der Argumentationsweise ***Reflektierte Schlussfolgerungen*** ziehen aus dem Zusammenspiel von Struktur, Intention und Wirkung im Rahmen des historischen und aktuellen Verstehenshorizontes *Sollte eine Wertung oder Beurteilung gewünscht sein, wird dies ausdrücklich in der Aufgabenstellung formuliert.*	*Interpretieren Sie* das vorliegende Gedicht. *Analysieren Sie* beide Gedichte vergleichend. *Interpretieren Sie* den vorliegenden Text im Zusammenhang mit den Ihnen bekannten Dramentheorien. *Analysieren Sie* die Rede unter Berücksichtigung der Anmerkungen. *Analysieren Sie* den vorliegenden Text *im Hinblick auf die Argumentationsstruktur* und *bewerten Sie* die Sicht des Autors im Vergleich mit Ihnen bekannten theoretischen Positionen.
erörtern	eine These oder Problemstellung, eine Argumentation durch Für- und- Wider- bzw. Sowohl-als-Auch-Argumente auf ihren Wert und ihre Stichhaltigkeit hin abwägend prüfen und auf dieser Grundlage eine Schlussfolgerung bzw. eigene Stellungnahme widerspruchsfrei dazu verfassen.	*Erörtern Sie die Notwendigkeit* von Sprachförderkonzepten im Zusammenhang mit den Aussagen der beiden vorliegenden Texte.

Anforderungsbereich I (Reproduktion)

(be)nennen	aus einem Text entnommene Informationen, Aspekte eines Sachverhalts, Fakten	*Nennen Sie die wesentlichen Merkmale* eines Sonetts.
beschreiben	Textaussagen oder Sachverhalte in eigenen Worten strukturiert und fachsprachlich richtig darstellen	*Beschreiben Sie die äußere Form* des Gedichtes.
wieder-geben	Inhalte, Zusammenhänge in eigenen Worten sachlich und fachsprachlich richtig formulieren	*Geben Sie die Hauptgedanken* der Rede *wieder.*
zusammen-fassen	Inhalte, Aussagen, Zusammenhänge komprimiert und strukturiert fachsprachlich richtig darstellen	*Fassen Sie die* unterschiedlichen *Meinungen* zum Thema X *zusammen.*

Anforderungsbereich II (Reorganisation und Transfer)

unter-suchen, erschließen	an Texten, Textaussagen, Problemstellungen, Sachverhalten kriterienorientiert bzw. aspektgeleitet arbeiten	*Untersuchen Sie*, inwiefern *die rhetorischen Mittel* die Aussageabsicht verstärken. *Erschließen Sie* anhand der Bildsprache *die Grundstimmung des Textes.*
einordnen	einen Inhalt, eine Aussage, eine Problemstellung, einen Sacherhalt in einen vorgegebenen oder selbst gewählten Kontext einbeziehen	*Ordnen Sie* dieses Naturgedicht *epochal ein.*
vergleichen	Texte, Textaussagen, Problemstellungen, Sachverhalte unter vorgegebenen oder selbst gewählten Aspekten auf der Grundlage von Kriterien gegenüberstellen, in Beziehung setzen und analysieren, um Gemeinsamkeiten, Unterschiede, Teil-Identitäten, Ähnlichkeiten, Abweichungen oder Gegensätze ermitteln zu können	*Vergleichen Sie die Figurenkonstellation* mit derjenigen im Drama X. *Vergleichen Sie Art und Wirkung der Metaphorik* in beiden Gedichten.
erläutern (incl. „erklären“)	Textaussagen, Sachverhalte auf der Basis von Kenntnissen und Einsichten differenziert darstellen und durch zusätzliche Informationen und Beispiele veranschaulichen	*Erläutern Sie* Schillers Theaterverständnis *durch Miteinbeziehen* seines Dramas X.
in Beziehung setzen	Analyseergebnisse, Textaussagen, Sachverhalte, Problemstellungen mit vorgegebenen oder selbst gewählten Aspekten in Verbindung bringen	*Setzen Sie Ihr Analyseergebnis in Beziehung* zur aktuellen Medienkritik im Zusammenhang mit dem Privatfernsehen.

Anforderungsbereich III (Reflexion und Problemlösung)

deuten	unter Berücksichtigung des Wechselbezuges von Textstrukturen, Funktionen und Intentionen, der erfassten zentralen strukturbildenden genretypischen, syntaktischen, semantischen und stilistisch-rhetorischen Elemente und ihrer Funktion für das Textganze Ergebnisse der Textbeschreibug in einen Erklärungszusammenhang bringen	*Deuten Sie* Wortfeldschwerpunkte und Metaphern vor dem Hintergrund Ihrer bis dahin erfolgten Texterläuterungen, u. a. im Zusammenhang mit dem Epochenbezug.
beurteilen	hinsichtlich eines Textes, einer Textaussage, der ästhetischen Qualität eines Textes, eines Sachverhalts, einer Problemlösung, einer Problematik ohne subjektiven Wertebezug mit Bezug auf Fachwissen und -erkenntnis zu einem selbstständigen, begründeten Sachurteil gelangen	*Beurteilen Sie den Versuch des Autors,* die Ereignisse und Folgen des 11. Septembers 2001 in lyrischer Form darzustellen.
bewerten	wie Operator „beurteilen", verbunden mit der Offenlegung begründeter eigener Wertmaßstäbe, die sich aus ausgewiesenen Normen und Werten ableiten	*Bewerten Sie* Jandls lyrische „Sprachspiele" *im Zusammenhang mit* Ihrem eigenen Verständnis von der Aufgabe der Lyrik in der Gegenwart.
(kritisch) Stellung nehmen	die Einschätzung einer Problemstellung, Problemlösung, eines Sachverhaltes, einer Wertung auf der Grundlage fachlicher Kenntnis und Einsicht nach kritischer Prüfung und sorgfältiger Abwägung formulieren	*Nehmen Sie zu den Aussagen* des Autors kritisch *Stellung,* indem Sie Erkenntnisse der Sprachsoziologie berücksichtigen.
begründen	ein Analyseergebnis, Urteil, eine Einschätzung, eine Wertung fachlich und sachlich absichern (durch einen entsprechenden Beleg, Beispiele, eine Argumentation)	Schreiben Sie dem Verfasser eine Antwort; *begründen Sie* anschließend die von Ihnen gewählte Darstellungsform und die von Ihnen gewählten Stilmittel.
sich auseinandersetzen mit	zu einer (fachlichen) Problemstellung oder These eine Argumentation entwickeln, die zu einem begründeten und nachvollziehbaren Ergebnis führt	*Setzen Sie sich mit der Position* des Schriftstellers vor dem Hintergrund Ihrer Kenntnisse des Vormärz *auseinander.*
prüfen, überprüfen	eine Textaussage, These, Argumentation, ein Analyseergebnis, einen Sachverhalt auf der Grundlage eigener Kenntnisse, Einsichten oder Textkenntnis auf ihre/seine Angemessenheit hin untersuchen und zu Ergebnissen kommen	*Überprüfen Sie die Stimmigkeit* der Aussage anhand der Gliederung und der rhetorischen Mittel.
entwerfen	in Verbindung mit einer Textvorlage auf der Grundlage einer konkreten Arbeitsanweisung einen eigenen Text unter Benennung der notwendigen Entscheidungen und Arbeitsschritte planen	*Entwerfen Sie einen Schluss* für diesen Text
gestalten	in Verbindung mit einer Textvorlage, auf der Grundlage einer konkreten Arbeitsanweisung einen eigenen Text nach ausgewiesenen Kriterien erarbeiten	*Gestalten Sie ein Flugblatt* textlich und grafisch, das die Intention der analysierten Rede widerspiegelt.

4 Bewertung der Abiturklausur

Bei der Bewertung Ihrer Prüfungsleistung werden beide Teilaufgaben einzeln mit Notenpunkten versehen; es ist deshalb unbedingt notwendig, dass Sie **beide Teilaufgaben** bearbeiten. Auf Leistungen zum AFB II entfällt hierbei der größte Punkteanteil. Aus der vorgegebenen Bepunktung setzt sich durch Addition die Gesamtpunktzahl zusammen. Insgesamt werden im Fach Deutsch genau 100 Punkte vergeben, davon 28 für die Darstellungsleistung.
Für die Note „gut“ müssen annähernd vier Fünftel (mindestens 75 %) der Höchstpunktzahl erreicht werden. Die Note „ausreichend“ soll erteilt werden, wenn annähernd die Hälfte (45 %) der vorgesehenen Höchstpunktzahl erreicht wird.

Bei der Bepunktung werden zwei Leistungsbereiche berücksichtigt:
- inhaltliche Leistung,
- sprachliche Leistung/Darstellungsleistung.

4.1 Anforderungen an die inhaltliche Leistung

Für die Bewertung des inhaltlich-sachlichen Gehaltes Ihrer Ausführungen werden 72 der 100 Punkte vergeben; ihm kommt folglich die größte Bedeutung zu.

Schwerpunktmäßig werden folgende Aspekte bewertet:
- sachlich richtige Wiedergabe/Darstellung auf der Grundlage richtigen und vollständigen Textverständnisses
- Aufzeigen erschließbarer situativer Bezüge eines Textes sowie seiner Bedeutung im historischen und/oder aktuellen Kontext
- richtige Bestimmung von Textart und zentralen Strukturelementen, wie z. B. Zeit- und Handlungsgerüst, Erzählperspektive, Figurenkonstellation, Argumentationsaufbau
- Erläuterungen von Wortschatz, Satzbau und poetischen oder rhetorischen Mitteln eines Textes im Zusammenhang mit ihrer Funktion und Wirkung
- sachangemessenes Erörtern fachspezifischer Sachverhalte, z. B. Überprüfung von Text- oder Wissenszusammenhängen im Hinblick auf eine These, die im ersten Arbeitsschritt aus einer Textvorlage zu entwickeln ist

4.2 Anforderungen an die Darstellungsleistung

Neben dem inhaltlich-sachlich richtigen Ertrag kommt der sprachlichen Richtigkeit eine große Bedeutung zu. Für die Darstellungsleistung sind im Zentralabitur Nordrhein-Westfalen im Fach Deutsch im Benotungsansatz 28 % Bewertungspunkte vorgesehen, und hierbei sind folgende Kriterien von Bedeutung:

- *Sachgerechte Strukturierung*
  Untergliedern Sie Ihre Darstellung in sinnvolle Absätze und Abschnitte, kennzeichnen Sie diese durch Einrückungen bzw. Leerzeilen.

- *Verwendung von Fachbegriffen*
  Auch im Fach Deutsch hat jedes „Kind" einen Namen: Belegen Sie also jedes Phänomen mit einem Fachbegriff, benennen Sie z. B. Stilmittel der Textanalyse ebenso wie literarische Epochen.
- *Wissenschaftspropädeutische Richtigkeit*
  Stellen Sie Ihre Zitier- und Belegkompetenz unter Beweis.
- *Stilistisch richtiges Schreiben*
  Unterlassen Sie umgangssprachliche Formulierungen, verwenden Sie ausschließlich Hoch- und Fachsprache, variieren Sie Satzanfänge.
- *Hypothesen/Vermutungen*
  Kennzeichnen Sie ungesicherte Aussagen, Vermutungen und Hypothesen als solche, grenzen Sie diese gegen gesicherte Aussagen ab:

  Beispiel:
  „Es ist zu vermuten …",
  „Es könnte sein, dass …" oder
  „Für eine gesicherte Aussage fehlen folgende Informationen …".
- *Syntaktisch richtige Schreibweise*
  Schreiben Sie in vollständigen Sätzen, achten Sie auf die richtige Wortstellung.
- *Verwendung einer präzisen und differenzierten Sprache*
  „Missbrauchen" Sie Hilfsverben nicht als Vollverben; benutzen Sie Synonyme statt Wiederholungen; variieren Sie beim Satzbau, wählen Sie Nebensatzkonstruktionen statt Hauptsatzketten.

4.3 Formale Anforderungen

Berücksichtigen Sie bei Ihrer Ausführung die Anforderungen an die äußere Form und an die korrekte Verwendung der deutschen Sprache. Denn: deutliche/gravierende Verstöße gegen diese Gebote führen zusätzlich zu der oben aufgezählten Nichtgewährung von Punkten zu weiteren Bewertungsverlusten gem. § 13, Abs. 2 APO-GOSt, konkret: von ein bis zwei Notenpunkten. Dieser Notenpunktabzug erfolgt als letzter Bewertungsschritt. Wenn Sie bedenken, wie viel Mühe Sie sich bezüglich des Inhaltes und der Methode geben – ein nachträgliches Abwerten von Note 2 auf 3+ oder von Note 3 auf 4+ oder von … wäre doch mehr als ärgerlich.

- *Zahlen:* Schreiben Sie von null bis zwölf die Zahlen aus.
- *Deckblatt-Vorgabe:* Berücksichtigen Sie die an Ihrer Schule getroffene Regelung.
- *Layout-Vorgabe:* Beachten Sie diese – an manchen Schulen darf z. B. nur eine halbe Seite je Bogen beschrieben werden, der Rest dient dann als halbseitiger Rand.
- *Seitenzahlen:* Fügen Sie ab Seite 2 diese am Fuß jeder Seite bei – nummerieren Sie erst am Schluss, wenn keine Einschübe mehr erfolgen!
- *Nachträge:* Setzen Sie diese als Fußnoten durchnummeriert an den Schluss jeder Teilaufgabe oder einheitlich ganz an den Schluss, quetschen Sie solche Zusätze nicht nachträglich in den Text oder an den Rand.

- *Zeilenende*: Respektieren Sie den Rand, trennen Sie Wörter, schreiben Sie nicht über den Rand hinaus.
- *Kopf- und Fußzeile*: Diese gehören zum Seitenaufbau und sind kein geeigneter Platz für Zusätze oder Nachträge.
- *Sauberkeit*: Streichen Sie nicht unsauber durch. Gegebenenfalls setzen Sie zu Streichendes in eckige Klammern oder fügen eine entsprechende Fußnote zur Erklärung bei.
- *Rechtschreibung:* In NRW gilt seit dem 1. August 2006 die reformierte Rechtschreibung. Im Klausurraum liegen Rechtschreibwörterbücher aus: Sie sollten sich nicht zu schade sein nachzusehen, wenn Sie unsicher sind.

4.4 Punktgestützter Erwartungshorizont (dargestellt an Übungsaufgabe 2)

a) Inhaltliche Leistung

Teilaufgabe 1

	Anforderungen **Der Prüfling**	**maximal erreichbare Punktzahl**
1	formuliert eine aufgabenbezogene Einleitung unter Nennung von Autor, Titel, Anlass, Textsorte, Zeit.	3
2	nennt die Entwicklung von Sprache als nach Fichte zwangsläufiges Ergebnis menschlicher Vernunft.	3
3	erschließt die Struktur von Fichtes Argumentationsaufbau: – Vermögen der Sprache, bewusst und willentlich zu bezeichnen, – Aufwerfen der Leitfrage nach der Entwicklung der Sprache, – Kennzeichnung des Menschenbildes als Voraussetzung für Umgang mit unvernünftiger Natur und vernünftigen Artgenossen, – Bedürfnis nach irrtumsfreier Kommunikation als Conclusio.	4
4	erschließt die Absicht Fichtes, Sprachentwicklung in einer theoretisch fundierten Untersuchung nicht unter genetischen Aspekten zu betrachten, sondern als kausalen, folgerichtigen Prozess.	5
5	zeigt die Gründe für die Abgrenzung gegen Laut-Theorien auf, etwa – die Willkürlichkeit von Sprache als entscheidendes Kriterium, – den Gegensatz von Sprachhandeln und Empfindungsäußerung.	4
6	erschließt als anthropologische Setzung das zentrale menschliche Prinzip „sei immer einig mit dir selbst“ und dessen Folgerungen: – den Trieb zur Naturbeherrschung, – das Prinzip der Friedfertigkeit gegenüber Artgenossen.	4
7	führt den abschließenden Versuch Fichtes an, mit konkreten Beispielen die Notwendigkeit sprachlicher Interaktionen zur Absicherung irrtumsfreier Gedanken- und Aussageübermittlungen aufzuzeigen.	4
8	zeigt den Versuch Fichtes auf, seine inhaltliche Aussageabsicht mithilfe sprachlicher Gestaltungsmittel zu unterstützen, etwa durch strukturierende Fragen, das Aufzeigen von Beispielen und die Vermeidung philosophischen Fachvokabulars.	5

9	ordnet Fichtes Ansatz als philosophisch-theoretischen ein, der das Wesen der Sprache in ihrer kommunikativen Funktion sieht.	4
10	grenzt Fichtes Ansatz kritisch gegenüber anderen Ansätzen ab, etwa gegen die Annahme eines göttlichen Ursprungs (bei Süßmilch), die Ableitung aus einem tierischen Ursprung (bei Condillac) und gegen Kommunikationsmodelle wie z. B. die von Schulz von Thun.	6
11	erfüllt ein weiteres aufgabenbezogenes Kriterium (max. 5 P.)	
	Summe erste Teilaufgabe	**42**

Teilaufgabe 2

	Anforderungen **Der Prüfling**	**maximal erreichbare Punktzahl**
1	formuliert eine aufgabenbezogene Überleitung mit Blick auf die themenverwandten Veröffentlichungen von Herder und Fichte.	4
2	stellt in Grundzügen Herders Position dar, etwa – die (erst) allmähliche argumentative Entwicklung der Antwort auf die Ausgangsfrage im Zuge seiner Ausführung, – die Unterscheidung der expressiven „Tiersprache“ von der instinktlosen, besonnenen Sprache des Menschen, – die Entwicklung der „Lautsprache“ über Merkwörter als Erinnerungsergebnis auditiver Wahrnehmungen, – die Conclusio, die so entwickelte Sprache stelle einen qualitativen Sprung gegenüber der Tiersprache dar.	7
3	stellt die grundsätzlich unterschiedliche Vorgehensweise heraus: – den empirisch-anthropologischen Ansatz Herders, – den theoretisch-anthropologischen Ansatz Fichtes.	3
4	formuliert als gemeinsame Aussage, Sprache sei nicht Ergebnis göttlichen Handelns, sondern einer Entwicklung, bei der die Vernunft des Menschen – im Unterschied zum Tier – entscheidend sei.	3
5	formuliert als Unterschied den ungleichen Zeitpunkt, zu dem Sprache bedeutsam für die menschliche Kommunikation werde: bei Herder erst in einem zweiten Schritt, bei Fichte von Beginn an.	4
6	führt Argumente an, die eine indirekte Kritik von Fichtes Aussagen an Herder nahelegen, etwa: – Fichtes theoretische Ableitung von Sprache aus der Wesensbestimmung des vernunftbegabten Menschen, die das Entstehen von Sprache als bewussten Akt vorgibt, im Unterschied zum sprachlichen Entwicklungsprozess bei Herder – Fichtes auf Interaktionsbedürfnissen beruhender Notwendigkeitsansatz als Gegenentwurf zum Herder'schen bloßen Welt-Erkennen.	6
7	formuliert eine reflektierte Schlussbetrachtung, etwa hinsichtlich der Relevanz der Theorien bis heute	3
8	erfüllt ein weiteres aufgabenbezogenes Kriterium (max. 5 P.).	
	Summe zweite Teilaufgabe	**30**
	Summe inhaltliche Leistung (Teilaufgaben 1 und 2)	**72**

b) Darstellungsleistung

	Anforderungen Der Prüfling	maximal erreichbare Punktzahl
1	strukturiert den Text kohärent, stringent und gedanklich klar: – angemessene Gewichtung der Teilaufgaben in der Durchführung – gegliederte und angemessen gewichtete Anlage der Arbeit – schlüssige Verbindung der einzelnen Arbeitsschritte – schlüssige gedankliche Verbindung von Sätzen	6
2	formuliert unter Beachtung der fachsprachlichen und fachmethodischen Anforderungen: – Trennung von Handlungs- und Metaebene – begründeter Bezug von beschreibenden, deutenden und wertenden Aussagen – Verwendung von Fachtermini in sinnvollem Zusammenhang – Beachtung der Tempora – korrekte Redewiedergabe (Modalität)	6
3	belegt Aussagen durch angemessenes und korrektes Zitieren: – sinnvoller Gebrauch von vollständigen oder gekürzten Zitaten in begründeter Funktion	3
4	drückt sich allgemeinsprachlich präzise, stilistisch sicher und begrifflich differenziert aus: – sachlich-distanzierte Schreibweise – Schriftsprachlichkeit – begrifflich abstrakte Ausdrucksfähigkeit	5
5	formuliert lexikalisch und syntaktisch sicher, variabel und komplex (und zugleich klar)	5
6	schreibt sprachlich richtig	3
	Summe der Darstellungsleistung	**28**
	Gesamtsumme Teile (a) und (b)	**100**

Hinweis:
Beachten Sie, dass bei gehäuften Verstößen gegen die sprachliche Richtigkeit die für den Darstellungsbereich im Bewertungsschlüssel ausgewiesene Punktzahl nicht erreicht werden kann. Darüber hinaus gilt für alle Fächer weiterhin folgende Regelung: „Gehäufte Verstöße führen zur Absenkung der Leistungsbewertung um eine Notenstufe in der Jahrgangsstufe 11 und um bis zu zwei Notenpunkte gemäß § 16 Abs. 2 in den Jahrgangsstufen 12 und 13“ (APO–GOSt § 13, Abs. 2). Und: „Gehäufte Verstöße gegen die sprachliche Richtigkeit in der deutschen Sprache und gegen die äußere Form führen gemäß § 13, Abs. 2 zu einer Absenkung um bis zu zwei Notenpunkte.“ (APO–GOSt § 34, Abs. 3)

5 Allgemeine Tipps für die Anfertigung der Abiturklausur

5.1 Auswahl der Aufgabe

Am Tag der schriftlichen Prüfung können Sie eine aus drei zur Wahl gestellten Aufgaben auswählen; hierfür haben Sie 30 Minuten Zeit. Deshalb sollten Sie in der Lage sein, nach einem relativ kurzen Blick auf Arbeitsanweisungen und Texte diese Entscheidung zu treffen.
Anhand der **Überschrift** wird bereits klar, um welchen Aufgabentyp und um welchen Themenschwerpunkt es sich handelt. Auch wenn Sie jetzt schon zu einer Aufgabe tendieren: Entscheiden Sie sich nicht vorschnell, überprüfen Sie in jedem Fall, ob Ihnen die jeweilige **Textgrundlage** „liegt". Entscheiden Sie erst danach. Hierbei kann unter Umständen auch die Tatsache behilflich sein, ob ein solches Thema bezogen auf ein anderes Textbeispiel bereits einmal Gegenstand einer **Klausur** war oder Sie sich sonst im Rahmen Ihrer **Vorbereitung** damit beschäftigt haben.

5.2 Zeiteinteilung

Beginnen Sie nicht zu früh mit der Reinschrift – zunächst müssen Sie sich Klarheit darüber verschaffen, welche Anforderungen die Aufgabe umfasst und welche Teilaufgaben erfüllt werden müssen. Zunächst sollten Sie eine **Grobgliederung** anfertigen, um Ihre Gedanken zu dem Thema zu strukturieren und in eine sinnvolle Reihenfolge zu bringen. In Abhängigkeit von der Aufgabenstellung sollten Sie bereits zu diesem Zeitpunkt Ihre **Arbeitshypothese** formulieren, sich die methodische Vorgehensweise überlegen und eine vorläufige Beurteilung im Stillen vornehmen.
Für einen **letzten Korrekturgang** sollten Sie am Ende ca. 15 Minuten einplanen. Da gilt es formale Fehler (Rechtschreibung, Zeichensetzung, Layout-Anforderungen wie Deckblattgestaltung, Seitenzahlen-Hinweise u. a.) zu überprüfen. Hierbei ist auch Gelegenheit, ggf. Lesehilfen in Form von „Spitzmarken" und Zwischentiteln nachträglich als Gliederungshilfen einzufügen.
Im Vorfeld der Prüfungen können Sie Ihre Zeiteinteilung kontrollieren und verbessern, indem Sie bei Klassenarbeiten oder beim Üben zu Hause die **Zeit**, die Sie **für die Ausfertigung** benötigen, festhalten und sich ein Zeitraster für den gesamten Arbeitsprozess erstellen (Maximalzeiten für das Lesen des Textes, für das Markieren im Text und am Rand, für die Gliederung der geplanten Ausführungen auf Konzeptpapier, für die eigentliche Niederschrift und zuletzt für die Überarbeitung am Schluss).

5.3 Notizen beim Erarbeiten der Textinformationen

Markieren Sie die **Operatoren** in der Aufgabenstellung, rufen Sie sich ins Gedächtnis, welche Aufgabenstellung hiermit verbunden ist, und halten Sie sich unbedingt daran! So vermeiden Sie Themaverfehlungen.
Kennzeichnen Sie die Textstellen, die Sie z. B. zur Darlegung der Argumentationsstruktur verwenden oder die Sie als Zitat in Ihre Ausfertigung einfügen wollen. Anmerkungen und Notizen am Rand des Textes können Ihnen helfen, eine Gliederung zu erarbeiten und Ihr methodisches Vorgehen zu strukturieren.

5.4 Strukturierung

Die Aufgabenstellung gibt Ihnen durch die exakten Arbeitsanweisungen und die Formulierung in den Teilaufgaben bereits eine erste Strukturierung vor, an die Sie sich bei Ihrer Ausfertigung halten sollten. Dennoch wird von Ihnen verlangt, eine darüber hinausgehende Gliederung Ihrer Arbeit vorzunehmen, die logisch stringent und klar verständlich sein soll.

Fügen Sie Absätze ein, wenn Sie einen Gedankengang von einem anderen abheben und betonen wollen oder wenn Sie sich einem neuen Gliederungspunkt zuwenden. So machen Sie deutlich, dass Ihrer Ausfertigung eine klare gedankliche Ordnung zugrunde liegt. Überlegen Sie sich passende Überleitungen zwischen den Teilaufgaben und machen Sie sich frühzeitig Gedanken darüber, wie Sie den Schlussteil sinnvoll gestalten wollen. Damit erleichtern Sie nicht nur die Korrekturarbeit des Lehrers, sondern zeigen auch, dass Sie in der Lage sind, strukturiert und folgerichtig zu arbeiten.

5.5 Der Schluss

Der Schlussteil soll Ihre Ausfertigung vervollständigen, das Thema, das der Aufgabenstellung zugrunde liegt, nochmals aufgreifen und unter Bezugnahme auf die einzelnen Teilaufgaben zu einem stimmigen Abschluss führen. Lassen Sie, um im Bild eines Hausbaus und Maurers zu sprechen, mit dem letzten Satz zur letzten Teilaufgabe nicht die Kelle fallen: Zwar ist das gedankliche Gebäude vom Grundsatz her fertig und die Argumentation „dicht“ – aber zu einer Ausführung gehört nun einmal ein Abschluss wie zu einem Haus der äußere Verputz. Jede der Teilaufgaben hatte einen eigenen Arbeitsschwerpunkt – und alle hatten etwas mit dem Thema in der Aufgabenstellung zu tun. Dieses Thema ist quasi das Dach, das alle Gebäudeteile überdeckt.

Deshalb: Formulieren Sie Ihren Schlussteil unter Rückbezug auf die Themenstellung, und fassen Sie die wesentlichen Teilergebnisse stichwortartig zu einem **Fazit** zusammen, ohne hierbei bereits Gesagtes mit derselben Formulierung zu wiederholen („wie gesagt“ gehört übrigens grundsätzlich nicht in eine Ausführung, da Sie ansonsten eine überflüssige Wiederholung auch noch selber ankündigen würden!).

5.6 Materialien und Hilfsmittel

Für die schriftliche Abiturprüfung im Fach Deutsch sind ein deutsches Wörterbuch sowie unkommentierte Textausgaben der obligatorischen Texte (Goethe, *Iphigenie;* Büchner, *Woyzeck;* Kleist, *Prinz von Homburg;* Th. Mann, *Buddenbrooks;* Koeppen, *Tauben im Gras*) im Klausurraum vorhanden.

5.7 Wiederholung und Übung

Wie können Sie am effektivsten wiederholen und üben, wie Ihre Vorbereitung auf die schriftliche Abiturprüfung Deutsch möglichst optimal gestalten?

Einige Tipps:

- sich vergegenwärtigen, wozu die einzelnen **Operatoren** aufrufen
- durch **schriftliches Üben** Sicherheit in der Bearbeitung der drei Aufgabenarten gewinnen
- die **behandelten Ganzschriften** (die Dramen Goethes, Büchners und Kleists; die epischen Texte Manns und Koeppens) noch einmal gründlich lesen
- Ihre **allgemeinen Kenntnisse** zu den genannten Schriftstellern anhand Ihrer Unterrichtsmitschriften auffrischen
- sich die **Methode der Analyse** eines Dramen- und eines Romanauszugs sowie eines Gedichtes vergegenwärtigen
- **Epochenmerkmale wiederholen**, vor allem durch die Lektüre der Texte, die Ihnen im Unterricht begegnet sind, und anhand Ihrer Hefteinträge zu diesen Themen. Schwerpunkte:
  - Barock (ausgehend von Liebeslyrik)
  - Klassik (ausgehend von Goethes Drama *Iphigenie*)
  - Vormärz (ausgehend von Büchners Drama *Woyzeck*)
  - 20. Jahrhundert (ausgehend von Koeppens Roman *Tauben im Gras*)
- **Dramen- und Romantheorie** wiederholen, soweit im Unterricht behandelt (z. B. Dramentheorie von Aristoteles, Schiller, Lessing)
- die im Unterricht vermittelten Kenntnisse zu folgenden Bereichen wiederholen:
  - Spracherwerb und Sprachentwicklung
  - Sprachkritik, Sprachskepsis, Sprachnot
- Ihre **Darstellungsleistung** optimieren, da diese einen hohen Anteil an der Benotung hat; deshalb Übungen zu folgenden Teilaspekten durchführen:
  - einen Argumentationsgang schlüssig und gedanklich klar aufbauen
  - beschreibende, deutende und wertende Aussagen begründet aufeinander beziehen
  - klar und stilistisch angemessen formulieren: keine Umgangssprache verwenden, Wiederholungen vermeiden, Formulierungen variieren, nach treffenden Begriffen suchen
  - Fachsprache an den richtigen Stellen anwenden
  - Aussagen durch angemessenes und korrektes Zitieren belegen
  - die Regeln der Rechtschreibung, Zeichensetzung und Grammatik üben
- **Sachtexte**
  - im Hinblick auf ihre Argumentationsstruktur analysieren und die dabei vertretenen Positionen erörtern (Aufgabentyp III)
  - im Hinblick auf ihre Argumentationsstruktur und die sprachlich-rhetorische Gestaltung analysieren (Aufgabentyp I)

6 Die mündliche Abiturprüfung im Fach Deutsch

Eine mündliche Abiturprüfung gibt es in jedem Fall im vierten Abiturfach. Daneben sind weitere mündliche Prüfungen im ersten bis dritten Abiturfach möglich, wenn die in den Abiturklausuren erzielten Noten um 4 oder mehr Punkte von der Vornote (Durchschnittsnote 12 I bis 13 II in G9 bzw. Q1 bis Q2 in G8) abweichen oder ein Prüfling sich für eine freiwillige mündliche Prüfung meldet, z. B. um seinen Abiturdurchschnitt zu verbessern. Für mündliche Prüfungen im ersten bis dritten Fach gilt, dass sie nicht dem Stoffgebiet der Abiturklausur entsprechen dürfen.
Die mündliche Prüfung enthält in der Regel zwei gleichwertige Elemente, durch die einerseits die Fähigkeit zum **Vortrag**, andererseits die Fähigkeit zur Beteiligung am **Prüfungsgespräch** überprüft wird. Es gelten ansonsten grundsätzlich dieselben Kriterien für die Bewertung wie bei den schriftlichen Anforderungen, wobei der sprachlichen Darstellung aufgrund der Kommunikationssituation eine besondere Bedeutung zukommt.

Zunächst erhalten Sie eine Aufgabenstellung, die aus einer oder mehreren Teilaufgaben bestehen kann. Für die Bearbeitung dieser Aufgabe stehen Ihnen im Vorbereitungsraum 30 Minuten zur Verfügung. Innerhalb dieser Zeit sollen Sie einen 10- bis 15-minütigen Vortrag vorbereiten, der in sich geschlossen und logisch untergliedert ist. Während des Vortrages können Sie sich auf die Texte sowie auf Ihre stichwortartigen Aufzeichnungen stützen.
Die Kürze der Vorbereitungszeit schließt aus, dass Sie Ihren Vortrag schriftlich ausformulieren; vielmehr ist es notwendig, ähnlich wie bei der Sichtungsphase in der Klausur durch sinnvolles Markieren und knappe Anmerkungen den Vortrag vorzubereiten.

Der zweite Prüfungsteil besteht aus einem Prüfungsgespräch, in dem Ihr Hintergrundwissen und Ihre Fähigkeit, größere fachliche und sachliche Zusammenhänge zu erschließen, überprüft werden.

6.1 Prüfungsteil I: eigenständiger Vortrag

Die größten Schwierigkeiten bei der mündlichen Abiturprüfung liegen erfahrungsgemäß im ersten Teil: Hier wird ein mindestens 10-minütiger zusammenhängender, gegliederter Vortrag gefordert. Da es für solch lange Vorträge kaum echte Übungsmöglichkeiten im Unterricht gibt, zumindest nicht für jeden Einzelnen, fehlt es weitgehend an konkreten Vorerfahrungen. Daher einige Tipps, mit denen Sie sich auf diese Prüfungssituation vorbereiten und Ihren Vortrag ansprechend gestalten können.

Tipps für die 30-minütige Vorbereitung

- Beginnen Sie sofort konzentriert mit der Bearbeitung.
- Themenstellung: Was ist die Zielrichtung der geforderten Bearbeitung?
- Operatoren: Welche konkreten Anforderungen werden gestellt? Bei Mehrteiligkeit: Welche Gliederungshilfe bieten die Teilaufgaben?

- Einstieg: Was führt schnell und zielführend zum Kern der Aufgabenstellung?
- Texte: Fachbegriffe an den Rand schreiben, Quellen-Anmerkungen ergänzen, Stichworte für den Vortrag festlegen; wichtige Zitatstellen markieren.
- Gliederung: Nummerieren Sie Ihre Markierungen, damit Sie anhand dieser Reihenfolge Ihren Vortrag gestalten können.
- Thema/Fazit: Themenformulierungen beinhalten häufig regelrechte Fragestellungen; bei anderen deutet die letzte Aufgabenstellung auf eine Lösung/Bewertung/Beantwortung hin. Gestalten Sie deshalb den Schluss Ihrer Ausführung mit einem klaren Fazit, in dem Sie eine klar formulierte Antwort geben.

Tipps für den Vortrag

- Zeitmanagement: Legen Sie eine Armbanduhr neben Ihr Konzept, schreiben Sie, bevor Sie zu sprechen anfangen, den konkreten Zeitraum für Ihren Vortrag auf Ihr Konzept – so haben Sie klare zeitliche Anhaltspunkte.
- Leitfaden Ihres Vortrages: Nutzen Sie Ihre Anmerkungen, die Sie während der Vorbereitungszeit angefertigt haben.
- Sprechen Sie möglichst frei, klammern Sie sich nicht an Ihr Konzept.
- Sprechen Sie klar, deutlich und hinreichend laut.
- Achten Sie auf ein angemessenes Sprechtempo. Versuchen Sie, nicht zu schnell zu sprechen.
- Grobstruktur: Nennung der Aufgabenstellung – Einleitung – Bearbeitung der Teilaufgaben – Schlussteil.
- Vermeiden Sie sowohl „Endlossätze“ als auch Aneinanderreihungen und monotone Satzanfänge („Und … und … und …“).
- Verwenden Sie die Fachsprache, die Sie gelernt haben, um zu verdeutlichen, dass Sie Ihr Metier beherrschen.
- Zitate/Textbelege: Verdeutlichen Sie während des Vortrages, woher Sie Ihre Aussagen beziehen, indem Sie Kernstellen mit Zeilenhinweis anführen.
- Ein gelegentlicher Blickkontakt zu Ihrem Prüfer oder den übrigen Beisitzern zeugt von einem souveränen Umgang mit der Situation und den Kommunikationsregeln.
- Bewegen Sie sich bei Ihrem Vortrag auf einer einheitlichen Sprachebene und vergegenwärtigen Sie sich, dass die Adressaten Ihres Vortrags allesamt Deutschlehrerinnen und Deutschlehrer, also Fachleute sind.

Sie können diesen ersten Teil der mündlichen Prüfung üben und simulieren, indem Sie eine Teilaufgabe der Arbeitsaufträge in diesem Band nehmen, die Vorbereitungszeit exakt einhalten und zwei Kursmitglieder als fiktive Prüfungskommission hinzuziehen. Lassen Sie sich anschließend von Ihrer „Prüfungskommission“ begründet darlegen, ob Ihr Vortrag sprachlich und inhaltlich „verstanden“ wurde.
Ebenso können Sie natürlich in der Familie oder im Freundeskreis das Referieren üben oder zu diesem Zweck Ihren Vortrag selbst aufnehmen und überprüfen.

6.2 Prüfungsteil II: das Prüfungsgespräch

Die zeitliche Dauer des zweiten Prüfungsteils entspricht derjenigen des ersten Teils: 10 bis 15 Minuten je nach Verlauf. Auch das Thema des Prüfungsgesprächs muss in Bezug auf das Thema des Vortrags einem anderen Kurshalbjahr entnommen sein. Meistens erfolgt durch den Prüfer eine Überleitung von Ihrem Vortrag zu diesem zweiten Teil – hier können Sie unmittelbare Bezüge zum Ausgangsthema herstellen. Im weiteren Verlauf sollen Sie Ihre Kommunikationskompetenzen im Rahmen eines Fachgespräches unter Beweis stellen: Zeigen Sie sich also als gewandter Gesprächspartner, der adressatengerecht und sachkundig die Fragen und Impulse aufgreift und möglichst selbstständig und tiefgründig damit umgeht.

Tipps für das Prüfungsgespräch

- *Sprechanteil:* Je eigenständiger und umfassender Sie als Prüfling mit den Fragen und Impulsen umgehen, desto besser! Begnügen Sie sich nicht mit Kurzantworten, führen Sie länger aus.
- *Erfassen der Frageintention:* Achten Sie auf die Operatoren und auf fachliche Kernbegriffe! Führen Sie sinnvolle Beispiele oder Vergleiche aus dem Unterricht an, zeigen Sie Ihr Hintergrund- und Allgemeinwissen. Aber schweifen Sie nicht ab, bleiben Sie beim Thema.
- *Gesprächsaufbau durch den Prüfer:* In der Regel gestaltet der Prüfer ein solches Gespräch nach dem Prinzip „Vom Einfachen zum Schwierigen, vom Einzelfallbeispiel zum Allgemeinen/Modellhaften".
  Wenn Sie einen Bezug zu einer Ihnen passend erscheinenden Theorie oder zu einem aus dem Unterricht bekannten Beispiel selber herstellen können: tun Sie dies!
- *Unterrichtsbezüge:* Hintergrund aller Fragen und Impulse ist das gemeinsam aus dem Unterricht Bekannte. Stellen Sie also dort wo möglich über das gerade angesprochene Einzelbeispiel Vergleiche zu dem im Unterricht Behandelten an, weisen Sie auf Gemeinsamkeiten oder auch auf Unterschiede hin. Machen Sie somit deutlich, dass Sie den Gesprächsgegenstand aus dem Prüfungsgespräch in größere Zusammenhänge einordnen können.
- *Verständnisproblem:* Sollten Sie mit einer einzelnen Frage einmal nichts anfangen können: verlieren Sie keine Zeit, bitten Sie an einer solchen Stelle um eine kurze ergänzende Erläuterung.
- *Unterbrechungen:* Lassen Sie sich nicht irritieren. Der Prüfer möchte Ihnen entweder zurück auf den Haupt(frage)weg helfen oder den Themenschwerpunkt wechseln, was vielleicht nur daran liegt, dass die Prüfungszeit allmählich knapp wird: Werten Sie solche Unterbrechungen in jedem Fall als für Sie günstig und hilfreich.
- *Mimik und Gestik:* Lassen Sie sich nicht durch Äußerlichkeiten irritieren: Jeder ist bemüht, einen möglichst neutralen Eindruck zu machen.

Training/Vorbereitungen
Vereinbaren Sie mit Ihrem Kurslehrer/Ihrer Kurslehrerin mindestens einmal im Verlauf der Qualifikationsphase die Simulation eines solchen Prüfungsgespräches unter Abiturbedingungen. Ggf. können Sie weitere Trainings mit anderen Mitgliedern Ihres Kurses wechselseitig durchführen, indem Sie die jeweiligen Kurshalbjahresthemen und die Vorgaben zu den unterrichtlichen Voraussetzungen (Schwerpunkten) berücksichtigen.

Viel Erfolg!

Leistungskurs Deutsch (Nordrhein-Westfalen) – Übungsaufgabe 1: I A: Analyse eines Sachtextes mit weiterführendem Schreibauftrag

Arbeitsgrundlagen:
Theodor Fontane, *Kein Held*
Horst Engert, *Nicht idealistische Typen, sondern realistische Gestalten*

Aufgaben:

	Punkte
1. Analysieren Sie den Text von Fontane mit dem Ziel, seine Sicht auf Kleists Prinzen von Homburg herauszuarbeiten.	42
2. Stellen Sie der Position Fontanes die Einstellung von Horst Engert gegenüber.	30

Theodor Fontane (1819–1898)
Kein Held (1872)

Unter allen Gestalten, die ich kenne, erinnert dieser Prinz zumeist an den Grafen Arthur in Herman Grimms „Unüberwindlichen Mächten". Ich glaube, dass es solche Arthurs gibt, und solche Prinzen von Hessen-Homburg gibt es wenigstens beinah (einzelne Situationen halt' ich für absolut unmöglich), aber sie interessieren mich nicht und dürfen überhaupt keinen gesund empfindenden Menschen interessieren. Es sind eitle, krankhafte, prätentiöse Waschlappen, aber keine Helden, Kerle, die in Familie, bürgerlicher Gesellschaft, staatlichem Leben immer nur Unheil gestiftet haben und die immer nur in kranker Zeit oder von kranken Gemütern gefeiert worden sind.

Ein Prinz, ein Reiterführer, ein Held, wenn das Vaterland einem übermächtigen Feinde gegenübersteht, der 50 Jahre lang Europa mit seinem Kriegsruhm gefüllt hat, und der nächste Tag die blutige Entscheidung bringen soll, ein solcher Prinz und Held knöpft die Ohren auf, wenn der Feldmarschall die Dispositionen für den Angriff gibt, und steht nicht schlafwandelnd, geistesabwesend daneben, bloß weil eine Prinzessin, für die er eine Neigung empfindet, in der Nähe steht und einen verlorengegangenen Handschuh sucht. Ich halte solche Situation, zur Ehre der Menschheit, überhaupt kaum für möglich; ist sie aber möglich, so gehört sie in das Zeitalter der Sardanapale[1]. […] Die Schaustellung solcher Kleinheit und Misere in Gestalten, die erheben sollen, gehört nicht in die Kunst. An diesem (Prinzen) verletzt mich das Unhistorische, der Umstand, dass mir statt eines wirklichen brandenburgischen Helden aus der eisernen Großen-Kurfürsten-Zeit ein moderner, tief in Romantizismus getauchter Held geboten wird, der das persönliche Empfinden, die Willkür und die nervöse Anwandlung über alles andre setzt und trotz Heldenredensarten eigentlich kein Held ist. Noch einmal: er ist unhistorisch und – was die Hauptsache bleibt – für mein Gefühl auch uninteressant. Eine eitle, reizbare, fahrige, zwischen äußerster Niedergedrücktheit und Gehobenheit, zwischen Kleinmut und Hochsinn hin und herschwankende Natur kann mich auch interessieren, wenn sie mir als solche geboten wird, wenn ich sie aber als Helden, noch dazu als Helden einer bestimmten, durch Markigkeit und Disziplin ausgezeichneten Epoche hinnehmen soll, so verstimmt mich das. All das ist beim Prinzen von Hessen-Homburg der Fall.

In: Peter Goldammer (Hrsg.): Schriftsteller über Kleist. Berlin/Weimar, Aufbau Verlag 1976, S. 522 ff.

Anmerkungen:
Kleists Stück *Prinz Friedrich von Homburg* wurde 1828 nach nur drei Vorstellungen von König Friedrich Wilhelm III. verboten, weil es nicht den Vorstellungen eines vaterländischen Repräsentationsstücks entsprach. Sowohl von Mitgliedern des politischen Lebens als auch von Literaten und Philosophen wurde das Stück im Folgenden kontrovers diskutiert. In diesem Kontext steht die hier vorliegende Kritik von Theodor Fontane aus dem Jahre 1872.

1 *Sardanapale:* Könige der Assyrer; häufig als Synonym gebraucht für grausame Tyrannen

Horst Engert
Nicht idealistische Typen, sondern realistische Gestalten (1925/26)

Weder darf man den Prinzen schlechtweg als den Vertreter der Persönlichkeit, noch den Kurfürsten als den Vertreter der Gemeinschaft ansprechen. Denn ganz abgesehen davon, dass eine so typisierende Auslegung offensichtlich charakterisierend gestalteten Personen eines realistischen Dramas gegenüber an sich schon eine Gewaltsamkeit bedeutet, widerspricht sie auch den in dem Schauspiele dargestellten Tatsachen. Der Kurfürst vertritt trotz seines „Ich will, dass dem Gesetz Gehorsam sei!“ gar nicht einseitig und dogmatisch den Standpunkt der Gemeinschaft. Er ist vielmehr nicht nur selbst eine Persönlichkeit, sondern hat auch sehr wohl Achtung vor der Persönlichkeit des Prinzen, was nicht nur aus seinen Worten zu Natalie hervorgeht, was er vielmehr auch dadurch beweist, dass er die letzte Entscheidung in die Hand des Prinzen selbst legt. Umgekehrt ist der Prinz im ersten Teile des Dramas noch gar keine Persönlichkeit, sondern darin besteht ja gerade der Gegenstand der Dichtung, dass er vor unseren Augen erst eine Persönlichkeit wird. Auch vertritt er weder vor seiner Wandlung einseitig den Standpunkt der Persönlichkeit, da man seiner in der Bestürzung sich äußernden Gefühlswallung am Ende des zweiten Aktes keineswegs den Wert einer wohlbedachten weltanschaulichen Meinungsäußerung zuerkennen darf, noch auch nach seiner Wandlung den reinen Standpunkt der Gemeinschaft, sonst müsste er am Schlusse seine Begnadigung und Belohnung als einen Akt persönlicher Willkür ablehnen. Aber er ist inzwischen eine Persönlichkeit geworden, die ihr Verhältnis zur Gemeinschaft nunmehr bewusst begründet hat, und so kann er sich mit dem Kurfürsten auf gleicher Ebene treffen. Man sieht schon aus diesen wenigen Hinweisen, die sich leicht verdoppeln und verdreifachen ließen: Die Verhältnisse in unserem Schauspiele liegen viel zu realistisch verwickelt, als dass sie einer einfachen idealistischen Ausdeutung zugänglich oder gar ausschöpfbar wären. Alle Gestalten dieses Dramas sind keine Typen, wie sie das idealistische Drama seinen Stilgesetzen gemäß auf die Bühne zu stellen pflegt. Nicht als Relieffiguren, an denen nur die eine Seite ihres Wesens herausgearbeitet ist, die der Darstellung einer bestimmten Idee dient, sondern gewissermaßen als Vollplastiken stehen sie vor uns, ihre Eigenart nach allen Seiten hin kraftvoll und charakteristisch bewahrend. Die Mannigfaltigkeit ihrer Eigenschaften, Stimmungen und Äußerungen in Worten und Gebärden bildet keine logisch ideelle, sondern eine psychologisch reale Einheit, sodass also auch die so logischen Widersprüche, die in ihr hier und da hervortreten, keinen Mangel der künstlerischen Darstellung bedeuten, vielmehr, psychologisch wohlbegründet, wie sie sind, ihr den Reiz einer außerordentlichen Lebensnähe und Lebenswahrheit verleihen.

Aus: Horst Engert, Persönlichkeit und Gemeinschaft in Kleists Drama „Prinz Friedrich von Homburg". Jahrbuch der Kleist-Gesellschaft 1925/26.

Hinweise und Tipps

Grundlegend für die Bearbeitung dieser Aufgabe ist die Kenntnis von Kleists Drama „Prinz Friedrich von Homburg", das zur Pflichtlektüre gehört. Zudem ist es erforderlich, dass die Methoden der Sachtextanalyse beherrscht werden.

In der Aufgabenstellung wird die Analyse der vorliegenden kritischen Stellungnahme Fontanes zu Kleists Drama erwartet. Dabei liegt der Analyseschwerpunkt auf der Erarbeitung der Sicht Fontanes auf die Hauptfigur des Dramas, des Prinzen von Homburg.

Beachten Sie bei Ihrer Analyse die inhaltlichen und methodischen Aspekte einer Sachtextanalyse. Gehen Sie strukturiert vor, indem Sie zunächst die Grundinformationen wie z. B. Autor, Titel, Textart benennen und die grundlegenden Absichten des Autors umreißen. In der Detailanalyse des Hauptteils gilt es die Argumentationsstruktur und -strategie zu erarbeiten, mit der Fontane seine Haltung zur Figurenkonzeption des Prinzen veranschaulicht und begründet. Arbeiten Sie hierbei die einzelnen Argumente Fontanes heraus. Gehen Sie in diesem Zusammenhang auch auf sprachlich-rhetorische Besonderheiten ein, die Fontanes Aussageabsichten unterstützen, und achten Sie dabei darauf, dass die Erläuterung einzelner Stilmittel sich nicht in einer Auflistung erschöpft. Einzelaspekte des Textes müssen stets in ihrem funktionalen Zusammenhang und im Hinblick auf die Gesamtaussage des Textes erläutert und gedeutet werden. Schließen Sie Ihren Text mit einer reflektierenden Schlussbetrachtung, in der Sie die wichtigsten Erkenntnisse pointiert zusammenfassen.

Lösungsvorschlag

Einleitung

In seiner 1872 verfassten Kritik nimmt Theodor Fontane, Autor des Realismus, Stellung zur Figur des Prinzen Friedrich von Homburg, Protagonist des gleichnamigen Trauerspiels von Heinrich von Kleist.

Deutungshypothese

Sein Urteil über Kleists Prinzen von Homburg fällt vernichtend aus und wird dementsprechend in teilweise sehr polemischem Ton vorgetragen. Kernpunkt der Kritik Fontanes ist die gefühlsbestimmte Egozentrik des Charakters, die dessen Entscheidungen und Handlungen grundlegend leitet, was dem Anspruch, einen Helden darzustellen, zuwider laufe.

Fontanes Text lässt sich in vier Abschnitte unterteilen: Zunächst nimmt er eine Typisierung der Figur des Prinzen vor, indem er Parallelen zu anderen Figuren in der Literatur aufzeigt, und stellt gleichzeitig seine Ablehnung gegenüber diesem Typus deutlich heraus (Z. 1–8). Anschließend geht er konkret auf den im Zentrum seiner Betrachtung stehenden Charakter ein, indem er dessen Verhalten am Tage vor der Entscheidungsschlacht von Fehrbellin dem von ihm erwarteten, angemessenen Verhalten gegenüberstellt (Z. 9–17). Daraus leitet er nun den Vorwurf ab, der Charakter sei unhistorisch und daher nicht in der Kunst zulässig (Z. 17–23). Der Autor kommt zu dem abschließenden Urteil, dass der Charakter aufgrund mangelnder Glaubwürdigkeit uninteressant bleibe (Z. 23–29).

argumentative Struktur

Zu Beginn stellt Fontane **Parallelen** zwischen dem Prinzen von Homburg und dem Grafen Arthur aus Herman Grimms „Unüberwindliche Mächte“ heraus. Zum einen charakterisiert er damit durch **Analogieschluss und Typisierung** den Charakter der Kleist-Figur indirekt, zum anderen räumt Fontane ein, dass es sich bei dieser Figur nicht um einen Einzelfall in der Literatur handele, was Kleists Darstellung des Prinzen ansatzweise legitimieren könnte. Trotz der Einschränkung, einzelne Situationen seien „absolut unmöglich“ (Z. 4), hält Fontane die reale Existenz solcher Charaktere für möglich.

Hauptteil – Detailanalyse

Typisierung

Eingeleitet vom adversativen „aber“ (Z. 4) **relativiert Fontane seine vorsichtigen Zugeständnisse** an Kleist, indem er jegliches Interesse am obengenannten Charaktertypus verneint. Diesem Aspekt verleiht er vehement Nachdruck, indem er feststellt, dieses **Empfinden sei nicht nur subjektiv, sondern gelte für alle „gesund empfindenden Menschen“** (Z. 5). Damit unterstellt er dem Prinzen indirekt pathologische Züge. Anschließend erläutert er diese Annahme durch die den Charaktertypus des Prinzen beschreibende Klimax, die solche Figuren als „eitle, krankhafte, prätentiöse“ (Z. 6) Charaktere kennzeichnet. In der **antithetischen Zuordnung** der pejorativen Begriffe „Waschlappen“ und „Kerle“ zum Begriff „Helden“ (Z. 6) macht Fontane deutlich, dass er Kleists Prinzen von Homburg jegliche Tauglichkeit abspricht, als Vorbild moralischen und tugendhaften Handelns zu dienen. Eine weitere Klimax unterstützt diese Aussage, indem sie verdeutlicht, wie umfassend das Versagen dieses Charaktertypus ist – in praktisch allen Bereichen des menschlichen Lebens, „in Familie, bürgerlicher Gesellschaft, staatlichem Leben“ (Z. 6 f.) brächten sie „Unheil“ (Z. 7), wodurch sich jene Charaktere nach Fontane vollends als Helden disqualifizieren. Durch die wiederholte **Generalisierung** „immer nur“ (Z. 7, 8) wird dieser Eindruck bekräftigt. Auch den Aspekt der Krankheit im Sinne von „moralisch zweifelhaft“ greift Fontane in diesem Zusammenhang wieder auf, indem er darauf verweist, dass

pejorative Antithesen

Generalisierung

Mangel an Tugend als pathologisches Phänomen

jene Charaktere sehr wohl gefeiert worden sind, jedoch nur in „kranker Zeit oder von kranken Gemütern“ (Z. 8). Bereits in diesem ersten Abschnitt bringt Fontane offen seine Ablehnung gegen Kleists Prinzen von Homburg zum Ausdruck, indem er ihn einem bestimmten Typus zuordnet, der sich durch seine **pathologischen Züge** und **Mangel an Tugend** auszeichnet, was ihn von vornherein **als Helden ungeeignet** macht.

Diskrepanz zwischen Heldenanspruch und Charakter

Im Weiteren geht Fontane nun konkret auf die Figur des Prinzen und die Rolle, die ihm in Kleists Werk zukommt, ein, um die zuvor aufgestellten Behauptungen zu erläutern. Durch die **Klimax** „[e]in Prinz, ein Reiterführer, ein Held“ (Z. 9) veranschaulicht Fontane, was oder wen Kleists Protagonist potentiell verkörpern soll. Es folgt die eindringliche Beschreibung der Situation, die der Handlung zugrunde liegt: Es ist der Tag vor der Schlacht von Fehrbellin, der nächste Tag soll „die blutige Entscheidung bringen“ (Z. 11), ob das Kurfürstliche Heer die in Brandenburg eingefallenen Schweden, den „übermächtigen Feind[ ]“ (Z. 9 f.) zurückschlagen kann, nachdem dieser „50 Jahre lang Europa mit seinem Kriegsruhm gefüllt hat“ (Z. 10). Die von Fontane hier gewählte Diktion dient der **Dramatisierung und Hervorhebung der schicksalhaften Bedeutung dieses Tages**. Eine Figur, die den in der obigen Klimax genannten Attributen gerecht werden würde, wäre sich nach Fontane dessen bewusst und „knöpft die Ohren auf, wenn der Feldmarschall die Dispositionen für den Angriff gibt“ (Z. 12). Diesem der Situation angemessenen Verhalten hält Fontane das Verhalten des Prinzen von Homburg **antithetisch** entgegen: Dieser zeige sich „schlafwandelnd, geistesabwesend“ (Z. 13). Der Hintergrund seines Verhaltens ist „eine Neigung“ (Z. 14) zur Prinzessin, d. h. **rein emotional und egozentrisch, frei von gesellschaftlichem Pflichtbewusstsein**. Durch die Parenthese „zur Ehre der Menschheit“ (Z. 15) wird deutlich, dass Fontane dieses Verhalten für moralisch so verwerflich hält, dass er es schlichtweg als unmöglich erachtet.

Dramatisierung

Bezug zu dramentheoretischen Grundsätzen

Der Figur des Prinzen fehlt es aus Fontanes Sicht an Größe, einen Helden zu verkörpern, der „erheben“ (Z. 18) soll; stattdessen ordnet er ihm das Begriffspaar „Kleinheit und Misere“ (Z. 17) zu. Fontane beurteilt den Prinzen nach Kategorien der klassischen Dramentheorie, indem er herausstellt, dass diese Figur dem Anspruch, einen Helden darzustellen, nicht gerecht werde und daher „nicht in die Kunst“ (Z. 18) gehöre. Er begründet dies damit, dass der Prinz „unhistorisch“ (Z. 23) sei. Dieser Umstand ist für ihn so untragbar, dass er sich „verletzt“ (Z. 18) fühlt. Fontane, als Vertreter des Realismus, fordert die Darstellung „eines wirklichen“ (Z. 19) Helden. Statt eines solchen erkennt er im Prinzen Merkmale des „Romantizismus“ (Z. 20), die Überspanntheit und Irrationalität nahelegen. Dies jedoch steht im Widerspruch zur „eisernen Großen-Kurfürsten-

Zeit“ (Z. 20), die, wie er später anmerkt, geprägt ist durch „Markigkeit und Disziplin“ (Z. 27 f.).

Diese Diskrepanz verdeutlicht Fontane wiederum mit einer Klimax, die die Charaktereigenschaften und Handlungsmotive des Prinzen pointiert auf den Punkt bringt. **Statt von Disziplin und gesellschaftlicher Verantwortung** sei das Verhalten des Prinzen von **„persönliche[m] Empfinden“, „Willkür“ und „nervöse[r] Anwandlung“** (Z. 21 f.) geprägt. Dadurch verliere die Darstellung Kleists an Glaubwürdigkeit; obwohl – nicht zuletzt durch seine „Heldenredensarten“ (Z. 22) – als solcher deklariert, ist der Prinz für Fontane kein Held. Für den in der Epoche des Realismus beheimateten Fontane, der die Geschichte, das wirkliche Leben, als Steinbruch für seine Stoffe erachtet und für den sich künstlerische Darstellung nach Kriterien der Realitätstreue richten, ist der **Makel der fehlenden Glaubwürdigkeit und des Unhistorischen** eklatant. Dadurch, dass Handeln und Handlungsmotivation unrealistisch und somit nicht nachvollziehbar sind, bleibt die Figur des Prinzen für Fontane uninteressant. Abschließend differenziert er seine Ablehnung gegen einen Charakter, der durch das Spannungsfeld zwischen den Antithesen „äußerster Niedergedrücktheit und Gehobenheit“ (Z. 24 f.) und „Kleinmut und Hochsinn“ (Z. 25) geprägt wird. Dazu knüpft er dessen Darstellung an eine Bedingung, die er in einer Reihung zweier Konditionalsätze formuliert, in der zunächst die Bedingung genannt wird, unter der er dieser Art Charakter etwas Interessantes abgewinnen könnte, nämlich dann, wenn ihm diese auch „als solche“ (Z. 26) geboten werde. Der zweite Konditionalsatz hält dem jedoch gleich in einer **Antithese** die Darstellung Kleists entgegen: „wenn ich sie aber als Helden, noch dazu als Helden einer bestimmten, durch Markigkeit und Disziplin ausgezeichneten Epoche hinnehmen soll, so verstimmt mich das.“ (Z. 27 ff.) Abermals bemängelt Fontane also die fehlende Glaubwürdigkeit in der Darstellung des Prinzen als Helden. Vor allem im Kontext der historischen Situation, in die die Figur eingebettet ist, ist die Darstellung für Fontane nicht schlüssig.

Charakterisierung

fehlende Glaubwürdigkeit

Aus der Sicht des Vertreters realistischen Schreibens ergibt sich aus dem Widerspruch zwischen dem postulierten Anspruch, einen Helden darzustellen, der gesellschaftlich verantwortlich handeln sollte, und Kleists literarischem Entwurf eines weitgehend egozentrischen und irrationalen Prinzen die **völlige Ablehnung des Protagonisten** von Kleists Drama. Der abschließende Satz Fontanes ist nicht nur Zusammenfassung, sondern klingt wie ein Urteil, das knapp und prägnant über Kleists Friedrich von Homburg gesprochen wird: „All das ist beim Prinzen von Hessen-Homburg der Fall.“ (Z. 29)

Schlussbetrachtung

Die Bearbeitung der zweiten Aufgabe setzt eine genaue Auseinandersetzung mit der in Aufgabe 1 erarbeiteten Position Theodor Fontanes zu Kleists „Prinz Friedrich von Homburg" voraus.
In der Aufgabenstellung wird die Gegenüberstellung der in den vorliegenden Texten deutlich werdenden Positionen Fontanes und Engerts bezüglich der Darstellung des Prinzen von Homburg durch Heinrich von Kleist erwartet. Dazu sollten Sie sich zunächst noch einmal die Ergebnisse aus Aufgabe 1 vergegenwärtigen. Dem sollten Sie nun vergleichend Engerts Position gegenüberstellen. Arbeiten Sie Unterschiede heraus und belegen Sie Ihre Erkenntnisse am Text. Achten Sie dabei darauf, einzelne Textelemente stets in ihrem funktionalen Zusammenhang zu deuten.

Überleitung

Zusammenfassung der Position Fontanes

In der 1872 verfassten Kritik zu Kleists „Prinz Friedrich von Homburg" wird Fontanes vehemente Ablehnung der Kleist'schen Figurenkonzeption deutlich. Wesentlicher Kritikpunkt ist das „Unhistorische" (Z. 18 f.) an dem Charakter: Für Fontane sind die Art und Weise, wie der Prinz in der Situation um die Entscheidungsschlacht handelt, und dessen Motive so abwegig, dass sie nicht mehr nachvollzogen werden können. Statt als Heerführer verantwortungsvolles und tugendhaftes Handeln zu zeigen, lässt er sich durch überspannte Neigungen leiten, die egozentrische und scheinbar willkürliche Entscheidungen nach sich ziehen. Die Diskrepanz zwischen erwartetem Verhalten als Held und tatsächlichem Verhalten kommt laut Fontane umso mehr zum Tragen, weil der Protagonist in eine historische Epoche eingebettet ist, die sich durch „Markigkeit und Disziplin" (Z. 26 f.) auszeichne. Aufgrund der sich dadurch ergebenden Unglaubwürdigkeit der Darstellung des Prinzen werde **der Charakter dem Zuschauer entfremdet**, sodass sich **kein Interesse** an ihm entwickeln könne. Dem Zweck eines Helden, durch vorbildliches Handeln zu „erheben" (Z. 18), werde sie somit nicht gerecht.

Position Engerts

Horst Engert nimmt in seiner im Jahrbuch der Kleist-Gesellschaft 1925/26 veröffentlichten Rezension mit dem Titel „Nicht idealistische Typen, sondern realistische Gestalten" eine grundlegend andere Position zur Figurenkonzeption Kleists ein. Er wendet sich **gegen eine rein typisierende Auslegung der Charaktere** und verweist stattdessen darauf, dass die sich aus den Handlungen der Figuren ergebenden Widersprüche ihrer **lebensnahen, psychologisch komplexen Konzeption** geschuldet sind. So sind nach Horst Engert die Figuren keineswegs Typenfiguren, die entweder ausschließlich als Vertreter sittlichen Gemeinwohls (Kurfürst) oder uneingeschränkter Subjektivität (Prinz) auftreten.

Widersprüche als Konsequenz einer lebensnahen Konzeption

Gleich im ersten Satz stellt Engert die These auf, dass sich der Prinz und der Kurfürst nicht als gegensätzliche Pole gegenüberstünden, da sie nicht eindeutig den Kategorien „Persönlichkeit" (Z. 1) und „Gemeinschaft" (Z. 2) zuzuordnen seien und daher eine

Typisierung nicht gerechtfertigt sei. In diesem Punkt unterscheidet sich seine Position von der Fontanes, der gerade bemängelt, dass der Prinz lediglich aus egozentrischen Motiven handele und keinerlei Verantwortung für das Gemeinwohl zeige, also eindeutig der Kategorie „Persönlichkeit" zuzuordnen sei. Dem hält Engert zwei Argumente entgegen: Das erste ergibt sich durch die Einordnung des Kleist-Textes als **realistisches Drama**, was eine „charakterisierend" (Z. 3) gestaltete Darstellung der Personen geradezu voraussetzt. Diese sei „offensichtlich" (Z. 3) und daher eine typisierende Auslegung geradezu eine „Gewaltsamkeit" (Z. 4). Das zweite Argument ergibt sich aus den **im Drama konkret dargestellten Fakten**, was er im Folgenden anhand von Beispielen erläutert.
Engert verwehrt sich gegen eine Kategorisierung des Kurfürsten als „Vertreter der Gemeinschaft" (Z. 2), als Verkörperung des sachlichen Gesetzes und vernünftigen Herrscherwillens. Als Beleg verweist er auf Handlungselemente des Dramas, wie etwa die Tatsache, dass der Kurfürst die endgültige Entscheidung über das Todesurteil in die Hand des Prinzen selbst legt. Dies zeigt für Engert seine „Achtung vor der Persönlichkeit des Prinzen" (Z. 8 f.), wodurch er eine **menschliche, subjektive Dimension** offenbart, die sich nicht nach dem gesetzlich festgelegten Gemeinwillen richtet.

Psychologische Entwicklung

Der Prinz indessen werde gerade in seiner **psychologischen Entwicklung zu einer Persönlichkeit** gezeigt. Darin liege, so Engert, „gerade der Gegenstand der Dichtung" (Z. 12). Unterschwellig impliziert diese Feststellung, dass eine typisierende Auslegung der Figuren, wie sie von Fontane für die Figur des Prinzen proklamiert wird, eine grundlegende Fehlinterpretation des zentralen Gegenstandes darstellt. Kleist geht es nach Engert also nicht um die Darstellung von bestimmten Ideen durch Typenfiguren, wie etwa der des Heldentums, sondern um die **künstlerische Darstellung der psychologischen Entfaltung eines komplexen Charakters.**
Diese Entwicklung führe schließlich über die Erfahrung der Todesangst dahin, dass der Prinz zu einer Persönlichkeit reift, „die ihr Verhältnis zur Gemeinschaft nunmehr bewusst begründet hat" (Z. 19 f.). Das heißt, dass er nicht reine Vernunft, reines Gesetz wird, sonst müsste er seine Begnadigung und Belohnung zum Schluss ablehnen, wie Engert bemerkt (Z. 18) – aber er ist aus Engerts Perspektive zu Einsichten gelangt, die über rein egozentrisches Empfinden hinausgehen. Das macht es ihm möglich, mit dem Kurfürsten „auf gleicher Ebene" (Z. 21) zusammenzutreffen.
Diese konkret an einzelnen Handlungselementen vorgenommene Deutung der künstlerischen Darstellung der Figuren Kurfürst und Prinz, die auf deren psychologische Vielschichtigkeit verweist, wird im Folgenden durch die Bezugnahme auf Begriffe der Dramentheorie präzisiert. Im Zentrum steht hierbei das **antithetische**

Begriffspaar *realistisch* und *idealistisch*. Engert stellt heraus, dass die komplexen Verwicklungen in Kleists Drama durchaus „realistisch" sind und sie sich allein deshalb „einer einfachen idealistischen Ausdeutung" (Z. 23 f.) verschließen. In diesem Punkt widerspricht er Fontane deutlich, der das Verhalten des Prinzen vor der Schlacht von Fehrbellin für völlig abwegig, ja sogar unmöglich hält. Den Unterschied zwischen realistisch gestalteten Charakteren und idealistischen Figuren setzt Engert mit den Metaphern „Vollplastiken" (Z. 28) und „Relieffiguren" (Z. 26) ins Bild. Während sich für Engert Erstere durch die „Mannigfaltigkeit ihrer Eigenschaften, Stimmungen und Äußerungen in Worten und Gebärden" (Z. 29 f.) auszeichnen, sei bei Letzteren „nur die eine Seite ihres Wesens herausgearbeitet", um eine „bestimmte[ ] Idee" (Z. 27 f.) aufzuzeigen. Erstere bilden eine „psychologisch reale", während Letztere eine „logisch ideelle" (Z. 31) Einheit formen. Es handelt sich also um zwei verschiedene Darstellungskonzepte, die auf unterschiedlichen Intentionen basieren: Bei der **idealistischen Darstellung** geht es um das **Darstellen einer Idee durch eine Figur**, was notwendigerweise die Typisierung voraussetzt. Bei der **realistischen Darstellung** geht es um „Lebensnähe und Lebenswahrheit" (Z. 34), die eine psychologisch **komplexe Konzeption der Charaktere** voraussetzt, um glaubwürdig zu sein. Somit sind für Engert auch **logische Widersprüche kein „Mangel der künstlerischen Darstellung"** (Z. 32 f.), sofern sie psychologisch begründet sind.

realistisch – idealistisch

keine Darstellung einer Idee, sondern realistisch komplexe Darstellung

Die beiden Positionen Fontanes und Engerts vergleichend lässt sich abschließend festhalten, dass Fontane gerade die logischen Widersprüche, die Engert der psychologisch komplexen Darstellung des Prinzen zugesteht, für so eklatant hält, dass er dessen Verhalten für unhistorisch und unrealistisch hält. Er verweist auf die „Markigkeit und Disziplin" (Z. 27 f.), die die Epoche des Kurfürsten auszeichneten und die der Prinz nicht verkörpert. Hieraus leitet er seine Ablehnung gegenüber der Figurendarstellung ab. Im Gegensatz dazu ist es gerade die psychologisch komplexe Konzeption des Charakters des Prinzen, dessen Handlungen und Entscheidungen rational nicht immer nachvollziehbar sind, die ihn für Engert realistisch erscheinen lässt. Er verhält sich aus dessen Sicht nicht typenhaft vorhersehbar, sondern aus der Vielschichtigkeit und Komplexität der Eigenschaften und Stimmungen heraus, die in seinem Charakter angelegt sind. Erst dadurch ergebe sich der Eindruck realistischer Darstellung. Während **bei Fontane** die Glaubwürdigkeit einer Figur von der **Glaubwürdigkeit der Entscheidungen und Handlungen im Kontext ihrer Umwelt abhängt**, steht **bei Engert**, der seine Rezension über fünfzig Jahre später als Fontane verfasste, die **glaubwürdige Entfaltung innerer psychologischer Prozesse** im Mittelpunkt, die sich nicht auf einfache Typen reduzieren lassen.

Schlussbetrachtung

Leistungskurs Deutsch (Nordrhein-Westfalen) – Übungsaufgabe 2: I A: Analyse eines Sachtextes mit weiterführendem Schreibauftrag

Arbeitsgrundlage:
Johann Gottlieb Fichte: *Von der Sprachfähigkeit und dem Ursprung der Sprache, 1795* (Auszug)

Aufgaben: Punkte

1. Analysieren Sie den Textauszug aus Johann Gottlieb Fichtes Schrift *Von der Sprachfähigkeit und dem Ursprunge der Sprache*. Berücksichtigen Sie dabei besonders die Argumentationsstruktur. 42
2. Stellen Sie die Kerngedanken von Johann Gottfried Herders *Abhandlung über den Ursprung der Sprache* knapp dar. Vergleichen Sie anschließend Fichtes Position mit derjenigen Herders. Nehmen Sie abschließend Stellung zu der Frage, inwieweit die Argumentation von Fichte als eine Kritik an Herders Abhandlung verstanden werden kann. 30

Johann Gottlieb Fichte (1762–1814)
Von der Sprachfähigkeit und dem Ursprung der Sprache (1795)

In einer Untersuchung über den Ursprung der Sprache darf man sich nicht mit Hypothesen, nicht mit willkürlicher Aufstellung besonderer Umstände, unter welchen etwa eine Sprache entstehen *konnte*, behelfen; denn da der Fälle, welche den Menschen bei Erfindung und Ausbildung der Sprache leiten konnten, so mancherlei sind, daß sie keine Forschung ganz erschöpfen kann; so würden wir auf diesem Wege eben so viele halbwahre Erklärungen des Problems erhalten, als Untersuchungen darüber angestellt würden. Man darf sich daher nicht damit begnügen, zu zeigen, daß und wie etwa eine Sprache erfunden werden *konnte*: man muß aus der Natur der menschlichen Vernunft die Nothwendigkeit dieser Erfindung ableiten; man muß darthun, daß und wie die Sprache erfunden werden *mußte*. [...]

Ich mache mich deutlicher. Die Sprache ist das Vermögen, seine Gedanken *willkürlich*[1] zu bezeichnen. Sie setzt demnach eine Willkür voraus. Unwillkürliche Erfindung, unwillkürlicher Gebrauch der Sprache enthält einen innern Widerspruch. Man hat sich zwar auf unwillkürliche Tone beim Ausbruch der Freude, des Schmerzes u.s.w. berufen, und daraus gar manches über Erfindung und Gesetze der Sprache ableiten wollen; aber beides ist völlig verschieden. Unwillkürlicher Ausbruch der Empfindung ist nicht *Sprache*.

Um die Willkür zur Erfindung einer Sprache zu bestimmen, wurde eine Idee derselben vorausgesetzt. Daher die Frage: wie entwickelte sich in den Menschen die Idee, ihre Gedanken sich gegenseitig durch Zeichen mitzutheilen? [...]

Es ist im Wesen des Menschen gegründet, daß er sich die Naturkraft zu unterwerfen sucht. Die erste Aeußerung seiner Kraft ist gerichtet auf die Natur, um sie für seine Zwecke zu bilden. Selbst der roheste Mensch trifft irgend eine Vorkehrung für seine Bequemlichkeit und seine Sicherheit; er gräbt sich Höhlen, bedeckt sich mit Laub, und wenn er des Feuers etwa habhaft werden kann, zündet er Holz an, um sich so gegen den Frost zu schützen. [...]

In diesem Verhältnisse steht der Mensch mit der belebten und leblosen Natur: er geht darauf aus, sie nach seinen Zwecken zu modificiren; aber diese widerstrebt der Einwirkung, und nimmt oft genug sie gar nicht an. Daher sind wir mit der Natur in stetem Kampfe, sind bald Sieger, bald Besiegte, – unterjochen oder fliehen.

Wie verhält sich dagegen der Mensch ursprünglich gegen den Menschen selbst? Sollte wohl zwischen ihnen im rohen Naturstande dasselbe Verhältniß stattfinden, welches zwischen dem Menschen und der Natur ist? Sollten sie wohl darauf ausgehen, sich selbst unter einander zu unterjochen, oder, wenn sie sich dazu nicht Kraft genug zutrauen, einander gegenseitig fliehen? [...]

Und doch finden wir, daß die Menschen sich mit einander vertragen, daß sie sich gegenseitig unterstützen, daß sie in gesellschaftlicher Verbindung mit einander stehen. Der Grund dieser Erscheinung muß wohl in dem Menschen selbst liegen: in dem ursprünglichen Wesen desselben muß sich ein Princip aufzeigen lassen, welches ihn bestimmt, sich gegen seines gleichen anders zu betragen, als gegen die Natur. [...]

Der Mensch geht darauf aus, die rohe oder thierische Natur nach seinen Zwecken zu modificiren. Dieser Trieb muß untergeordnet sein dem höchsten Princip im Menschen, dem: sei immer einig mit dir selbst; nach welchem Princip er in den allgemeinsten Aeußerungen seiner Kraft beständig fort handelt, auch ohne sich desselben bewußt zu sein. Der Mensch sucht also [...] die nicht vernünftige Natur sich deswegen zu unterwerfen, damit alles mit seiner Vernunft übereinstimme, weil nur unter dieser Bedingung Er selbst mit sich selbst übereinstimmen kann. [...]

Der Mensch geht also nothwendig darauf aus, Vernunftmäßigkeit außer sich zu finden; er hat einen Trieb dazu, der sich deutlich genug dadurch offenbart, daß der Mensch sogar geneigt ist, leblosen Dingen Leben und Vernunft zuzuschreiben. Beweise davon finden sich häufig genug in den Mythologieen und den Religionsmeinungen aller Völker u. s. w. Wie wir gesehen haben, ist es der Trieb nach Uebereinstimmung mit sich selbst, welcher den Menschen anleitet, Vernunftmäßigkeit außer sich aufzusuchen.

Eben dieser Trieb mußte in dem Menschen, sobald er wirklich mit Wesen seiner Art in Wechselwirkung getreten war, den Wunsch erzeugen, seine Gedanken dem andern, der sich mit ihm verbunden hatte, auf eine bestimmte Weise andeuten, und dagegen von demselben eine deutliche Mittheilung seiner Gedanken erhalten zu können. Denn ohne diese Auskunft mußte es sich häufig ereignen, daß der eine die Handlung *des* andern mißverstand, und auf eine Art erwiederte, die ganz gegen die Erwartung des Handelnden war; ein Fall, der den Menschen in offenbaren Widerspruch mit seinen Zwecken versetzte, und folglich geradezu gegen die Uebereinstimmung mit sich selbst stritt, welche er bei der Aufsuchung vernünftiger Wesen beabsichtigte. – Ich meine es vielleicht mit jemand gut, und will ihm mein Wohlwollen durch Handlungen zu erkennen geben. Allein jener deutet diese Handlungen unrichtig, und erwiedert sie durch Feindseligkeiten. Ein solches Betragen muß nothwendig bei mir den Gedanken veranlassen, daß der andre meine Absichten verkenne; und diesem Gedanken muß bald der Wunsch folgen, ihm meine Gesinnungen auf eine weniger zweideutige Art ankündigen zu können.

So wie es mir mit andern geht, so andern mit mir. Wie leicht kann ich die wohlmeinende Handlung eines andern mißverstehen, und mit Undank vergelten? So wie ich aber seine Absicht besser einsehe, so werde ich wünschen mein Vergehen wieder gut zu machen, und um deswillen von seinen Gedanken künftig besser unterrichtet zu sein. – Ich wünsche also, daß der andere meine Absicht wissen möge, damit er mir nicht zuwider handle, und aus gleichem Grunde wünsche ich, die Absichten des andern zu wissen. Daher die Aufgabe zur Erfindung gewisser Zeichen, wodurch wir andern unsere Gedanken mittheilen können.

Aus: Lauth, Reinhard u. a. (Hrsg.): Johann Gottlieb Fichte/Werke 1794–1796 (J. G. Fichte-Gesamtausgabe Werke Band 3); Stuttgart-Bad Cannstatt 1966; S. 97–102

Anmerkung:
1 *willkürlich:* sich bewusst und willentlich für etwas entscheidend

---

Hinweise und Tipps

Beide Teilaufgaben nehmen Bezug auf das Wissen, das im Bereich „Reflexion über Sprache" gewonnen wurde. Vor allem die Kenntnisse, die Sie im Unterricht zum Verhältnis von Sprechen, Denken und Wirklichkeit erworben haben, können bei der Lösung der Aufgabe hilfreich sein. Auch der Bezug zu Kommunikationsmodellen, die Sie im Verlauf Ihrer Schulzeit kennengelernt haben können, kann Ihnen an der einen oder anderen Stelle helfen.

Bei der ***Analyse*** *des Textes (****1. Teilaufgabe****), die bei der Bewertung ungefähr 60 % der inhaltlichen Punkte ausmacht, lohnt es sich, insbesondere auch auf folgende Aspekte zu achten:*

- *Benutzen Sie bei der Beschreibung des Argumentationsaufbaus möglichst Fachbegriffe (These, Prämisse, Definition usw.).*
- *Bei der Analyse der zentralen Gedanken von Fichte kann es hilfreich sein, sich zu vergegenwärtigen, was andere Autoren zu seinen Schlüsselbegriffen (Vernunft, Sprache usw.) gesagt haben. Auch Fichtes Menschenbild, wie es im Textauszug zum Ausdruck kommt, ist einer besonderen Betrachtung wert.*
- *Denken Sie daran, Auffälligkeiten der sprachlichen Form zu beschreiben und in ihrer Funktion zu bestimmen.*

Im Schlussteil können Sie knapp auf Beziehungen von Fichtes Überlegungen zu anderen Sprachtheorien oder auch auf ihre Aktualität eingehen.

Lösungsvorschlag

Einleitung
Rahmendaten und Einordnung des Themas

In dem vorliegenden Auszug aus der Untersuchung „Von der Sprachfähigkeit und dem Ursprung der Sprache" von 1795 versucht der Philosoph Johann Gottlieb Fichte die seiner Meinung nach notwendige und einzig mögliche Genese der menschlichen Sprache zu beschreiben. Er nimmt also Stellung zu einer klassischen Frage der Philosophie: der Frage nach dem Sprachursprung, die meist auch mit den Überlegungen verbunden ist, wie der Mensch vom Tier abzugrenzen ist und in welchem Verhältnis Denken und Sprache zueinander stehen. Fichtes Ausführungen folgen einem klaren Aufbau:

Hauptteil
Argumentationsstruktur

Zunächst formuliert er seine **Intention** bzw. den **Anspruch**, der seiner Meinung nach an eine solche Untersuchung zu stellen ist: Die Erfindung der Sprache muss für ihn „aus der Natur der menschlichen Vernunft" (Z. 8 f.) mit Notwendigkeit abgeleitet werden.
Hierfür **definiert** er Sprache als das Vermögen, „seine Gedanken willkürlich zu bezeichnen" (Z. 11 f.). Ausgehend von dieser Definition **präzisiert** Fichte seine **Leitfrage**: Wie und warum kommt es zu einem sprachlich vermittelten Gedankenaustausch zwischen den Menschen (vgl. 19 f.)?
Um diese Frage zu beantworten, **verdeutlicht** Fichte sein Menschenbild. Er kennzeichnet den Menschen als ein Wesen, das die Natur „nach seinen Zwecken zu modificiren" (Z. 41 f.) beabsichtige. Das Hauptmotiv des Menschen sei es, im Kampf mit der Natur sich diese gefügig zu machen. Dies bedeutet für Fichte jedoch gerade nicht, dass der Mensch sich in der gleichen Weise auch gegen andere Menschen verhalte – denn für ihn gibt es noch das „höchste[ ] Princip im Menschen": „sei immer einig mit dir selbst" (42 f.). Aus dieser **Prämisse** leitet Fichte das **Streben des Menschen nach Naturbeherrschung** ab: Die nicht vernünftige Natur wolle der Mensch unterwerfen, „damit alles mit seiner Vernunft übereinstimme" (Z. 46); denn die Vernunft des Menschen versuche „Vernunftmäßigkeit [auch] außer sich aufzusuchen" (Z. 53 f.). Mit seiner Prämisse gelingt es Fichte auch, die Sprachentstehung **zu begründen**: Im nächsten Gedankenschritt betrachtet er nämlich einen **Sonderfall** dieses allgemeinen Prinzips genauer (vgl. Z. 55–69) – er ergibt sich im **Umgang mit anderen Menschen**: Der Mensch möchte nach Fichte auch in anderen Menschen Vernunftmäßigkeit finden. Er will dabei seine Absichten und Gedanken dem anderen möglichst **ohne Missverständnisse** mitteilen und sicher sein, dass der andere ihn verstanden hat. Andererseits besteht für Fichte auch der Wunsch, die Absichten des anderen zu verstehen.

Für Fichte ist die **Conclusio** dieser Überlegung, dass es zur Erfindung von Zeichen und – später – von ganzen Sprachen kommen musste (vgl. 70–77).

Ausführliche Erschließung zentraler Gedanken

Fichte ist – so lässt sich nicht nur am argumentativen Aufbau erschließen – an der verständlichen Vermittlung zentraler Gedanken gelegen:

Schon das Layout im ersten Absatz, d. h. die gesperrt-gedruckten Modalverben, unterstreichen Fichtes **Absicht**, den notwendigen und einzig möglichen Entstehungsgrund der menschlichen Sprache zu beschreiben: Er will nicht untersuchen, welche konkreten Entstehungsbedingungen und -schritte die Sprachentstehung prägten (vgl. „konnte", Z. 3, 8); vielmehr hat er vor, die Notwendigkeit (vgl. „mußte", Z. 10) der Sprachentwicklung aus der „Natur der menschlichen Vernunft" (Z. 8 f.) abzuleiten. Ihm geht es folglich um eine theoretische Untersuchung der Sprachentstehung und nicht um eine empirische oder experimentelle Sprachforschung.

Abgrenzung von Laut-Theorien

Mit seiner Definition der Sprache als „Vermögen, seine Gedanken willkürlich zu bezeichnen" (Z. 11 f.), grenzt sich Fichte zunächst von all den Positionen ab, die die entwickelte Sprache aus **onomatopoetischen Anfangslauten** ableiten wollen. Der sprachliche Akt ist für den Philosophen ein bewusster Prozess und darf nicht – wie Fichte an Beispielen erläutert – mit einem unwillkürlichen Empfindungsausdruck verwechselt werden.

Kommunikative Funktion von Sprache

Nach der Bestimmung des Sprechens als eines willkürlichen Aktes wendet sich Fichte erneut der Ursprungsfrage zu, allerdings hat diese Frage mittlerweile eine **neue Dimension** bekommen. Fichte fragt nun nach dem Entstehen der Sprache in ihrer **kommunikativen Funktion**: „[W]ie entwickelte sich in den Menschen die Idee, ihre Gedanken sich gegenseitig durch Zeichen mitzutheilen?" (Z. 19 f.) Implizit hebt er mit dieser Frage seine Theorie von Überlegungen ab, die keinen kommunikativen, sondern einen eher erkenntnistheoretischen Erklärungsansatz für die Sprachentstehung wählen.

Anthropologische Grundannahme

Der Begründungszusammenhang, den Fichte herstellt, beruft sich auf eine anthropologische Annahme, die von dem Philosophen nicht weiter abgeleitet wird – als „**höchste[s] Princip im Menschen**" bestimmt er den Grundsatz: „sei immer einig mit dir selbst" (Z. 46).

Mit diesem Prinzip gelingt es Fichte, **zwei Probleme zu lösen**:

Erste Ableitung aus höchstem Prinzip

Erstens kann er so den **Trieb zur Naturbeherrschung**, den er zuvor erläuterte, nun begründen: der Mensch, vernunftbegabt, möchte die unvernünftige Natur an sich selbst anpassen. Bis zu dieser Stelle hat Fichte diesen Trieb einfach nur vorausgesetzt, auch wenn er ihn einleuchtend und mit verschiedenen Beispielen veranschaulicht hat (vgl. Z. 22–26) – jetzt leitet er ihn aus einem höheren Prinzip ab.

Zweitens kann er mit diesem Prinzip auch die **menschliche Friedlichkeit** den Artgenossen gegenüber erklären und so die zuvor im Kontext der Ausführungen zur Naturbeherrschung aufgeworfene Frage beantworten, warum sich der Beherrschungstrieb nicht auch auf andere Menschen bezieht. Denn der Autor stellt fest, dass sich die Menschen nicht bekämpfen, dass der mitmenschliche Umgang offensichtlich nicht durch Kampf und Unterwerfung gekennzeichnet ist, so wie es aus der vorher gegebenen Wesensbestimmung des Menschen (als Herrscher über die Natur) hätte abgeleitet werden können. Weshalb der Verfasser von der Friedfertigkeit gegenüber anderen Menschen ausgehen zu können meint, erläutert er jedoch nicht. Er deutet damit ein Menschenbild an, das gerade auch angesichts der brutalen „Terrorherrschaft" der **Französischen Revolution**, in deren Zeitraum die Abhandlung entsteht, doch etwas verwundert.

Zweite Ableitung aus höchstem Prinzip

Gegen Ende werden Fichtes **theoretische** Ausführungen **konkreter**, indem sie nun näher noch auf die zwischenmenschlich-kommunikative Funktion von Sprache eingehen: Trifft ein Mensch auf ein Wesen seiner Art, so erzeugt das Prinzip in ihm den Wunsch, „seine Gedanken dem andern, der sich mit ihm verbunden hatte, auf eine bestimmte Weise an[zu]deuten, und dagegen von demselben eine deutliche Mittheilung seiner Gedanken erhalten zu können" (Z. 59 f.). Dass Fichte hier die Gefahr von Missverständnissen anführt (vgl. Z. 60), die der Zweckausrichtung seines Wesens widerspreche, ist dabei eine – im Vergleich zu Fichtes bisherigen Überlegungen – **konkrete lebenspraktische Begründung**. Die Notwendigkeit, für ein vernünftiges Zusammenleben Eindeutigkeit hinsichtlich des eigenen Verhaltens herzustellen, führt für Fichte zu der **Idee einer Sprache** und somit zu der Aufgabe, Zeichen zu erfinden, „wodurch wir andern unsere Gedanken mittheilen können" (Z. 78).

Konkretisierung der theoretischen Überlegungen

Nicht nur inhaltlich ist Fichtes Überlegungen anzumerken, dass ihm sehr an der klaren Vermittlung seiner Theorie gelegen ist. Dies lässt sich vielmehr auch schon an gewissen formalen Aspekten ablesen. So ist es für den vorliegenden Text typisch, dass der Gedankengang mit Fragen durchsetzt ist (vgl. Z. 19 f., 31–35), die strukturierende Wirkung haben und den Leser motivieren, sich aktiver mit seinen Überlegungen auseinanderzusetzen. Man könnte aufgrund dieses Stilmerkmals, den an mehreren Stellen gegebenen Beispielen sowie der Vermeidung von philosophischem Fachvokabular dem Autor fast eine leserdidaktische Absicht zuschreiben.

Beobachtungen zur Form

Sein Ansatz ist dennoch ein **theoretisch-philosophischer**. Er versucht weder das Aufkommen einzelner (National-) Sprachen noch den frühkindlichen Spracherwerb zu erklären, sondern ihm geht es um eine eindeutige Erklärung für das Entstehen von Sprache an

Reflektierte Schlussbetrachtung

Theoretische Einordnung

sich. Eine Konsequenz aus Fichtes Ansatz ist, dass es zum Menschsein dazugehört, Sprache zu besitzen und anzuwenden.

Dieser Ansatz grenzt sich deutlich gegen bekannte Positionen zur Sprachursprungsfrage ab. Sie steht einerseits quer zu der Annahme eines **göttlichen Ursprungs** der Sprache (bei Süßmilch), andererseits wird auch ihre Ableitung aus einem **tierischen Ursprung** (bei Condillac) abgelehnt.

Historische Einordnung

Zusammenfassend kann gesagt werden, dass Fichte in seiner Abhandlung zum Ursprung der Sprache eine – angesichts der Komplexität der Thematik – nachvollziehbare Theorie entwickelt, wobei zumindest in den vorliegenden Auszügen einige Punkte ungeklärt bleiben: So ließe sich beispielsweise fragen, wie **Fichtes Vernunftverständnis** genauer beschaffen ist oder ob die **Reduktion der Sprache** auf das Vermögen, die eigenen Gedanken willkürlich zu bezeichnen, nicht zu sehr auf die bewusste Willensäußerung fokussiert – denn schließlich umfasst die sprachliche Kommunikation doch noch weitere Dimensionen. Dies machen zumindest neuere Kommunikationsmodelle wie die von Schulz von Thun deutlich.

Zusammenfassung und Benennung ungeklärter Punkte

Bis heute relevant ist Fichtes Ansatz allerdings hinsichtlich der Verortung von Sprache in einem **kommunikativen Zusammenhang** zwischen den Menschen. Jedoch wird die Sprache aus heutiger Sicht als ein sehr viel komplexeres Gebilde wahrgenommen, als Fichte es in seiner Abhandlung skizziert. Aber sein zentraler Gedanke, dass das Wesen der **Zeichen in ihrer kommunikativen Funktion** liegt, ist bis in unsere Zeit fruchtbar.

Die Frage nach der Aktualität

*Die **zweite Aufgabe**, die bei der Bewertung etwa 40 % der inhaltlichen Punkte ausmacht, verlangt einen **Vergleich** mit Herders „Abhandlung über den Ursprung der Sprache". Als Grundlage soll die ebenfalls verlangte **Darstellung** von Herders Kerngedanken dienen. Vergegenwärtigen Sie sich hierfür das im Unterricht zu dieser Schrift **erworbene Wissen**.*

*Für eine **thematische Überleitung** lassen sich gut die zeitliche Nähe beider Aufsätze und die Ähnlichkeit der Überschriften nutzen.*

*Um den Vergleich auf feste Füße zu stellen, geben Sie zunächst einen **kurzen Abriss** der **Theorie von Herder**, wie er zur Vorbereitung auf das Abitur angefertigt werden kann. Im weiteren Verlauf müssen die **Unterschiede und Gemeinsamkeiten der beiden Theorien** herausgearbeitet werden. Überlegen Sie z. B. zunächst, ob beide Autoren methodisch vergleichbar vorgehen. Selbst wenn dies nicht so sein sollte, könnte es sein, dass die Ergebnisse ihrer Überlegungen vergleichbar sind.*

*In ihrer reflektierten **Schlussbetrachtung** können Sie die beiden Autoren historisch einordnen, Ihre Ergebnisse kommentieren oder auch Bezüge zu aktuellen sprachtheoretischen Fragestellungen herstellen. Auf jeden Fall gilt es noch die **Ausgangsfrage**, ob sich Fichtes Abhandlung als Kritik an Herder verstehen lässt, vor dem Hintergrund Ihres Vergleichs zusammenfassend zu beantworten.*

Auch auf dem Gebiet der Philosophie scheint es Fragen zu geben, die zeitweise „in" sind. So stellt die Berliner Akademie der Wissenschaften in den 70er-Jahren des 18. Jahrhunderts die Preisfrage nach dem Ursprung der Sprache, um einen Streit zwischen ihren Mitgliedern mit ihren entgegengesetzten Thesen – tierischer versus göttlicher Ursprung der Sprache – zu beenden. **Herder** gewann 1772 mit seinem Aufsatz „Abhandlung über den Ursprung der Sprache" den Wettbewerb. Offensichtlich ist aber mit Herders Arbeit die Frage nicht endgültig geklärt, denn 23 Jahre später veröffentlicht Johann Gottlieb Fichte den ähnlich betitelten Aufsatz „Von der Sprachfähigkeit und dem Ursprung der Sprache". Es spricht aufgrund dieser Publikationsdaten einiges dafür, dass Fichte Herders berühmten Aufsatz kannte, sodass sich die Frage ergibt, inwieweit die Ausführungen von Fichte eine **Kritik** an Herders Ansatz sind.

Überleitung

Bei der Beantwortung dieser Frage sind vor allem die folgenden Aspekte von Herders Abhandlung relevant:

Hauptteil

Herder nimmt den Leser mit auf eine Gedanken- bzw. Bildungsreise. Er überarbeitet, ergänzt, korrigiert immer wieder seine Überlegungen und erst am Ende der Ausführungen erreicht man den gültigen Stand seiner Überlegungen. So wird erst im Verlauf der Argumentation klar, dass Herders Gebrauch des Wortes „Sprache" für die Artikulation des Tieres bloß als Analogie für etwas Sprach-Ähnliches zu verstehen ist. Wie am Ende seiner Überlegungen deutlich wird, ist es für Herder allein dem Menschen möglich, sich dank seiner **Besonnenheit** mit Sprache auszudrücken.

Herders Position

Herders Aufsatz entwickelt sich aus dem Vergleich zwischen Mensch und Tier und beider Möglichkeit zu einer **Sprache der Empfindung** (z. B. des Schmerzes). Herder will nun aber klären, wie es zu dem qualitativen Sprung vom tierischen expressiven Schrei zum Wort als grammatisch-semantischer Einheit kommt. Aufgrund der mangelhaften Instinktausrüstung des „Tieres Mensch" bleibe ihm um des Überlebens willen gar nichts anderes übrig, als eine höher strukturierte Lautsprache zu erfinden; denn der Mensch sei zwar ein Mängelwesen, aber aufgrund seiner Unabhängigkeit von den Sinneseindrücken und Trieben sei der Mensch fähig zur Selbstreflexion, d. h. er besitze Verstand, Vernunft bzw. Besonnenheit (Herders Lieblingswort). Diese **Besonnenheit** zeigt sich in der Entwicklung einer menschlichen Lautsprache.

Mensch und Tier

Diese Lautsprache entwickelt sich über die Bildung eines **Merkwortes**. Im „innerlichen Merkwort" wird ein Merkmal des Erkenntnisobjektes aus dem Strom der Eindrücke festgehalten, als wiederholbares Erinnerungszeichen erkannt und auditiven Eindrücken zugeordnet (z. B. das Blökende des Schafes), wobei dem Gehör eine zentrale Funktion zukommt. Das zugeordnete gesprochene Wort

Entwicklung der Sprache

(zuerst Verben, später Nomina) richtet sich somit nach dem Klang des Dinges. Die Ansammlung solcher Klangzeichen führt zur **Lautsprache**. Diese bildet das menschliche Bewusstsein weiter aus und fördert das geistige Vermögen. Mit seiner Vernunft, seiner Besonnenheit und seiner Fähigkeit, die Sinnlichkeit aktiv und selbstbeherrschend zu gestalten, sowie seiner Sprachfähigkeit unterscheidet sich der Mensch grundlegend vom Tier. Verdeutlicht Herder am Anfang seiner Untersuchung mit der Empfindungssprache noch die Entwicklung des Menschen aus dem Tierreich, so betont er am Ende den **qualitativen Sprung** vom Tier zum vernunftbegabten, zur Besinnung fähigen Menschen.

Gemeinsamkeiten und Unterschiede

Vergleicht man nun Herders und Fichtes Antwort auf die Sprachursprungsfrage, so fallen zunächst die grundsätzlich **unterschiedlichen Vorgehensweisen** auf: Herders Überlegungen sind stark von der empirisch-anthropologischen Frage geprägt, worin der Mensch sich vom Tier unterscheidet, er macht dabei sogar – vorübergehend – eine uns mit dem Tierreich verbindende Empfindungssprache aus. Fichte hingegen wählt einen theoretisch-anthropologischen Ansatz, wenn er aus seinem Verständnis der menschlichen Vernunft die Notwendigkeit der Sprachentwicklung logisch ableiten will.

Entwicklung statt göttlicher Eingriff

In einer Hinsicht kommen die beiden Sprachphilosophen zu einem **ähnlichen Ergebnis**: Die menschliche Sprache ist nicht Ergebnis eines göttlichen Eingreifens, sondern einer Entwicklung, die sich vollzogen hat. Während Herder allerdings genauer auf die Art und Weise der Sprachentwicklung eingeht, konzentriert sich Fichte darauf, die Motivation des Menschen, eine Sprache zu erfinden, zu rekonstruieren.

Verhältnis von Sprache und Vernunft

Gleichwohl treffen sich die beiden Autoren in der grundsätzlichen Überzeugung, dass Vernunft – bzw. Besonnenheit – und Sprache eng miteinander verknüpft sind. Beides gehört sowohl in Fichtes als auch in Herders Anthropologie zum Menschsein und unterscheidet den Menschen vom Tier.

Kommunikative Funktion

Ist Sprachentwicklung bei Herder aber zunächst die Auseinandersetzung eines erkennenden Subjekts mit einem zu erkennenden Objekt und führt sie über Merkmalsbildung und Lautzuordnung erst in einem zweiten Schritt zu einer Verständigung mit anderen Menschen, so ist der **kommunikative Aspekt** bei Fichte von vornherein dominant. In dieser Hinsicht erscheint Fichte mit seinem interaktionistischen Zugriff als der modernere Sprachtheoretiker, da – wie oben schon angedeutet – heutige Sprachtheorien den kommunikativen und pragmatischen Aspekt von Sprache gegenüber dem erkenntnistheoretischen betonen.

Fichtes Abhandlung kann als indirekte **Kritik an Herders Ansatz** verstanden werden – vor allem hinsichtlich der folgenden Aspekte:

Fichte steht der Untersuchung der konkreten Entwicklung der menschlichen Sprache, wie Herder sie im Blick hatte, kritisch gegenüber und setzt an deren Stelle eine **theoretische Ableitung** aus der Wesensbestimmung des vernunftbegabten Menschen (vgl. Z. 7 f.). Bei Fichte scheint dabei die menschliche Sprache – in Abgrenzung zur Tiersprache – eher als bei Herder ein Ergebnis eines **bewussten Aktes** zu sein (vgl. Z. 18–20). Auch Fichtes Ansatz, dass die Sprache sich in der Begegnung mit anderen Menschen (**kommunikative Funktion** von Sprache) entwickelt, lässt sich als implizite Kritik an Herder lesen, für den das Erkennen von Welt zur Sprachentwicklung führt (erkenntnistheoretische Funktion von Sprache).

Fichtes Überlegungen als Kritik an Herder

In meinem Verständnis vermag Herder weniger zu überzeugen. Mir scheint es sehr gewagt zu sein, wenn Herder die Entstehung von Worten über das Merkwort, dessen auditive Komponente und mit der Kreation eines ähnlichen Lautwortes ableiten will. Mein Eindruck ist, dass Worte nur in den seltensten Fällen einen onomatopoetischen Klang haben. Man kann meines Erachtens davon ausgehen, dass die Zuordnung zwischen Signifikat und Signifikant in der Regel **arbiträr** ist – dies zeigen schon die gravierenden Unterschiede zwischen den Sprachen der Welt.

Reflektierte Schlussbetrachtung

Dennoch kann man mit den beiden unterschiedlichen Erklärungsansätzen sehr gut zwei Grundfunktionen der Sprache verdeutlichen: Wir erkennen und gliedern mit Sprache die Welt, indem wir aus den auf uns einströmenden Eindrücken umgrenzte Einheiten auswählen und bezeichnen (Herder), wir schaffen uns dieses Erkenntniswerkzeug Sprache aber nur in der Kommunikation mit anderen Menschen (Fichte). Deshalb lohnt sich auch heute noch ein Blick in diese mehr als 200 Jahre alten Texte.

Öffnung des Fragehorizontes

Leistungskurs Deutsch (Nordrhein-Westfalen) – Übungsaufgabe 3: II A: Analyse eines literarischen Textes mit weiterführendem Schreibauftrag

Arbeitsgrundlagen:
Karoline von Günderrode, *Die eine Klage*
Karin Kiwus, *Lösung*

Aufgaben: Punkte

1. Analysieren Sie das Gedicht *Die eine Klage* von Karoline v. Günderrode unter besonderer Berücksichtigung der Vorstellung von einer gelungenen Liebesbeziehung. Berücksichtigen Sie hierbei auch den Epochenkontext. 42
2. Vergleichen Sie Günderrodes Gedicht mit Karin Kiwus' Gedicht *Lösung* hinsichtlich der Frage, wie das Thema „Liebesbeziehung" dargestellt wird. 30

Karoline von Günderrode (1780–1806)
Die eine Klage (vermutlich 1806)

Wer die tiefste aller Wunden
Hat in Geist und Sinn empfunden,
Bittrer Trennung Schmerz;
Wer geliebt, was er verloren,
Lassen muss, was er erkoren,
Das geliebte Herz,

Der versteht in Lust die Tränen
Und der Liebe ewig Sehnen
Eins in Zwei zu sein,
Eins im Andern sich zu finden,
Dass der Zweiheit Grenzen schwinden
Und des Daseins Pein.

Wer so ganz in Herz und Sinnen
Könnt ein Wesen lieb gewinnen,
O! den tröstet's nicht,
Dass für Freuden, die verloren,
Neue werden neu geboren:
Jene sind's doch nicht.

Das geliebte, süße Leben
Dieses Nehmen und dies Geben,
Wort und Sinn und Blick,
Dieses Suchen und dies Finden,
Dieses Denken und Empfinden
Gibt kein Gott zurück.

erkoren: auserwählt

Pein: Schmerz

Aus: Lebensalter. Gedichte, gesammelt von Peter Härtling. 2. Aufl. München: Beck, 2004, S. 250 f.

Karin Kiwus (geb. 1942)
Lösung (1979)

Im Traum
nicht einmal mehr
suche ich
mein verlorenes Paradies
bei dir

Ich erfinde es
besser allein
für mich

In Wirklichkeit
will ich
einfach nur leben
mit dir
so gut es geht

Aus: Karin Kiwus, Angenommen später. Gedichte. Frankfurt a. M.: Suhrkamp, 1979, S. 74.

Hinweise und Tipps

Die Aufgabe bezieht sich auf das obligatorische Thema für Leistungskurse „Liebesgedichte mit Schwerpunkten in den Epochen Barock, Romantik (auch Heine) und in der 2. Hälfte des 20. Jahrhunderts“. Berücksichtigen Sie bei Ihrer Analyse die Ihnen bekannten Aspekte einer Gedichtanalyse: Benennen Sie nach einer Einleitung das Thema und die Situation des lyrischen Sprechers, widmen Sie sich anschließend dem formalen Aufbau und der syntaktischen Grundstruktur und gehen Sie auf die sprachlichen Gestaltungsmittel ein. Dabei ist es – gemäß der Aufgabenstellung – erforderlich, die Ergebnisse im Hinblick auf die im Gedicht dargestellte Vorstellung von einer gelungenen Liebesbeziehung zu deuten. Darüber hinaus wird Ihnen ein weiterer Schwerpunkt vorgegeben: die Berücksichtigung des Epochenkontextes. Damit wird von Ihnen eine Beantwortung der Frage verlangt, ob und inwiefern das Gedicht von Günderrode hinsichtlich des Inhalts und der sprachlichen Gestaltung epochentypische oder -untypische Merkmale aufweist.

Lösungsvorschlag

Das Gedicht „Die eine Klage“ von Karoline von Günderrode wurde zu Beginn des 19. Jahrhunderts geschrieben und gehört somit in die literaturgeschichtliche Epoche der Romantik.

Aufgabenbezogene Einleitung: Autor, Titel, Zeit

Es thematisiert die **negativen Emotionen**, die eine Trennung nach einer großen, einzigartigen Liebe hinterlässt. Dabei stehen nicht die individuellen unmittelbar erlebten schmerzvollen Emotionen des Sprechers im Mittelpunkt, sondern es werden fast schon allgemeingültig die schmerzhaften Erfahrungen nach einer Trennung von einem geliebten Menschen beschrieben, sodass jeder Leser sich mit ihnen identifizieren kann.

Thema

Das Gedicht besteht aus vier Strophen mit jeweils sechs Versen und folgt durchgehend dem Schweifreimschema (aabccb). Während die Paarreimverse im vierhebigen Trochäus mit weiblicher Endung gestaltet sind, weisen die einzeln stehenden Verse einen dreihebigen Trochäus mit männlicher Kadenz auf. Aufgrund der **syntaktischen Gestaltung** lässt sich das Gedicht in drei Sinneinheiten aufteilen. Die erste und die zweite Strophe bilden die erste Einheit: Der – im semantischen, nicht im grammatischen Sinne – Konditionalsatz (1. Strophe, V. 1–6) hält die Bedingung für die Gültigkeit des anschließenden Hauptsatzes (2. Strophe, V. 7–10) fest. Diese syntaktische Struktur wiederholt sich verkürzt in der dritten Strophe, deren Anfangsverse die Bedingung für das Nachfolgende (V. 15–18) beschreiben. Die letzte Strophe nimmt von dieser syntaktischen Struktur Abstand. Die Spannungsstruktur der ersten beiden Sinneinheiten bleibt jedoch insofern erhalten, als die beiden wichtigsten Satzteile (Subjekt und Prädikat) erst im letzten Vers folgen.

Formale Gestaltung und Gedichtstruktur

Sofort in der ersten Strophe wird dem Leser der Grund der „eine[n] Klage“ (vgl. Titel) genannt: der starke Schmerz, der durch die **Trennung von einem geliebten Menschen** verursacht wird. Was alle diejenigen, die schon mal einen geliebten Menschen verloren haben, fühlen, wird in der zweiten Strophe genauer ausgeführt. Sie kennen die ewige Sehnsucht nach der verlorenen Liebe, die ein ganz besonderes Zusammengehörigkeits- und Einheitserlebnis ausgezeichnet hat. Jede Hoffnung auf einen möglichen Ersatz durch neue Freuden wird in der dritten Strophe zunichte gemacht (V. 7–12). Warum die eine große Liebe unersetzbar ist, macht die vierte Strophe dem Leser klar, denn hier wird die vollkommene Liebe als eine beschrieben, in der sich Gegensätze wie „Nehmen“ und „Geben“, „Suchen“ und „Finden“ in einem Einheitserlebnis (V. 20–23) einander ergänzen. Im Schlusssatz folgt die vollkommene Ernüchterung: Nicht einmal Gott behebt diesen Verlust (V. 24).

Inhalt

Die vielen Begriffe aus dem **Bedeutungsfeld „Liebe"** – Herz, Lust, Zweiheit, Sinn, Blick, Empfinden – verdeutlichen, dass im Gedicht von einer gelungenen und intensiven Liebesbeziehung die Rede ist. Doch wie wird die Liebesbeziehung, die unersetzbar zu sein scheint, beschrieben?

Beschreibung der vollkommenen Liebesbeziehung – Deutung der sprachlichen Gestaltungsmittel

Betrachtet man die formale und die sprachliche Gestaltung des Gedichts, fallen sofort die Anaphern im Zentrum auf: „Eins in Zwei zu sein / Eins im Andern sich zu finden" (V. 9f.). Sie geben den Hinweis auf das entscheidende Merkmal einer gelungenen Liebesbeziehung: Zwei Menschen werden eins und finden sich jeweils im anderen wieder. Um diesen zentralen Gedanken zu betonen, wird er im anschließenden Vers in Form einer Paraphrase gleich wiederholt: Die vollkommene Liebesbeziehung ist eine, in der „der Zweiheit Grenzen schwinden" (V. 11). In einem solchen Einheitserlebnis wird jede Polarität zwischen zwei Menschen aufgehoben. Die Liebenden verstehen sich und verschmelzen so zu einer Einheit. Eine gelungene Liebesbeziehung meint somit sowohl die geistige als auch die gefühlsmäßige und körperlich-sexuelle Vereinigung. Wie wichtig die Verbindung der geistigen und körperlich-erotischen Bereiche ist, zeigt die direkte Aneinanderreihung von „Wort und Sinn und Blick" (V. 21). Die Wiederholung des Wortes „und" betont deutlich das Einheitserlebnis einer gelungenen Liebesbeziehung. Als ob die Besonderheit dieser Verbindung von rational-geistiger und emotional-körperlicher Ebene noch nicht deutlich genug geworden wäre, wird sie in den darauffolgenden Versen gleich wiederholt und durch ein hinweisendes Pronomen wieder eindringlich betont: „Dieses Denken und Empfinden" (V. 23) sei unersetzlich.

Die Liebenden erfahren eine **allumfassende gegenseitige Zuwendung und sehnsuchtsvolle Hingabe**, denn „dieses Nehmen und dies Geben" (V. 20), „dieses Suchen und dies Finden" (V. 22) geschieht offenbar immer im Gleichklang, also im Miteinander statt im Gegeneinander. Konflikte, wie sie in einer Beziehung immer wieder möglich sein können, haben in dieser gelungenen Liebesbeziehung keinen Platz: Niemand von beiden nimmt mehr als der andere, keiner gibt weniger zurück als der andere. Die Liebenden finden sich immer sehnsüchtig wieder (V. 20–22). Die vollkommene Liebesbeziehung scheint keine Herrschaft und Unterdrückung zu kennen. Statt einer Hierarchie besteht eine Komplementarität zwischen Mann und Frau: Sie ergänzen sich und bilden eine Einheit.

Die **Besonderheit und Einmaligkeit dieser Liebe** wird durch die Versanordnung nochmals deutlich. Vers 9 und Vers 21 sind die Verse, die aus dem Paarreimschema einen Schweifreim machen. Sie stellen das besondere Einheitserlebnis heraus: „Eins in Zwei zu sein“ (V. 9), in „Wort und Sinn und Blick“ (V. 21). Folgerichtig wird durch Vers 15, der auch den Paarreim unterbricht, der besondere Schmerz beim Verlust dieser Liebe herausgestellt: „O! den tröstet's nicht“ (V. 15). Diese Exclamatio zeigt, dass ein Leben ohne den geliebten Menschen nicht mehr lohnenswert zu sein scheint, denn das „geliebte, süße Leben“ (V. 19), das „geliebte Herz“ (V. 6), das hier als Pars pro Toto für den ganzen Menschen steht, kann weder durch neue Freuden (V. 16–18) noch durch eine Hinwendung zur Religion bzw. zu Gott (V. 24) ersetzt werden. Indem der Liebe ein **unersetzbarer Einmaligkeitscharakter** zugesprochen wird, erhalten die bitteren Verlustgefühle Ewigkeitscharakter.

Epochenkontext – Zerrissenheit

Auch wenn es in der romantischen Dichtung nicht das eine unumstößliche Liebeskonzept gegeben hat, so kann man in dem Gedicht von Karoline von Günderrode doch einige **typische Merkmale der romantischen Epoche** und der damit einhergehenden Vorstellungen einer idealen Liebe finden. Ein zentrales Merkmal der Romantik war die Reaktion auf ein Gefühl von Zerrissenheit, das unter anderem auch durch die rationalistische Wissenschaft der Aufklärung erzeugt worden war: **Trennung** von Gefühl und Verstand, von Glauben und Wissen, von Natur und Geist, von Gott und Mensch, von Leben und Arbeiten, und schließlich auch Trennung von Liebe und Vernunft, von sinnlicher und geistiger Liebe, von Liebe und Freundschaft, von Mann und Frau. Auch in dem Gedicht von Karoline von Günderrode wird der Gedanke der Zerrissenheit durch die kontrastiven Verben im Zusammenhang der zunächst „erkorenen“ und „gewonnenen“, dann aber verlorenen Liebe und Freude (vgl. V. 4, 5, 14, 16) angedeutet, ebenso die damit verbundenen Gefühle von „Lust“ und „Tränen“ (V. 7) verweisen auf die Zerrissenheit.

Entgrenzung, Streben nach Einheit und Sehnsucht

Viele Vertreter der romantischen Dichtung, wie z. B. Clemens Brentano und Novalis, strebten in ihren Gedichten jedoch die **Aufhebung der Gegensätze und eine Herstellung der Ganzheit** an. Hinderliche Grenzen sollten überwunden werden – und das galt auch für die Liebe. Die typische **Vorstellung von Entgrenzung**, wie es in vielen Gedichten der Romantik thematisiert wird, findet sich wörtlich in dem Gedicht „Die eine Klage“, wenn es heißt, dass in einer perfekten Liebe „der Zweiheit Grenzen schwinden“ (V. 11). Das für die Romantik typische Streben nach Entgrenzung spiegelt sich auch in dem Gedicht von Karoline von Günderrode in der Vorstellung einer Synthese von sinnlicher und geistiger Liebe wieder. Dieser Gedanke wird nicht zuletzt deutlich in der von Vertretern der Romantik immer häufiger formulierten Forderung nach einer Einheit von Liebe und Ehe statt der damals noch weit verbreiteten Vernunftehe. Die mit dieser Forderung verbundene Vorstellung von einer **Dauerhaftigkeit von Liebe und Treue** wird auch in dem Gedicht von Karoline von Günderrode aufgegriffen: Selbst wenn die vollkommene Liebe verloren ist, dauert sie in der **Sehnsucht** nach ihr fort und kann durch keine anderen Freuden ersetzt werden (V. 16–18). Wesentlich ist für die Epoche der Romantik jedoch nicht das Finden, sondern die Suche und Wanderschaft als Metapher für das Leben und damit die Sehnsucht. Allerdings hat das lyrische Ich bei Günderrode die – sich beispielsweise auch im romantiktypischen triadischen Geschichtsbild niederschlagende – **Hoffnung aufgegeben**, Einheit und Ganzheit wiederzuerlangen (vgl. 4. Strophe). Selbst die Hoffnung auf eine „Heilung“ durch die transzendente Macht Gottes, wie sie sich in der Romantik häufig finden lässt, entfällt: „Das geliebte, süße Leben [...] / Gibt kein Gott zurück.“ (19–24) Diese desillusionierte Sicht verleiht dem Gedicht modernere Züge und prädestiniert es für einen Vergleich mit dem Gegenwartsgedicht von Karin Kiwus.

Die Aufgabenstellung weist einen deutlichen Schwerpunkt auf: Die Bearbeitung des Gedichts von Karin Kiwus soll sich auf die Frage konzentrieren, wie darin das Thema „Liebesbeziehung“ im Vergleich zum Gedicht von Karoline von Günderrode dargestellt wird. Damit ist das Vergleichskriterium bereits vorgegeben, sodass Sie entsprechende Gemeinsamkeiten und/oder Unterschiede herausarbeiten müssen.
In der aufgabenbezogenen Überleitung nennen Sie zunächst den gleichen thematischen Zusammenhang, in dem beide Texte stehen. Als Grundlage des Vergleichs kann dann eine kurze Beschreibung der Form und des Inhalts des Gedichts dienen. Anschließend folgt der aspektorientierte Vergleich, wobei es sich anbietet, das Gedicht „Die eine Klage“ immer sofort als Vergleichstext in Ihren Ausführungen zu berücksichtigen, um gleich an konkreten Textstellen Gemeinsamkeiten und/oder Unterschiede aufzeigen zu können. Fassen Sie die Einzelergebnisse des Vergleichs in einer Schlussbetrachtung zusammen. Auch wenn es in der Aufgabenstellung nicht explizit gefordert wird, ist es an dieser Stelle sinnvoll, noch einmal auf den Epochenkontext zurückzukommen, da beide Gedichte über 150 Jahre trennen. Die Vergleichsergebnisse lassen sich so angesichts der unterschiedlichen Zeithintergründe zusammenfassend erklären.

Überleitung und thematische Anbindung

Auch in vielen Gedichten aus der zweiten Hälfte des 20. Jahrhunderts ist die Liebe zentrales Thema. Der Titel des Liebesgedichts von Karin Kiwus klingt zunächst ganz anders als „eine Klage“, denn er scheint optimistisch eine „Lösung“ anzukündigen.

Formbeschreibung und Inhaltswiedergabe

Das Gedicht besteht aus drei Versgruppen, wobei die erste und letzte jeweils fünf Verse umfassen, die mittlere aber nur drei Verse aufweist. Es verzichtet auf Reim und Versmaß und liest sich eher wie Prosa. Ein lyrisches Ich offenbart die eigene Vorstellung von einer Beziehung, die noch funktioniert, auch wenn das große Liebesglück verloren gegangen ist. Gleich in der ersten Versgruppe gesteht das lyrische Ich, dass es die paradiesischen Zustände und Gefühle nicht mehr bei dem Partner sucht. In der anschließenden zweiten Versgruppe erfährt der Leser, dass das lyrische Ich es bevorzugt, „allein“ für sich sein Glück zu „erfinde[n]“ (V. 6 f.). In der dritten Versgruppe wird deutlich, dass die Beziehung aufrechterhalten werden soll. Das lyrische Ich möchte mit der Person, mit der es eine erfüllende Liebesbeziehung führen zu können sich lange erhoffte, nun nur noch so gut, wie es möglich ist, zusammenleben.

Vergleich der Gedichte – Gemeinsamkeiten

Auch in dem Gedicht von Karin Kiwus scheint das lyrische Ich wie bei dem Gedicht von Günderrode die **Erfahrung eines Liebesglücks** gemacht zu haben, welches aber eben auch wieder verloren gegangen sein muss. Das lyrische Ich bei Karin Kiwus spricht von einem „Paradies“, also von einem Zustand der Sorglosigkeit und des dauernden Glücks, das es nun jedoch bei dem Partner nicht mehr sucht. Die Metapher vom „verlorenen Paradies“ verweist auf eine – wenn auch vergangene – erfüllende Zeit, die das lyrische Ich vermutlich in einer Liebesbeziehung verbracht hat. Auch wenn die Kriterien, die eine erfüllende Liebe ausmachen, anders als bei von Günderrode im Gedicht von Karin Kiwus unklar bleiben, scheint in der Metapher vom „verlorenen Paradies“ doch ebenfalls die Möglichkeit eines Moments des Glücks auf.

Unterschiede – Begrenzung und Entgrenzung

Doch während bei von Günderrode nur dieses eine absolute Liebesideal Maßstab jeglicher Beziehung ist und durch keine anderen Freuden ersetzt oder zumindest ausgeglichen werden kann, gibt sich das lyrische Ich bei Karin Kiwus bescheidener. Es verzichtet auf eine nachtrauernde sehnsuchtsvolle Grundhaltung und versucht stattdessen, das Beste aus der Situation zu machen. Die hohe **Glückserwartung** ist nicht mehr auf den Partner ausgerichtet, sondern auf sich selbst. Dieser Gedanke in Vers 7, das Paradies „besser allein“ zu erfinden, bildet sozusagen die Achse des Gedichts. Der Begriff „erfinden“ verdeutlicht dabei, dass das zu „findende“ Glück nur Fiktion bzw. Illusion ist und insofern weiterhin auf der Seite des „Traum[s]“ (Z. 1) und nicht auf der Seite der „Wirklichkeit“ (Z. 9) zu verorten ist. In Vers 8 („für mich“) wird der entscheidende Unterschied der beiden Beziehungsvorstellungen in den Gedichten nochmals unterstrichen. Während in dem Gedicht aus der Romantik die Liebe nur durch die Entgrenzung, also in Form einer Verschmelzung beider Identitäten zu einer unauflösbaren Einheit vorstellbar ist, hängt im Gegenwartsgedicht die **Glückserfüllung** gerade **nicht mehr von der Zweier-Beziehung** ab, sondern wird von dieser abgelöst. Während in der Liebesvorstellung des Romantikgedichts „der Zweiheit Grenzen schwinden“ (V. 11), baut sich das lyrische Ich im Gegenwartsgedicht sozusagen zwei Welten auf: auf der einen Seite das selbst und für sich allein „erfundene“ Paradies, in dem der Partner keine Rolle mehr spielt –

„nicht einmal mehr" „[i]m Traum" (V. 1 f.) – und auf der anderen Seite die Realität, die das lyrische Ich gemeinsam mit dem Partner bewältigen möchte, „so gut es geht" (V. 13). Die Trennlinie verläuft also innerhalb der Beziehung zwischen „Traum" (V. 1) bzw. „Erfindung" (vgl. V. 6) und „Wirklichkeit" (V. 9). Während in dem Gedicht von Karoline von Günderrode das liebende Individuum seine Erfüllung ohne den anderen Partner offenbar nie mehr finden kann, schlägt das lyrische Ich in Karin Kiwus Gedicht vor, die Glückserfüllung in erster Linie bei sich selbst zu suchen.

Realitätssinn – Idealisierung

Hier wird ein Realitätssinn deutlich, der auf jede romantische Überhöhung oder Idealisierung der Beziehung verzichtet. Dass dieser Realitätssinn auf einen Prozess der **Desillusionierung** zurückzuführen ist, macht die Verwendung des Traumbegriffs deutlich: Die Traumvorstellung eines gemeinsamen, andauernden Liebesglücks wird aufgegeben. Das lyrische Ich ist aus dem „Paradies" in der „Wirklichkeit" angekommen – aber es will dort nicht auf den Partner verzichten, sondern mit ihm zusammen sein – auch wenn tiefe Gefühle fehlen und das ständige Bemühen, die paradiesische Vergangenheit wiederzubeleben, entfällt. Im letzten Vers wird angedeutet, dass selbst dieses Miteinander im Alltag eine Herausforderung ist und deshalb keine perfekte Beziehung erwartet wird, sondern ein Miteinander, „so gut es geht" (V. 13). Diese eher **nüchterne, desillusionierte Sichtweise** wird durch die schlichte Gestaltung des Gedichts noch unterstützt: Anders als in Günderrodes Gedicht gibt es keinen Reim und keinen Rhythmus, wodurch jegliche Dynamik fehlt. Und auch die sonstige sprachliche Ausgestaltung bleibt im Vergleich zu Karoline von Günderrodes wort- und bildreichem Gedicht spartanisch. Die Formgestaltung passt somit zu den bescheidenen Ansprüchen des lyrischen Ichs, mit denen sich der Sprecher in dem Gedicht „Die eine Klage" jedoch niemals zufriedengeben würde. Kompromisse sind hier unvorstellbar. Eher wird darauf verzichtet, sich auf jegliche Freuden, die „neu geboren" (V. 17) werden, einzulassen, da sie niemals so perfekt sein können wie die eine vollkommene Liebe.

Lösungsangebot – Resignation

Während in dem Gedicht von Karin Kiwus – wie der Titel bereits sagt – eine „Lösung" für den Verlust der Hoffnung auf ein Liebesglück vorgestellt wird, das den Verzicht auf einen paradiesischen Glückszustand und die **Bescheidung auf das einfache Miteinander** in der Wirklichkeit beinhaltet, verzichtet das Gedicht von Karoline von Günderrode auf Alternativen. Dem Trauernden bleibt nur „[b]ittrer Trennung Schmerz" (V. 3).

Schluss – Epochenkontexte

Die unterschiedliche Thematisierung von Liebe in den Gedichten verweist auf den jeweiligen Epochenkontext. „Die eine Klage" von Karoline von Günderrode zeigt eine für die Liebeslyrik der Romantik **typische Idealisierung und Überhöhung der Liebe**. Wie häufig auch bei anderen epochentypischen Liebesgedichten steht eher die Sehnsucht nach diesem Erleben und weniger deren Erfüllung im Mittelpunkt. Die für die Romantik untypischen resignativen Züge, die sich aus dem Gedicht der Günderrode ablesen lassen, verbindet es aber mit modernen Gedichten wie dem von Karin Kiwus. In der zweiten Hälfte des 20. Jahrhunderts wird das Thema Liebe von den Lyrikerinnen und Lyrikern zwar sowohl inhaltlich als auch sprachlich-formal auf verschiedene Weise aufgegriffen. Dabei ist aber festzustellen, dass viele Liebesgedichte seit den siebziger Jahren des 20. Jahrhunderts auf jede romantische Überhöhung verzichten und stattdessen die **Alltagswirklichkeit** in einer vereinfachten lyrischen Sprache und Form beschreiben, so wie bei Karin Kiwus. Ein zentrales Thema ist die Schwierigkeit einer harmonischen Beziehung und die Vergänglichkeit der Gefühle. Sexuelle Erfüllung wird mehr als ein erotischer Moment verstanden und weniger in einer Dauerbeziehung erwartet. Daraus resultieren in vielen Gegenwartsgedichten der resignative Ton und die **Reduktion der Partnerschaft** auf ein anspruchsloses Zusammenleben. Ob die romantische Vorstellung von einer vollkommenen Liebe, wie sie in dem Gedicht von Karoline von Günderrode aus dem 19. Jahrhundert beschrieben wird, auch heute noch das Richtbild einer gelungenen Beziehung ist oder die eher alltagstaugliche „Lösung“ in dem Gedicht von Karin Kiwus, muss jeder Leser selbst entscheiden.

Leistungskurs Deutsch (Nordrhein-Westfalen) – Übungsaufgabe 4: II A: Analyse eines literarischen Textes mit weiterführendem Schreibauftrag

Arbeitsgrundlagen:
Georg Büchner, *Woyzeck*

Aufgaben: Punkte

1. Analysieren Sie die vorliegende Szene aus Büchners *Woyzeck* unter besonderer Berücksichtigung des Verständnisses der Begriffe Moral und Tugend. 42
2. Stellen Sie knapp die Entwicklung des Prinzen in Kleists *Prinz Friedrich von Homburg* unter besonderer Berücksichtigung der Moral- und Ehrvorstellungen dar. Vergleichen Sie die Moral- und Ehrvorstellungen in der vorliegenden *Woyzeck*-Szene mit denen in Kleists *Prinz Friedrich von Homburg*. 30

Georg Büchner (1813–1837)
Woyzeck (Szene 5)

Der Hauptmann. Woyzeck.
Hauptmann auf dem Stuhl, Woyzeck rasiert ihn.

HAUPTMANN: Langsam, Woyzeck, langsam; ein's nach dem andern; Er macht mir ganz schwindlich. Was soll ich dann mit den 10 Minuten anfangen, die er heut zu früh fertig wird? Woyzeck, bedenk' er, er hat noch seine schöne dreißig Jahr zu leben, dreißig Jahr! macht 360 Monate, und Tage, Stunden, Minuten! Was will er denn mit der ungeheuren Zeit all anfangen? Teil er sich ein, Woyzeck!

WOYZECK: Ja wohl, Herr Hauptmann.

HAUPTMANN: Es wird mir ganz angst um die Welt, wenn ich an die Ewigkeit denke. Beschäftigung, Woyzeck, Beschäftigung! ewig das ist ewig, das ist ewig, das siehst du ein; nun ist es aber wieder nicht ewig und das ist ein Augenblick, ja, ein Augenblick – Woyzeck, es schaudert mich, wenn ich denk, dass sich die Welt in einem Tag herumdreht, was eine Zeitverschwendung, wo soll das hinaus? Woyzeck, ich kann kein Mühlrad mehr sehn, oder ich werd' melancholisch.

WOYZECK: Ja wohl, Herr Hauptmann.

HAUPTMANN: Woyzeck er sieht immer so verhetzt aus, ein guter Mensch tut das nicht, ein guter Mensch, der sein gutes Gewissen hat. – Red' er doch was Woyzeck! Was ist heut für Wetter?

WOYZECK: Schlimm, Herr Hauptmann, schlimm; Wind!

HAUPTMANN: Ich spür's schon. 's ist so was Geschwindes draußen; so ein Wind macht mir den Effekt wie eine Maus. (Pfiffig.) Ich glaub' wir haben so was aus Süd-Nord.

WOYZECK: Ja wohl, Herr Hauptmann.

HAUPTMANN: Ha! ha! ha! Süd-Nord! Ha! Ha! Ha! O er ist dumm, ganz abscheulich dumm. (Gerührt.) Woyzeck, er ist ein guter Mensch, ein guter Mensch – aber (Mit Würde) Woyzeck, er hat keine Moral! Moral das ist wenn man moralisch ist, versteht er. Es ist ein gutes Wort. Er hat ein Kind, ohne den Segen der Kirche, wie unser hochehrwürdiger Herr Garnisonsprediger sagt, ohne den Segen der Kirche, es ist nicht von mir.

WOYZECK: Herr Hauptmann, der liebe Gott wird den armen Wurm nicht drum ansehn, ob das Amen drüber gesagt ist, eh' er gemacht wurde. Der Herr sprach: lasset die Kindlein zu mir kommen.

HAUPTMANN: Was sagt Er da? Was ist das für 'ne kuriose Antwort? Er macht mich ganz confus mit seiner Antwort. Wenn ich sag: e r , so mein' ich ihn, ihn.

WOYZECK: Wir arme Leut – Sehn Sie, Herr Hauptmann, Geld, Geld. Wer kein Geld hat. Da setz einmal einer sein'sgleichen auf die Moral in die Welt! Man hat auch sein Fleisch und Blut. Unsereins ist doch einmal unselig in der und der andern Welt, ich glaub' wenn wir in Himmel kämen, so müssten wir donnern helfen.

HAUPTMANN: Woyzeck er hat keine Tugend, er ist kein tugendhafter Mensch. Fleisch und Blut? Wenn ich am Fenster lieg, wenn es geregnet hat und den weißen Strümpfen so nachsehe, wie sie über die Gassen springen, – verdammt Woyzeck, – da kommt mir die Liebe. Ich hab auch Fleisch und Blut. Aber Woyzeck, die Tugend, die Tugend! Wie sollte ich dann die Zeit herumbringen? ich sag' mir immer du bist ein tugendhafter Mensch, (gerührt) ein guter Mensch, ein guter Mensch.

WOYZECK: Ja Herr Hauptmann, die Tugend! ich hab's noch nicht so aus. Sehn Sie wir gemeinen Leut, das hat keine Tugend, es kommt einem nur so die Natur, aber wenn ich ein Herr wär und hätt ein Hut und eine Uhr und en Anglaise[1] und könnt vornehm reden, ich wollt schon tugendhaft sein. Es muss was Schönes sein um die Tugend, Herr Hauptmann. Aber ich bin ein armer Kerl!

HAUPTMANN: Gut, Woyzeck. Du bist ein guter Mensch, ein guter Mensch. Aber du denkst zu viel, das zehrt, du siehst immer so verhetzt aus. Der Diskurs hat mich ganz angegriffen. Geh' jetzt und renn nicht so; langsam, hübsch langsam die Straße hinunter!

Aus: Georg Büchner, Woyzeck. Leonce und Lena, hrsg. v. Burghard Dedner, Stuttgart: Reclam 2005 (RUB 18420), S. 15–17.

Anmerkung:
1 *Anglaise*: ein Kleidungsstück des 18. Jahrhunderts

Hinweise und Tipps

Die Aufgabenstellung verbindet die Pflichtlektüren „Woyzeck" und „Prinz Friedrich von Homburg" miteinander.

Der Operator „analysieren" impliziert die methodischen Schritte ***Textbeschreibung, -erläuterung und -deutung****. Teilaspekte des Textes sollen dabei so in ihrem Textzusammenhang erfasst und erläutert werden, dass sie in ihrer Funktion für das Gesamtverständnis des Textes nachvollziehbar werden.*

In dieser Aufgabenstellung ist der Analyseprozess durch die Vorgabe besonders zu berücksichtigender Untersuchungsaspekte insofern in eine bestimmte Richtung gelenkt, als der Fokus der zu verfassenden Analyse auf dem Verständnis der Begriffe ***Moral und Tugend*** *liegt. Das bedeutet, dass Sie sich in Ihrer Arbeit besonders mit der Frage beschäftigen sollten, welche Moral- und Tugendvorstellungen die beiden Charaktere durch ihre Aussagen vertreten und wo etwaige Unterschiede liegen. Weitere für das Drama „Woyzeck" relevante Aspekte sollten nicht im Zentrum Ihrer Ausführungen stehen.*

Durch die detaillierte Auseinandersetzung mit der Teilaufgabe 1 wird die Grundlage für die Bearbeitung von Teilaufgabe 2 geschaffen, in der es die Ergebnisse mit den Ehr- und Moralvorstellungen in „Prinz Friedrich von Homburg" zu vergleichen gilt.

Lösungsvorschlag

Aufgabenbezogene Einleitung
Hintergründe zur Entstehung und Zusammenfassung des Inhalts

Georg Büchners „Woyzeck" erschien 1878 als Dramenfragment. Die Thematik des mittellosen Soldaten „Woyzeck", der aus Eifersucht seine untreue Geliebte, die Mutter seines unehelichen Kindes, tötet, geht auf den Leipziger Mordfall „Woyzeck" aus dem Jahre 1821 zurück, dessen Gerichtsakten und gerichtsmedizinische Gutachten Büchner kannte. Der darin aufgeworfenen Frage nach dem **Gemütszustand des Delinquenten** und damit einhergehend nach seiner **Zurechnungsfähigkeit** geht auch Georg Büchner in seinen Fragmenten nach, indem er Woyzeck in einer aussichtslosen Lebenssituation zeigt: Seine Mittellosigkeit und die damit verbundene soziale Isolation führen dazu, dass er, dem Druck durch materielle Not und durch die Gesellschaft nicht mehr gewachsen, seine ihm untreue Geliebte, die Mutter seines Kindes, tötet. Sein eigenes Schicksal jedoch bleibt im Dramenfragment offen.

Deutungshypothese

Damit stellt Büchner einen **sozial deklassierten Charakter** ins Zentrum seines Textes, der ganz antiidealistisch an persönlichen, vor allem aber auch sozialen Zwängen scheitert, wodurch das Trauerspiel eine deutlich **sozialkritische Brisanz** erhält.

Einordnung der Szene in den Kontext

In lose aneinandergefügten Szenen werden der Soldat Woyzeck, seine Lebensumstände und das Milieu, in dem er sich bewegt, dargestellt. Anders als der stattliche Tambourmajor, der spätere Geliebte Maries, wird Woyzeck als ein von Wahnvorstellungen gehetzter Soldat, der Hilfsdienste zu leisten hat, gezeigt. Sein Kind und dessen Mutter zu versorgen gelingt ihm nur mit großer Mühe, unter anderem, indem er die Arbeiten eines Regimentsbarbiers übernimmt und seinen Hauptmann rasiert.

Hauptteil

Zwei Gesprächsabschnitte

Hier setzt die fünfte Szene ein. Während der Hauptmann sich von Woyzeck rasieren lässt, entfaltet sich zwischen den beiden ein Gespräch zunächst über Zeit und Geschwindigkeit, die den Lebenswandel des Einzelnen prägen (Z. 1–23). Während der Hauptmann seine Ansichten darlegt, kommt Woyzeck hierbei lediglich die Rolle zu, diese stereotyp zu bestätigen. Im zweiten Teil des Gesprächs (Z. 24–53) kommt die Sprache auf Tugend und Moral, indem der Hauptmann Woyzeck vorwirft, unmoralisch zu sein, da er ein uneheliches Kind habe. Woyzeck verteidigt sich hierauf durch den Hinweis, er könne sich **Tugend** aufgrund seiner **desolaten materiellen Situation nicht leisten**.

Beziehung der Charaktere – hierarchisches Gefälle

Die in dieser Szene dargestellte Situation zeigt klar den **Statusunterschied** der beiden Charaktere: Der Hauptmann ist der Vorgesetzte, der sich durch seinen Untergebenen Woyzeck bedienen, in diesem Fall rasieren lässt. Auf diesen Unterschied deutet schon die **Verteilung der Redeanteile** hin. Während der Hauptmann mit wesentlich längeren Redeanteilen die Initiative innerhalb des Dialogs übernimmt, sind Woyzecks Redeanteile im ersten Teil des Gesprächs auffällig knapp und formelhaft. Sie beschränken sich weitgehend auf die militärische Bestätigungsformel „Ja wohl, Herr Hauptmann." (Z. 8, 15, 23). Lediglich eine der vier Äußerungen Woyzecks weicht von diesem Muster ab. Hierbei handelt es sich um eine Auskunft über das Wetter, wobei jedoch auch hier der Informationsgehalt sehr limitiert ist und sich auf die Wörter „schlimm" und „Wind" (Z. 19) reduziert. Ganze Sätze zum Zwecke der Vermittlung von Ich-Botschaften werden nicht gebildet. Im Gegensatz dazu bestimmt der Hauptmann die Themen, indem er etwa fragt: „Was ist heut für Wetter?" (Z. 18), entfaltet ausführlich seine Ansichten in Ich-Botschaften und richtet Appelle an Woyzeck. In diesem **Kommunikationsgefälle** spiegelt sich das **hierarchische Gefälle** zwischen dem Hauptmann als Mitglied der **Obrigkeit** und Woyzeck als Mitglied der dienenden und wörtlich ums Überleben kämpfenden **Unterschicht**.

Unterschiedliche Lebenswirklichkeiten

Der **Kontrast** zwischen den vollkommen unterschiedlichen Welten, die hier aufeinandertreffen, offenbart sich an dem Hinweis des Hauptmanns, Woyzeck sehe „immer so verhetzt aus" (Z. 16). Der Hauptmann zeigt hier keinerlei Sensibilität für den sozialen Hintergrund Woyzecks, der – um sein eigenes Überleben und das von Marie und seinem Kind zu sichern – bezahlte Nebentätigkeiten aus-

üben muss. Sein alltägliches Leben ist davon bestimmt, dass er sich neben seinen Pflichten als Soldat für einen kärglichen Lohn als Hilfsarbeiter verdingt.
Im Gegensatz dazu scheint der Hauptmann geradezu erstarrt in der Langeweile und Belanglosigkeit seines Lebens. Anders als Woyzeck, weiß er nicht, was er „mit den zehn Minuten anfangen [soll], die er [Woyzeck] heut zu früh fertig wird" (Z. 4 f.). Die Rastlosigkeit Woyzecks bewertet er stattdessen als unangemessen, da „ein guter Mensch" (Z. 17) sich nicht so gehetzt verhalte. Aus dieser Haltung resultiert auch des Hauptmanns Ratschlag an Woyzeck: „Teil er sich ein" (Z. 7) – offensichtlich ist er sich Woyzecks Lage, die sich aus dessen materieller Not ergibt, gar nicht bewusst.
Die in dieser Szene hervortretende **Diskrepanz zwischen den Lebenswirklichkeiten** der militärischen Obrigkeit und ihrer Untergebenen spiegelt sich außerdem in ihren **unterschiedlichen Moral- und Tugendvorstellungen**.

Begriff der Moral

Mit unverhohlener Herablassung attackiert der Hauptmann Woyzeck. Dieser sei zwar „ein guter Mensch" (Z. 25), habe aber „keine Moral" (Z. 26). „Moral das ist wenn man moralisch ist, versteht er" (Z. 26 f.), erklärt der Hauptmann seinem Untergebenen. Diese sich im Kreis drehende Schein-Erklärung – präzise kann er den Begriff, den er hier ins Feld führt, nicht fassen – belegt seine geistige Unbeweglichkeit. Im Folgenden jedoch präzisiert er seinen Vorwurf, der sich auf die uneheliche Beziehung und das uneheliche Kind Woyzecks bezieht. Dies führt dazu, dass dieser sich nun unter Rechtfertigungszwang sieht. Die Gesprächsrollen wechseln, da es nun Woyzeck ist, der argumentiert, während der Hauptmann reagiert.

Biblische Autorität

In seinem ersten Argument bezieht sich Woyzeck auf die **biblische Autorität**, indem er darauf verweist, dass der „Herr sprach: lasset die Kindlein zu mir kommen" (Z. 31 f.). Für Woyzeck werden Kinder auch dann gesegnet, wenn sich ihre Eltern Verfehlungen zuschulden haben kommen lassen.
Die Reaktion des Hauptmanns macht deutlich, dass er nicht mit diesem Widerspruch gerechnet hat. Ausdrücklich weist er auf die formale Anredeform „er" (Z. 34) hin, mit der er den Untergebenen meint, um den alten Status im hierarchischen Verhältnis der beiden Gesprächsteilnehmer wiederherzustellen.

Finanzkraft – Kontextualisierung

Woyzeck betont im Folgenden, dass entscheidend für die Einhaltung der moralischen Grundsätze des Hauptmanns die **Finanzkraft des Einzelnen** ist. Als einfacher Soldat, der aufgrund seines bescheidenen Soldes bezahlte Nebentätigkeiten annehmen muss, um überhaupt eine Grundversorgung für sein Kind sichern zu können, kann er es sich nicht leisten, das für eine Eheschließung nach Hessischem Recht geforderte Vermögen von 600 Gulden aufzubringen.

Dieses Dilemma zwischen menschlichen Bedürfnissen und gesellschaftlichen Konventionen steht im Hintergrund von folgender Bemerkung des Protagonisten: „Wer kein Geld hat. Da setz einmal einer sein'sgleichen auf die Moral in die Welt! Man hat auch sein Fleisch und Blut." (Z. 35 ff.) Woyzeck, als Mitglied der verarmten Unterschicht, die sich im ersten Drittel des 19. Jahrhunderts als Konsequenz einsetzender Industrialisierung herausgebildet hatte, ist es nicht möglich, sich gesellschaftlich geltenden moralischen Grundsätzen zu unterwerfen und gleichzeitig seinen menschlichen Bedürfnissen nachzukommen, da bürgerliche **Tugend** ein **gewisses Maß an materiellem Wohlstand** voraussetzt. Für Woyzeck ist es zudem nicht vorstellbar, den Zwängen materieller Not entkommen zu können. So glaubt er, selbst im Himmel noch Hilfsdienste leisten zu müssen – noch dort müsse er „donnern helfen" (Z. 38). Das hier sichtbar werdende Verständnis von Armut und dem damit verbundenen Ausschluss von bürgerlichen Tugendidealen als unausweichliches Schicksal wird auch im weiteren Verlauf des Gesprächs zwischen dem Hauptmann und Woyzeck deutlich. Woyzeck stellt heraus: „Es muss was Schönes sein um die Tugend, Herr Hauptmann." (Z. 48 f.) Trotzdem bleibt ihm dieses bürgerliche Ideal verwehrt, da es ihm hierfür an den sozialen und materiellen Voraussetzungen mangelt. Entsprechend fehlen ihm auch die Attribute wie „ein Hut und eine Uhr und en Anglaise" (Z. 47) sowie die Fähigkeit, sich vornehm zu artikulieren (vgl. Z. 47 f.), als Ausdruck der Zugehörigkeit zum Bürgertum. Aufgrund dessen erscheint ein sozialer Aufstieg für Woyzeck als einem Zugehörigen der unterprivilegierten Klasse nicht möglich. Der **bürgerlichen Tugend- und Moralvorstellung** hält er eine **materialistische Grundhaltung** entgegen: „Sehn Sie wir gemeinen Leut, das hat keine Tugend, es kommt einem nur so die Natur […]." (Z. 45 f.) Die Befriedigung körperlicher Bedürfnisse wird nicht durch eine bürgerlich-religiöse Moral gesteuert.

Begriff der Tugend

Im Gegensatz dazu vertritt der Hauptmann ein Tugendideal, das auf der Disziplinierung eigener Bedürfnisse basiert. Er gesteht ein, auch er habe „Fleisch und Blut" (Z. 42), jedoch stellt für ihn die Wahrung bürgerlicher Tugendideale ein höheres Gut dar als die Befriedigung sexueller Bedürfnisse. Die Disziplinierung des Sexualtriebs oder, wie Woyzeck es nennt, der „Natur" (Z. 46) dient der Verfolgung eines **Ideals der Moral, das Ausdruck einer hierarchisch strukturierten Gesellschaft** ist. Kirchliche Sakramente legitimieren sexuelle Beziehungen, sind aber gleichzeitig gebunden an ein Maß materiellen Wohlstands. Dadurch wird strukturell bedingt eine ganze Bevölkerungsschicht von vornherein ihrer Möglichkeit beraubt, diesem Ideal von Moral gerecht zu werden. Damit

Prinzip der Disziplinierung

verbunden bleibt ihr auch der Zugang zur politischen Macht verwehrt, der in den Händen der Finanzkräftigen liegt.

Kontextualisierung in politisch-soziale Zusammenhänge

Die unterschiedlichen Tugendideale, die die materiell Unterversorgten von den materiell Überversorgten trennen, sind nur ein Aspekt eines Konflikts, der sich wie ein Riss durch die Gesellschaft des frühen 19. Jahrhunderts zieht. Im Zuge des Wandels von einer Agrargesellschaft zu einer Industriegesellschaft bildet sich eine neue, rechtlose und sozial benachteiligte gesellschaftliche Schicht, der der Zugang zu Bereichen politischer und gesellschaftlicher Mitbestimmung verwehrt wird – so können Menschen, die dieser Schicht zugehören, bürgerlichen Maßstäben nicht gerecht werden, sodass sie weitgehend sozial isoliert bleiben. Woyzeck steht stellvertretend für diese unterprivilegierte Klasse. Der Hauptmann kann tugendhaft sein, da es ihm seine sozial abgesicherte Stellung ermöglicht. Sein Ideal liegt im moralischen Lebenswandel, der auf dem Prinzip der Körperdisziplinierung basiert. Im Gegensatz dazu erfährt Woyzeck Demütigungen und soziale Isolation, da ihm aufgrund seiner materiellen Notlage der Zugang zur bürgerlichen Gesellschaft und ihren Idealen nicht möglich ist.

Schlussbetrachtung und Ausblick

Dieses Umstands scheint sich Woyzeck bewusst zu sein. Deshalb hält er dem Hauptmann und dessen **idealistischem Tugendverständnis** seine **materialistische Perspektive** entgegen. Die Erfahrung von materieller und sozialer Benachteiligung steigert sich im weiteren Fortgang der Dramenhandlung und gipfelt schließlich in der Tötung Maries durch Woyzeck.

Bei Aufgabe 2 handelt es sich um einen weiterführenden Schreibauftrag, der sich über das Drama „Woyzeck" hinaus auf die ***verpflichtende Lektüre*** *„Prinz Friedrich von Homburg" bezieht. Für die Bearbeitung sind Kenntnisse zu Ehr- und Moralvorstellungen in Kleists Drama notwendig. Ferner ist ein fundiertes Wissen über die Bedeutung des Konflikts „Gesellschaft – Individuum" und darüber, wie Kleist ihn in seinem Drama darstellt, gefordert. Der verlangte* ***aspektorientierte Vergleich*** *zwischen „Woyzeck" und „Prinz Friedrich von Homburg" setzt darüber hinaus voraus, dass Sie zuvor das Tugend- und Moralverständnis in der Szene 5 aus Büchners Drama „Woyzeck" detailliert erarbeitet haben.*

Zunächst gilt es die Moral- und Ehrvorstellungen in Kleists Drama darzustellen, um eine geeignete Grundlage für den Vergleich zu schaffen. Indem Sie auf besonders zentrale Textstellen, die aus dem Unterricht bekannt sind, Bezug nehmen, vermeiden Sie die Gefahr, sich in unwichtigen Details zu verlieren. Bei der Darstellung der Moral- und Ehrvorstellungen in Kleists Drama bietet es sich an, auf den militärischen ***Ungehorsam des Prinzen****, seine* ***Läuterung*** *und die* ***Begnadigung*** *einzugehen, da dies die entscheidenden Stationen in seiner Entwicklung zum verantwortungsbewussten Staatsdiener sind, der Freiheit und Gesetz miteinander in Einklang bringt.*

Vor dem Hintergrund Ihrer Ergebnisse können Sie dann den Vergleich mit den Moral- und Ehrvorstellungen in Büchners „Woyzeck"-Szene vornehmen. Sinnvoll ist es dabei, sich die Ergebnisse aus Aufgabe 1 noch einmal kurz zu vergegenwärtigen, um sowohl Gemeinsamkeiten als auch Unterschiede zwischen den beiden Dramen begründet darlegen zu können.

Überleitung

Wie Büchner greift auch Heinrich von Kleist in seinem zwischen 1809 und 1811 entstandenen Schauspiel „Prinz Friedrich von Homburg" auf historische Ereignisse und Charaktere zurück. Hintergrund des Stücks, in dem er die Entwicklung des Titelhelden vom selbstbezogenen Träumer zum verantwortungsvollen Staatsdiener darstellt, ist der Krieg des Heiligen Römischen Reiches Deutscher Nation mit Frankreich in den Jahren 1674/75. Am 28. 06. 1675 gelang es der Vorhut der brandenburgischen Reiterei unter dem Befehl des Prinzen von Homburg die – mit Frankreich verbündete – schwedische Südarmee bei Fehrbellin zu besiegen. Der von Kleist geschilderte Ungehorsam des Prinzen gegenüber der militärischen Führung oder ein Kriegsgerichtsprozess sind jedoch historisch nicht verbürgt.

Hypothese zu Kleist

Kleist geht es also **nicht** um die **Darstellung historischer Ereignisse**, vielmehr zielt der Autor auf die mit vaterländischem Pathos aufgeladene Darstellung des **Verhältnisses von Individuum und Gesellschaft im absolutistischen Staat**. Von maßgeblicher Bedeutung sind dabei die militärischen Moral- und Ehrvorstellungen, die wesentlich durch die Direktiven des „Gesetzes" als Grundlage des Wohls des Staates bestimmt werden. Der Prinz, der in seiner selbstbezogenen Individualität zunächst diesen Gesetzen entgegensteht, reift schließlich zum **Staatsdiener**, dessen persönliches Streben nach Glück und Ruhm sich mit den Normen des Gemeinwesens in Einklang befindet. Der Autor zeigt dabei eine ständische Gesellschaft, in der es dem Adel vorbehalten ist, innerhalb des Staates Einfluss zu nehmen. Dementsprechend gehören alle wichtigen Figuren des Dramas Kleists zur Herrscherfamilie oder zur militärischen Führungsschicht. Büchner indessen schildert das Schicksal des unterprivilegierten **Proletariers Woyzeck** und dessen **Scheitern an sozialen Zwängen**. Kleist hingegen will auf die ideelle **Verpflichtung des Adels** hinaus, **individuelles Streben und Staatsräson** zum Wohle des absolutistischen Staates in Einklang zu bringen. Dieser Unterschied zwischen den Dramen lässt sich mit den jeweils ableitbaren Moral- und Ehrvorstellungen belegen.

Vergleichshypothese

Darstellung der Entwicklung anhand von Schlüsselstellen

Der **zentrale Konflikt** in Kleists Drama zwischen dem Streben nach persönlichem Glück und den Prinzipien der Staatsräson lässt sich an **Schlüsselstellen** nachvollziehen: anhand des militärischen Ungehorsams (II, 2), der zur Verurteilung des Prinzen zum Tode führt, anhand seiner Entscheidung, freiwillig in den Tod zu gehen, um die Ordnung des Staates wiederherzustellen (V, 7), und anhand der anschließenden Begnadigung durch den Kurfürsten (V, 9).

Militärischer Ungehorsam des Prinzen

Der Prinz erscheint zunächst als ein **noch unreifer Charakter**, dessen Träumereien von Schlachtenruhm und der Liebe zu Prinzessin Natalie nicht mit der Realität vereinbar scheinen. Denn als preußischer Offizier ist er den Prinzipien der Staatstreue unterworfen, die in erster Linie den unbedingten Gehorsam seinem Landesherrn gegenüber beinhaltet. Jedoch bekommt er die Order des Kurfürsten nicht richtig mit, und später in der Schlacht verleiten ihn seine Eitelkeit und sein Streben nach Ruhm dazu, jene letztlich sogar wissentlich zu missachten, indem er voreilig in die Schlacht eingreift. Sein Verhalten führt zwar zum Sieg, jedoch hat er sich einer **Verletzung des Gesetzes** schuldig gemacht. Kleist zeigt den Prinzen hier als einen Menschen, der ausschließlich der Stimme seines Herzen folgt und für den das **Gefühl eine urteilende Instanz** ist. Die **Realität seiner Lebenswelt** fordert von ihm als preußischem Offizier aber die **Unterordnung persönlicher Belange** unter die Staatsräson. In diesem Sinne ist sein Verhalten unmoralisch und durch den Landesherrn nicht zu tolerieren. Die Verurteilung zum Tode erscheint daher nur als logische Konsequenz.

Läuterung des Prinzen und Begnadigung

Als der Kurfürst – von Natalies Bericht über den elenden Zustand des von Todesangst erschütterten Prinzen beeinflusst – dem Prinzen unter der Voraussetzung, dass dieser das Todesurteil für unrecht erachtet, die Freiheit verspricht, kommen dem Prinzen Zweifel: Denn dass ihm mit dem Todesurteil Unrecht geschehen sein, kann er nicht guten Gewissens behaupten. Die 7. Szene des fünften Aktes zeigt die Läuterung des Prinzen dann besonders deutlich. Er erkennt, dass sein Handeln objektiv einer **Gemeinschaft** verpflichtet ist, die **bedeutsamer** ist als sein **persönliches Schicksal**. Ihr gegenüber hat er sich schuldig gemacht, indem er seinen persönlichen Ehrgeiz über die objektiven Normen der Gemeinschaft gestellt hat. Jetzt ist er bereit, **Verantwortung für sein eigenes Tun** zu übernehmen und im Sinne der Gemeinschaft **moralisch und ehrenvoll** zu handeln, indem er seine Todesstrafe akzeptiert und damit das allgemeine, gültige Gesetz anerkennt. Durch diese Synthese zwischen Recht und Freiheit, Außen- und Innensteuerung des Individuums kann der Prinz nun durch die kurfürstliche Begnadigung nicht nur wieder in die Gemeinschaft aufgenommen werden – er kann sogar als **Held und Hoffnungsträger** des patriotischen Kampfes gegen „alle[] Feinde[] Brandenburgs“ (V, 11) gefeiert werden.

Zusammenfassung

Homburg entwickelt sich vom egozentrischen Träumer, der die Sanktionierung seines Fehlverhaltens als Beleidigung empfindet, zum verzweifelten Bittsteller und schließlich zum in sich ruhenden und verantwortungsbewussten Landessohn. Hierin manifestiert sich die **Versöhnung von individuellem Streben und staatlicher Moral**. Die Entwicklung ermöglicht es auch dem Kurfürsten, nicht mehr als starren Prinzipien verpflichteter absolutistischer Herrscher, sondern vielmehr als fürsorglicher Patriarch zu handeln, dessen Entscheidungen durch **Prinzipien der Menschlichkeit** geleitet werden. Indem individuelles Streben und staatliche Moral verschmelzen und ihre Konventionen eingehalten werden, wird ein gerechtes und erfolgreiches Gemeinwesen gewährleistet.

Vergleichende Bezugnahme auf den Ausgangstext

Knappe Vergegenwärtigung der Ergebnisse aus Teilaufgabe 1

Büchner hingegen zeigt die Tugend- und Moralbegriffe seiner Figuren als einen **Aspekt gesellschaftlicher Ungerechtigkeit:** Armut macht – so das Ergebnis der Analyse – das Einhalten gesellschaftlicher Konventionen unmöglich, da etwa die Legitimation einer sexuellen Beziehung durch die Ehe ein bestimmtes finanzielles Grundvermögen voraussetzt, das die verarmte Unterschicht nicht aufbringen kann. Damit ist die Klasse der Unterprivilegierten von vornherein der Möglichkeit gesellschaftlicher Anerkennung beraubt. Gesellschaftliche Konventionen, wie das vom Hauptmann vertretene Tugendideal, dienen zudem der Machterhaltung der privilegierten Oberschicht, indem sie weite Teile der Bevölkerung sozial isolieren und von politischer Macht und Einflussnahme fernhalten.

Gemeinsamkeiten und Unterschiede

Das **Moralverständnis des Hauptmanns** bei Büchner ähnelt dabei insofern der **vom Kurfürsten vertretenen Moral**, als beide die **Disziplinierung** individueller Bedürfnisse und Ansprüche fordern. Während Büchner aber einen kritischen Blick auf die Moral- und Tugendvorstellung der oberen Schicht richtet, wird bei Kleist die Unterordnung unter die militärische Moral mit dem Leben belohnt und zur Voraussetzung für eine menschenwürdige, politische Gemeinschaft erhoben. Woyzeck bleibt hingegen aufgrund der gesellschaftlichen Strukturen von der Möglichkeit eines „norm- und moralkonformen" Lebens ausgeschlossen. Die sozialen Zwänge, denen er ausgesetzt ist, führen so weit, dass er mit seinem Mord an Marie jegliche Hoffnung auf ein glückliches Leben zerstört. Der Prinz von Homburg findet aber gerade in der **Anerkennung staatlicher Norm und Tugend** schließlich doch zu seinem **persönlichen Glück**. Kleist gestaltet so ein Gemeinschaftsideal, in dem die Synthese von individuellem Glück und gesellschaftlicher Moral möglich ist. Büchner sieht für seinen Protagonisten jedoch keine solch positive Lösung für die aus der gesellschaftlichen Ordnung resultierenden persönlichen Probleme.

Zusammenfassende Schlussbetrachtung

Kleists **nationalpädagogischer Intention** steht daher bei Büchner die zutiefst **gesellschaftskritische Perspektive** auf die soziale Realität seiner Zeit gegenüber.

Leistungskurs Deutsch (Nordrhein-Westfalen) – Übungsaufgabe 5: II C: Vergleichende Analyse von literarischen Texten

Arbeitsgrundlagen:
1. Daniel Kehlmann, *Die Vermessung der Welt*
2. Thomas Mann, *Buddenbrooks*

Aufgaben: Punkte

1. Analysieren Sie den vorliegenden Romananfang aus Daniel Kehlmanns *Die Vermessung der Welt* unter besonderer Berücksichtigung des Erzählverfahrens. 36
2. Vergleichen Sie die erzählerische Einführung der Figur Gauß mit der erzählerischen Gestaltung Christian Buddenbrooks im vorliegenden Textauszug unter Berücksichtigung des Romankontextes. Beurteilen Sie auf der Grundlage Ihrer Analyseergebnisse die Erzählverfahren hinsichtlich ihrer Wirksamkeit für die Figurengestaltung. 36

Daniel Kehlmann (geb. 1975)
Die Vermessung der Welt (2005)

Daniel Kehlmanns Roman „Die Vermessung der Welt" fiktionalisiert in ausgewählten Episoden die Lebensgeschichten zweier berühmter Naturwissenschaftler des 19. Jahrhunderts, die des Mathematikers Karl Friedrich Gauß (1777–1855) und des Naturforschers Alexander von Humboldt (1769–1859). Der erste Teil des Romans ist von der Gegensätzlichkeit der beiden Figuren geprägt – so verlässt Gauß z. B. kaum die Orte, an denen er lebt, und hasst Reisen, während Humboldt zu Forschungszwecken beinahe alle Kontinente, vor allem Lateinamerika und Asien, bereist. Im Verlauf des Romans jedoch nähern sich die beiden Figuren schließlich immer mehr an. Der 2005 erschienene Roman war ein großer literarischer Erfolg und bedeutete auch international den Durchbruch des jungen österreichischen Schriftstellers.

Im September 1828 verließ der größte Mathematiker des Landes zum erstenmal seit Jahren seine Heimatstadt, um am Deutschen Naturforscherkongreß in Berlin teilzunehmen. Selbstverständlich wollte er nicht dorthin. Monatelang hatte er sich geweigert, aber Alexander von Humboldt war hartnäckig geblieben, bis er in einem schwachen Moment und in der Hoffnung, der Tag käme nie, zugesagt hatte.

Nun also versteckte sich Professor Gauß im Bett. Als Minna ihn aufforderte aufzustehen, die Kutsche warte und der Weg sei weit, klammerte er sich ans Kissen und versuchte seine Frau zum Verschwinden zu bringen, indem er die Augen schloß. Als er sie wieder öffnete und Minna noch immer da war, nannte er sie lästig, beschränkt und das Unglück seiner späten Jahre. Da auch das nicht half, streifte er die Decke ab und setzte die Füße auf den Boden.

Grimmig und notdürftig gewaschen ging er die Treppe hinunter. Im Wohnzimmer wartete sein Sohn Eugen mit gepackter Reisetasche. Als Gauß ihn sah, bekam er einen Wutanfall: Er zerbrach einen auf dem Fensterbrett stehenden Krug, stampfte mit dem Fuß und schlug um sich. Er beruhigte sich nicht einmal, als Eugen von der einen und Minna von der anderen Seite ihre Hände auf seine Schultern legten und beteuerten, man werde gut für ihn sorgen, er werde bald wieder daheim sein, es werde so schnell vorbeigehen wie ein böser Traum. Erst als seine uralte Mutter, aufgestört vom Lärm, aus ihrem Zimmer kam, ihn in die Wange kniff und fragte, wo denn ihr tapferer Junge sei, faßte er sich. Ohne Herzlichkeit verabschiedete er sich von Minna; seiner Tochter und dem jüngsten Sohn strich er geistesabwesend über den Kopf. Dann ließ er sich in die Kutsche helfen.

Aus: Daniel Kehlmann, Die Vermessung der Welt. Roman. Reinbek bei Hamburg: Rowohlt 2005, S. 7f.

Thomas Mann (1875–1955)
Die Buddenbrooks. Verfall einer Familie (1901)

Thomas' angestrengte Tätigkeit, der Zustand seiner Nerven gestattete ihm nicht, mit Teilnahme oder Gelassenheit Christians eingehende Mitteilungen über seine wechselnden Krankheitserscheinungen anzuhören, und seiner Mutter oder Schwester gegenüber nannte er sie mit Unwillen „die albernen Ergebnisse einer widerwärtigen Selbstbeobachtung".

Die Qual, die unbestimmte Qual in Christians linkem Beine, war seit einiger Zeit mehreren äußerlichen Mitteln gewichen; die Schluckbeschwerden aber kehrten noch oft bei Tische wieder, und neuerdings war eine zeitweilige Atemnot, ein asthmatisches Übel hinzugetreten, das Christian während längerer Wochen für Lungenschwindsucht hielt und dessen Wesen und Wirkungen er seiner Familie mit gekrauster Nase in ausführlichen Beschreibungen mitzuteilen bemüht war. Doktor Grabow wurde zu Rate gezogen. Er stellte fest, daß Herz und Lunge recht kräftig arbeiteten, daß aber der gelegentliche Atemmangel auf eine gewisse Trägheit gewisser Muskeln zurückzuführen sei, und verordnete zur Erleichterung der Respiration erstens den Gebrauch eines Fächers, zweitens ein grünliches Pulver, das man entzünden und dessen Rauch man einatmen mußte. Des Fächers bediente Christian sich auch im Comptoir, und auf einen Vorhalt des Chefs antwortete er, daß in Valparaiso jeder Comptoirist schon der Hitze wegen einen Fächer besessen habe: „Johnny Thunderstorm … du lieber Gott!" Als er aber eines Tages, nachdem er längere Zeit ernst und unruhig auf seinem Sessel hin und her gerückt, auch sein Pulver im Comptoir aus der Tasche zog und einen so starken übelriechenden Qualm entwickelte, daß mehrere Leute zu husten begannen und Herr Marcus sogar ganz blaß wurde … da gab es einen öffentlichen éclat, einen Skandal, eine fürchterliche Auseinandersetzung, die zum sofortigen Bruch geführt haben würde, hätte nicht die Konsulin noch einmal Alles vertuscht, mit Vernunft besprochen und zum Guten gewandt …

Es war nicht dies allein. Auch das Leben, das Christian außerhalb des Hauses, und zwar meistens gemeinsam mit dem Rechtsanwalt Doktor Gieseke, seinem Schulkameraden führte, verfolgte der Konsul mit Widerwillen. […]

Aus: Thomas Mann, Buddenbrooks. Verfall einer Familie. Roman. Frankfurt/M.: Fischer Taschenbuch Verlag [58]2010 (FTB. 9431), S. 311f.

Hinweise und Tipps

Die Aufgabe bezieht sich auf den ***vorgegebenen inhaltlichen Schwerpunkt*** *„Epochenumbruch 19./20. Jahrhundert – unter Berücksichtigung der Entwicklung epischer Texte“ am Beispiel von Thomas Manns Romans „Buddenbrooks. Verfall einer Familie“. Der* ***Vergleich*** *mit dem vorliegenden Auszug aus Daniel Kehlmanns Roman „Die Vermessung der Welt“, dessen Kenntnis nicht vorausgesetzt wird, entspricht den Vorgaben des Aufgabentyps II C.*
Der allgemeine ***Operator „Analysieren“*** *in Teilaufgabe 1 verlangt von Ihnen die Texterfassung, -beschreibung und -deutung. Dabei gilt es vor allem das Zusammenspiel der sprachlichen und formalen Gestaltung und der inhaltlichen Aussagen herauszuarbeiten. Teilaufgabe 1 gibt zugleich einen besonderen Analyseaspekt vor: das Erzählverfahren. Gehen Sie deshalb in Ihrer Analyse vor allem auch auf damit zusammenhängende Aspekte wie Erzählperspektive oder Dehnung und Raffung ein.*
Indem Sie Ihre Analyse im ersten Teil bereits ***auf die Aspekte und Anforderungen****, die die Teilaufgabe 2 stellt,* ***ausrichten****, erleichtern Sie sich den späteren Vergleich. So können Sie in der abschließenden Zusammenfassung der Einzelergebnisse und deren Auswertung bereits* ***analytische und argumentative Anknüpfungspunkte*** *für den Vergleich schaffen.*

Lösungsvorschlag

Primärinformation

Der vorliegende Textauszug bildet den **Anfang des Romans** „Die Vermessung der Welt“, den Daniel Kehlmann im Jahr 2005 veröffentlichte. Darin wird eine der beiden Hauptfiguren, der berühmte Mathematiker Friedrich Gauß, dem Leser vorgestellt, als er im September 1828 widerwillig zu einem Naturforscherkongress nach Berlin aufbricht.

1. Absatz
I historischer Ausgangspunkt und erste Charakterisierung Gauß'

Schon gleich der erste Absatz baut eine **ironische Distanz zur Figur** des Mathematikers auf. Der Erzähler zeigt sich selbst zunächst **als Chronist**, der mit der recht genauen Zeitangabe „September 1828“ (Z. 1) und der präzisen Nennung des Zielortes Berlin (Z. 2) deutlich machen möchte, dass er authentisch und auf der Grundlage nachprüfbarer Fakten berichtet. Der Hinweis, Gauß verlasse „zum erstenmal seit Jahren seine Heimatstadt“ (Z. 1 f.), wird nur demjenigen Leser als erste ironische Zuspitzung bewusst, der weiß, dass Gauß als eine Figur beschrieben wird, die das Reisen verabscheut. Der Eindruck, dass hier ein neutraler Chronist historisch verbürgte Geschehnisse schildert, wird schon durch den zweiten Satz brüchig: Der Begriff „selbstverständlich“ zeugt schon zu diesem frühen Zeitpunkt von der **ironischen Zeichnung** des berühmten Mathematikers, von dem man eigentlich erwarten dürfte, dass er seinem Ansehen und seinen Fähigkeiten gemäß gerne beim Kongress erscheinen will. Verstärkt wird die Ironie durch den Hinweis, Gauß habe dem Drängen Alexander von Humboldts nachgegeben, hoffend, „der Tag käme nie“ (Z. 5). Diese kindische Hoffnung deutet bereits hier auf die **infantilen Züge** der Figur, die im zweiten Absatz des Romans noch stärker in den Blick rücken.

2. Absatz

Situation vor dem Aufbruch

Figurencharakterisierung Gauß

Von der knappen Erläuterung der Vorgeschichte geht der Erzähler mit dem Signalwort „Nun“ (Z. 6), das den zweiten Absatz einleitet, zur Schilderung der **konkreten Situation vor dem Aufbruch** nach Berlin über. In recht detaillierter Verhaltensbeschreibung wird gerade nicht ein Mann gezeigt, den ein hohes Maß an Würde und ein Auftreten kennzeichnet, das dem Ansehen eines berühmten Wissenschaftlers entspräche. Vielmehr verhält sich der Professor **wie ein kleines verstocktes Kind**, das glaubt, sich im Bett verstecken zu können (Z. 5), und ernsthaft anzunehmen scheint, die Wirklichkeit verändern zu können, indem er die Augen vor ihr verschließt (Z. 8). Sein Verhalten gegenüber seiner **Frau Minna**, die mit geradezu bewundernswerter Geduld die Notwendigkeiten deutlich macht, betont eine weitere Seite des Mannes: seinen Hang zu **Gehässigkeit**, **Gemeinheit** und **verletzendem Verhalten** seinen Mitmenschen gegenüber. Denn als Gauß sich hier nicht durchzusetzen weiß und der (selbst verursachten) Situation nicht mehr ausweichen kann, beschimpft er seine Frau als „lästig, beschränkt und das Unglück seiner späten Jahre“ (Z. 9 f.). Die Unangemessenheit seiner Reaktionen charakterisiert den Protagonisten als **sozial inkompetenten** und **egozentrischen** Menschen, den es nicht kümmert, wenn er seiner Umgebung durch sein ungebührliches Verhalten zur Last fällt.

3. Absatz

Situation beim Aufbruch

Figurencharakterisierung Gauß

Die weiteren Verrichtungen in Gauß’ Kammer spart der Erzähler aus. Warum Gauß nur „notdürftig gewaschen“ ist (Z. 12), wird nicht erzählt, gerade über diese Leerstelle aber die Vorstellung des Lesers aufrechterhalten, es habe etwas mit seinem infantilen und unverschämten Verhalten zu tun. Stattdessen geht der Erzähler im dritten Absatz zur nächsten „Szene“ über: dem Aufbruch. Gauß’ schlechte Laune ist jedenfalls geblieben, denn „grimmig“ (Z. 12), so heißt es, kommt er die Treppe hinunter. Weiterhin **hält** sich der Erzähler mit **direkten Wertungen** weitgehend **zurück** und konzentriert sich auf die **Beschreibung** des hilflos-aggressiven Verhaltens des Familienvaters. Unklar bleiben die genaueren Gründe, warum Gauß sich in einen „Wutanfall“ steigert (Z. 14). Aus dem mit „Als“ (Z. 14) eingeleiteten temporalen Nebensatz kann der Leser aber zumindest einen kausalen Zusammenhang mit dessen Sohn Eugen erahnen. Die Erzählweise erfordert insofern ein aktives Mitlesen. Die Unangemessenheit von Gauß’ Reaktion wird dem Leser dann erneut plastisch vor Augen geführt – Gauß fängt an, im Zimmer zu randalieren: „Er zerbrach einen auf dem Fensterbrett stehenden Krug, stampfte mit dem Fuß und schlug um sich.“ (Z. 15 f.) Anstatt dem

Leser eine Identifikationsmöglichkeit anzubieten, indem beispielsweise die Gründe für Gauß' Verhalten psychologisch nachvollziehbar gemacht würden, rückt der Erzähler mit seiner nüchternen Beschreibung des grobschlächtigen Verhaltens den Leser in **Distanz zur Figur**. Deren Lächerlichkeit wird also besonders durch die Verhaltensschilderung kenntlich gemacht, ohne dass der Erzähler zu Wertungen der Figur greifen müsste.

Der Protagonist und die Nebenfiguren

Die Geduld der Familienmitglieder, die bereits im zweiten Absatz bei seiner Frau Minna angedeutet wurde, belegt das Verhalten des Sohnes und der Frau, als sie ihm beruhigend die „Hände auf seine Schultern legten" (Z. 16). So wirkungslos die Beruhigungsversuche auch sind, sie zeigen an, dass die Familienmitglieder offenbar solche Ausbrüche nicht überraschen und sie gewohnt sind, damit umzugehen. **Gauß' Verhalten** scheint daher also **alles andere als eine außergewöhnliche Extremreaktion**, sondern der Regelfall zu sein. Dabei behandeln Ehefrau und Sohn ihn wiederum wie ein unmündiges Kind, das man mit dem Hinweis trösten muss, er sei „bald wieder daheim" (Z. 17): Es gehe so schnell vorbei „wie ein böser Traum" (Z. 18). Da es ihnen aber nicht gelingt, ihn zu beruhigen oder zu einer angemessenen Mäßigung anzuhalten, erscheinen sie als ziemlich hilflose Bezugspersonen, die seinem Verhalten, das **kindisch und despotisch** zugleich ist, nichts Wirksames entgegenhalten können. Mit dem kleinen Wörtchen „Erst" leitet der Erzähler den Umschwung ein: Es ist **seine Mutter**, die dem unausstehlichen Treiben des Professors schließlich ein Ende bereitet. Aber auch sie infantilisiert ihn seinem Verhalten entsprechend, indem sie ihn „in die Wange" kneift und fragt, „wo denn ihr tapferer Junge sei" (Z. 19 f.). Gauß fasst sich zumindest so weit, dass er sich verabschieden und losfahren kann. Seine mangelhafte emotionale Beziehung zu seiner Frau und seinen Kindern verdeutlichen dabei die fehlende „Herzlichkeit" (Z. 20) und seine Geistesabwesenheit (vgl. Z. 21).

Reflektierte Schlussbetrachtung

Indem Kehlmann derart unsägliche Verhaltensweisen seiner Figur an den Beginn seines Romans stellt, führt er den berühmten Mathematiker als eine **ans Lächerliche grenzende Figur** ein. Es ist aber eine Lächerlichkeit, die angesichts der Grobheit, die Gauß gegenüber seinen Mitmenschen an den Tag legt, **keine Sympathie und Mitleid** erzeugt. Dabei verzichtet der Erzähler auf direkte Wertungen. Er lenkt den Blick des Lesers – weitgehend in einem bewusst reihenden Stil – beschreibend auf das Verhalten der Figur und gewährt **kaum Einblicke in dessen Inneres**, so dass **psychologische Erklärungsmuster nicht greifen** können. Darüber hinaus schafft der Erzähler auch über das **Mittel der indirekten Rede** eine ironische Distanz zur dargestellten Situation. Diese ironische Distanz macht durchgängig den Erzählgestus aus. Sie gibt eine Perspektive vor, die das Augenmerk des Lesers auf den Menschen Gauß, seine Unbeholfenheit und Hilflosigkeit, aber auch auf seine Fehler und Charakterschwächen richtet. Statt als respektabler Wissenschaftlicher wird Gauß als lächerliche Figur gezeichnet.

*Der **Operator „Vergleichen“** in Teilaufgabe 2 verlangt von Ihnen, den gerade erarbeiteten Romanauszug und den Auszug aus Thomas Manns „Buddenbrooks“ hinsichtlich der erzählerischen Gestaltung der im Zentrum stehenden Figuren zueinander in Beziehung zu setzen. Dabei gilt es sowohl Gemeinsamkeiten als auch Unterschiede herauszuarbeiten.*
*Sinnvoll ist es, in der **Überleitung** auf ins Auge fallende Anknüpfungspunkte hinzuweisen – unabhängig von der Frage, ob es sich dabei um signifikante Unterschiede oder auffällige Gemeinsamkeiten handelt. Die geforderte Berücksichtigung des Romankontextes legt es nahe, den Auszug zunächst kurz in den Handlungsgang **einzuordnen**. Da es sich um den Aufgabentyp „Vergleichende Analyse von literarischen Texten“ handelt, bedarf es anschließend einer **verknappten Analyse** des „Buddenbrooks“-Auszugs. Diese Analyse ist aspektorientiert anzulegen, um den vorgegebenen Vergleichsaspekt nicht aus den Augen zu verlieren. Achten Sie deshalb vor allem auf die erzählerische Gestaltung der Figur Christian Buddenbrook.*
*Auf dieser Grundlage können Sie dann die Ergebnisse Ihrer Analysen miteinander **vergleichen**. Es bietet sich an, die verlangte **Beurteilung** der Erzählverfahren hinsichtlich ihrer Wirksamkeit in die Schlussbetrachtung einzubeziehen. Der Operator „beurteilen“ fordert von Ihnen ein fachlich begründetes Sachurteil, das Sie durch die vorherige vergleichende Analyse vorbereitet haben.*

Überleitung und Einordnung des Textauszugs in den Romankontext

Einen **ähnlich ironischen Blick** richtet der Erzähler im vorliegenden Auszug aus Thomas Manns Roman „Buddenbrooks. Verfall einer Familie“ auf die Figur des Christian Buddenbrook. Der Textauszug nimmt einen wesentlichen **Erzählstrang** des 1901 erschienenen Romans auf, nämlich den **Dauerkonflikt zwischen den beiden Brüdern Thomas und Christian**. Der ältere Thomas tritt schon mit sechzehn Jahren unmittelbar nach dem Tod seines Großvaters Johann in das Familienunternehmen ein und steht hier seinem Vater Jean zur Seite. In Christians Jugend hingegen zeichnet sich schon früh ab, dass er sich schwer tut, den Kaufmannswerten der Familie zu entsprechen, und stattdessen von Theater, Literatur und Kunst angezogenen ist. Als Thomas im Alter von 29 Jahren nach dem Tod des Vaters die Firma übernimmt und zum Familienoberhaupt wird, verschärft sich dieser **Unterschied in den Wertorientierungen und in den charakterlichen Anlagen** zu einem dauerhaften Konfliktherd in der Bruderbeziehung. Der vorliegende Textauszug zeigt exemplarisch diese **Spannungen**, die wenig später zum **Eklat** zwischen Thomas und Christian und zum Ausscheiden Christians aus der Firma führen: Letzterer behauptet nämlich kurze Zeit später im Klub, bei Lichte besehen seien doch alle

Geschäftsleute Gauner (6. Teil, 3. Kapitel), und macht damit die Familie in der Lübecker Geschäftswelt lächerlich. Hierüber gerät Thomas so sehr in Rage, dass er Christian letztlich dazu bringt, die Firma zu verlassen und Teilhaber einer Hamburger Handelsfirma zu werden. Thomas wird sich hier als der deutlich Dominantere und Souveränere erweisen.

Textanalyse

Inhalt, Aufbau und perspektivische Lenkung

Dieser charakterliche Unterschied zeigt sich schon im vorliegenden Textauszug, in dem der Erzähler auf Christians – wohl eingebildete – Gebrechen eingeht. Diese Ausführungen sind von zwei kurzen Absätzen eingerahmt, die von Thomas' Perspektive auf Christian bestimmt sind und insofern den Blick des Lesers auf die **Unangemessenheit** der Selbsteinschätzung und des **Verhaltens** des Bruders lenken:

1. und 3. Absatz

Thomas' Perspektive

Thomas, dessen berufliche Beanspruchung in dem Hinweis auf seine „angestrengte Tätigkeit" (Z. 1) deutlich wird, hält sich gegenüber Mutter und Schwester mit abwertenden Einschätzungen nicht zurück: „Christians eingehende Mitteilungen über seine wechselnden Krankheitserscheinungen" (Z. 2 f.) nennt er „die albernen Ergebnisse einer widerwärtigen Selbstbeobachtung" (Z. 4 f.). Dem mittleren Absatz, der diese „Mitteilungen" und Christians Verhalten erzählerisch konkretisiert, folgt wieder ein kürzerer Absatz: Der **Erzähler** nimmt hier nicht nur **Thomas' Perspektive** in dem Satz „Es war nicht dies allein." (Z. 26) wieder auf, sondern führt sie in der **auktorialen Bemerkung** fort, Thomas verfolge auch Christians Treiben außerhalb des Hauses „mit Widerwillen" (Z. 28). Thomas' negativer Blick auf seinen Bruder bildet so die Klammer, die die Leserperspektive beeinflusst und mitsteuert.

2. Absatz

Figurengestaltung Christians

Thomas' Wahrnehmung wird dabei im Mittelteil, der den Fokus nun stärker auf die konkretere, wenn auch knappe Schilderung bestimmter Situationen lenkt, **durch den Erzähler** in der Weise **bestätigt**, dass **Christians Klagen** als **maßlose Übertreibungen** dargestellt werden. Die zuvor immer wieder von Christian ins Feld geführten Beschwerden im Bein werden vom Erzähler übertreibend als „Qual" (Z. 6) bezeichnet. Die Doppelnennung des Begriffs und die adjektivische Erweiterung bei der zweiten Nennung scheinen darauf hinzudeuten, dass es dem Erzähler wichtig ist, die Qual präziser zu fassen. Eine **ironische Wirkung** geht hier davon aus, dass es sich insofern um **keine Präzisierung** handelt, als die Qual eine „unbestimmte" (Z. 6) ist. Ohnehin plagen Christian – offenbar aufgrund erfolgreicher Behandlung – diese Schmerzen nicht mehr. Stattdessen treten andere Beschwerden in den Vordergrund, und zwar solche, die man seiner Umwelt vor Augen führen kann, vor allem die „Schluckbeschwerden" (Z. 7). Man kann sich als Leser sehr gut vorstellen, welche Wirkung diese gerade „bei Tische" (Z. 8) haben. In der Selbstbetrachtung neigt Christian zu **unange-**

messenen Dramatisierungen, wenn er den Symptomen – der inzwischen auftretenden Atemnot – die im Grunde schlimmstmögliche Ursache zuschreibt: „Lungenschwindsucht" (Z. 9 f.). Die Lächerlichkeit dieser Laienbeurteilung machen die Untersuchungen durch den Hausarzt Doktor Grabow deutlich, die keineswegs einen solch schweren Befund ergeben. Die **Unbestimmtheitsformulierung**, man könne die Symptome auf „eine gewisse Trägheit gewisser Muskeln" (Z. 13) zurückführen, entzieht dabei der Aussage in **ironischer Brechung** ihre fachliche Haltbarkeit. Diese – wenn man es denn so nennen will – „Diagnose" erscheint deshalb wie der Versuch, Christians Bedürfnis, dass seine Beschwerden ernstgenommen werden, zu entsprechen. Die ärztliche Verordnung von Fächergebrauch und Rauchinhalation erlauben es ihm, seine ‚Krankheit' weiter zu zelebrieren. Christians demonstrativer Umgang mit dem Fächer und sein rücksichtsloser Gebrauch des Pulvers im Kontor, das er damit verräuchert, verdeutlichen, wie ernst er seine vermeintliche Erkrankung nimmt. Der Leser ist hier aufgefordert, Christians Verhalten als Ausfluss jener **unangemessenen Selbstbeobachtung** zu entlarven, die Thomas an seinem Bruder monierte (vgl. Z. 4 f.). Dass es Christian dabei auch um die Aufmerksamkeit seiner Mitmenschen geht, zeigt der wiederholte Hinweis des Erzählers, dass er seiner Familie ausführlich von seinen Beschwerden erzählt (vgl. Z. 2 f., 10 f.).

Ironie

Die Ironie in der Schilderung liegt hier insbesondere darin, dass der **Erzähler** von Christians lächerlichem Verhalten in einem recht **sachlich-neutralen Ton** berichtet und dadurch eine Ernsthaftigkeit an den Tag legt, die der Lächerlichkeit des Verhaltens nicht angemessen ist. Die Aufgabe des Lesers besteht dabei darin, die **kritische Grundhaltung des Erzählers** zu seiner Figur abzuleiten.

Ende des mittleren Absatzes: eine erzählerische Leerstelle

Auffallend ist, dass der Erzähler einen Deckmantel ausbreitet über die genaueren Folgen von Christians Handeln im Comptoir. Anstatt die konkrete Situationsbeschreibung, zu der er zuvor übergangen war, fortzuführen, nimmt der Erzähler nun Abstand: Er **rafft** die nachfolgenden Geschehnisse **auktorial** in der Klimax „ein[] öffentliche[r] éclat, ein[] Skandel, eine fürchterliche Auseinandersetzung" zusammen, die sich als eine **ironisierende Übertreibung** lesen lässt. Wer die Protagonisten der Auseinandersetzung genau sind, wie dieser Konflikt ausgetragen wird, bleibt unklar. Stattdessen weist der Erzähler sehr knapp darauf hin, die Konsulin, also Christians Mutter, habe letztlich das Ganze noch einmal „zum Guten gewandt" (Z. 25). Mit den anschließenden Auslassungspunkten verdeutlicht der Erzähler, dass er weniger erzählt als er könnte. Er öffnet mit dieser **Leerstelle** den Raum für Vermutungen und belässt so auch Christians Verhalten im **Lächerlichen und Haltlosen**, da es weder korrigiert noch relativiert wird – im Gegenteil: Die schon erwähnte Wiederaufnahme der Perspektive von Thomas verstärkt noch den Blick auf die Unangemessenheit dessen, was Christian als Krankheit auslebt.

Vergleich der Romanauszüge

Vergleicht man die beiden Romanauszüge miteinander, so werden sowohl Gemeinsamkeiten als auch Unterschiede in der erzählerischen Gestaltung der im Mittelpunkt stehenden Figuren deutlich: In beiden Textauszügen werden die **Figuren in eine ironische Distanz** zum Leser gerückt. Diese Distanz verdankt sich jeweils vor allem der recht neutralen Schilderung der Unangemessenheit des Verhaltens: **Gauß** wird gerade nicht als der Mensch gezeigt, den der Leser erwartet – der anfängliche Hinweis, es handele sich um den „größte[n] Mathematiker des Landes" (Z. 1), steht in starkem Gegensatz zum privaten Gauß, der sich als **Familienrüpel**, **Muttersöhnchen** und letztlich als **unverschämter Trottel** entpuppt. Der Erzähler beschränkt sich dabei nach der expositorischen Einführung des ersten Absatzes weitgehend auf die konkrete Situationsbeschreibung. Sie ist im Großen und Ganzen von einem recht reihenden Erzählstil geprägt, der wegen der interessanten Figurenanlage aber keine Langeweile aufkommen lässt.

Die **Unangemessenheit von Christians Verhalten** im Auszug aus Thomas Manns Roman wird dem Leser zwar ebenfalls deutlich vor Augen geführt. Im Vergleich zu Kehlmanns bewusst reduktivem Stil wirkt der **Erzähler** aber **präsenter**: So rafft er immer wieder Geschehnisse nach Belieben (vgl. z. B. Z. 6: „seit einiger Zeit" und Z. 9: „während längerer Wochen") oder schafft bewusst Leerstellen; so benennt er ein und denselben Sachverhalt mehrfach (vgl. Z. 23) oder stellt psychologische Zusammenhänge her, wenn er Thomas' fehlende Gelassenheit auf seine berufliche Beanspruchung zurückführt (vgl. Z. 1 f.). Ein Unterschied zur erzählerischen Gestaltung bei Daniel Kehlmann liegt aber vor allem darin, dass bei **Thomas Mann** eine **zweite Perspektive** zum Tragen kommt: diejenige des Bruders. Hierdurch wird die Wahrnehmung des Lesers – indirekt – in eine bestimmte Richtung gelenkt.

Das Verhalten Christians ist – bei aller Komik, die es für den distanzierten Betrachter entwickelt – für seine Umgebung ausgesprochen belastend. In dieser Hinsicht unterscheidet er sich kaum von der Figur Gauß. In beiden Fällen wird das Verhalten der Figuren als **inakzeptabel** und **rücksichtslos** dargestellt.

Beurteilung der Erzählverfahren

So sind beide **Erzählverfahren** in ihrer Unterschiedlichkeit und Eigenheit in Hinblick auf das ironisierende Potenzial, das sie entfalten, **stimmig**. Sie erlauben dem Leser den **kritischen Blick** auf die Figuren, der dieser Art des Erzählens offenbar intentional zugrunde liegt.

Leistungskurs Deutsch (Nordrhein-Westfalen) – Übungsaufgabe 6: II C: Vergleichende Analyse von literarischen Texten

Arbeitsgrundlage:
Irmgard Keun, *Das kunstseidene Mädchen* (Auszug aus Teil 2)
Thomas Mann, *Buddenbrooks* (Auszug aus Teil 2, Kapitel 2)

Aufgaben:

	Punkte
1. Analysieren Sie den Romanauszug aus Irmgard Keuns *Das kunstseidene Mädchen* unter besonderer Berücksichtigung der Darstellung der Protagonistin als „neuer Frau“ im Berlin der 1920er-Jahre und deuten Sie dabei die sprachlich-erzählerische Gestaltung.	36
2. Vergleichen Sie diesen anschließend mit der Textpassage aus Thomas Manns *Buddenbrooks – Verfall einer Familie* unter dem Aspekt der Rolle der Frau in der Gesellschaft sowie der jeweiligen Form des Erzählens.	36

Irmgard Keun (1905–1982)
Das kunstseidene Mädchen (1932, Ausschnitt)

Doris, die Ich-Erzählerin in Keuns Roman, will nicht länger in der Kleinstadt als Sekretärin für einen zudringlichen Rechtsanwalt arbeiten. Als Achtzehnjährige macht sie sich auf in die große Welt nach Berlin, wo es ihr an Männern nicht mangelt; die erträumte Filmkarriere bleibt jedoch Illusion und sie lebt an der Grenze zur Prostitution. Letztlich scheitert sie in der bürgerlichen Welt. Der Textauszug schildert die Situation kurz nach ihrer Ankunft in Berlin.

Ich bin in Berlin. Seit ein paar Tagen. Mit einer Nachtfahrt und noch neunzig Mark übrig. Damit muss ich leben, bis sich mir Geldquellen bieten. Ich habe Maßloses erlebt. Berlin senkte sich auf mich wie eine Steppdecke mit feurigen Blumen. Der Westen ist vornehm mit hochprozentigem Licht – wie fabelhafte Steine ganz teuer und mit so gestempelter Einfassung. Wir haben hier ganz übermäßige Lichtreklame. Um mich war ein Gefunkel. Und ich mit dem Feh[1]. Und schicke Männer wie Mädchenhändler, ohne dass sie gerade mit Mädchen handeln, was es ja nicht mehr gibt – aber sie sehen danach aus, weil sie es tun würden, wenn was bei rauskäme. Sehr viel glänzende schwarze Haare und Nachtaugen so tief im Kopf. Aufregend. Auf dem Kurfürstendamm sind viele Frauen. Die gehen nur. Sie haben gleiche Gesichter und viel Maulwurfpelze – also nicht ganz erste Klasse – aber doch schick – so mit hochmütigen Beinen und viel Hauch um sich. Es gibt eine Untergrundbahn, die ist wie ein beleuchteter Sarg auf Schienen – unter der Erde und muffig, und man wird gequetscht. Damit fahre ich. Es ist sehr interessant und geht schnell.

Und ich wohne bei Tilli Scherer in der Münzstraße, das ist beim Alexanderplatz, da sind nur Arbeitslose ohne Hemd und furchtbar viele. Aber wir haben zwei Zimmer, und Tilli hat Haare aus gefärbtem Gold und einen verreisten Mann, der arbeitet bei Essen Straßenbahnschienen. Und sie filmt. Aber sie kriegt keine Rollen, und es geht auf der Börse ungerecht zu. Tilli ist weich und rund wie ein Plümo und hat Augen wie blankgeputzte blaue Glasmurmeln. Manchmal weint sie, weil sie gern getröstet wird. Ich auch. Ohne sie hätte ich kein Dach. Ich bin ihr dankbar, und wir haben dieselbe Art und machen uns keine böse Luft. Wenn ich ihr Gesicht sehe, wenn es schläft, habe ich gute Gedanken um sie. Und darauf kommt es an, wie man zu einem steht, wenn er schläft und keinen Einfluss auf einen nimmt. Es gibt auch Omnibusse – sehr hoch – wie Aussichtstürme, die rennen. Damit fahre ich auch manchmal. Zu Hause waren auch viele Straßen, aber die waren wie verwandt zusammen. Hier sind noch viel mehr Straßen und so viele, dass sie sich gegenseitig nicht kennen. Es ist eine fabelhafte Stadt.

Ich gehe nachher in eine Jockeybar mit einem Mädchenhändlerartigen, an dem mir sonst nichts liegt. Aber ich komme dadurch in Milieu, das mir Aussichten bietet. Tilli sagt auch, ich sollte. Jetzt bin ich auf der Tauentzien bei Zuntz, was ein Kaffee ist ohne Musik, aber billig – und viel eilige Leute wie rasender Staub, bei denen man merkt, dass Betrieb ist in der Welt. Ich habe den Feh an und wirke. Und gegenüber ist eine Gedächtniskirche, da kann aber niemand rein wegen der Autos drum rum, aber sie hat eine Bedeutung, und Tilli sagt, sie hält den Verkehr auf.

Heute Abend werde ich alles der Reihe nach in mein Buch schreiben, denn es hat sich soviel aufgelagert in mir. Also Therese half mir zur Flucht den Abend.[2] Ich hatte sehr viel Zittern in mir und Angst und großartige Erwartung und Freude, weil nun alles neu wurde und voll von Spannung und Sensation.

Aus: Irmgard Keun, Das kunstseidene Mädchen. Berlin: Claassen 2007. (Erstveröffentlichung: 1932)

Anmerkung:
1 *Feh:* Pelz/Fell des (russischen) Eichhörnchens
2 *Also Therese half mir zur Flucht den Abend:* Therese ist Doris' Freundin, die ihr zur Flucht aus ihrer Heimatstadt nach Berlin verholfen hat.

Thomas Mann (1875–1955)
Buddenbrooks (1901, Ausschnitt)

– „Du solltest immerhin noch ein wenig Honig nehmen, Tony", sagte die Konsulin, als sie mit ihrer Tochter allein geblieben war, die unbeweglich und mit gesenktem Kopfe an ihrem Platze blieb. „Essen muss man hinlänglich …"

Tonys Tränen versiegten allmählich. Ihr Kopf war heiß und voll von Gedanken … Gott! was für eine Angelegenheit! Sie hatte es ja gewusst, dass sie eines Tages die Frau eines Kaufmannes werden, eine gute und vorteilhafte Ehe eingehen werde, wie es der Würde der Familie und der Firma entsprach … Aber nun geschah es ihr plötzlich zum ersten Male, dass jemand sie wirklich und allen Ernstes heiraten wollte! Wie sollte man sich dabei benehmen? Für sie, Tony Buddenbrook, handelte es sich plötzlich um alle diese, furchtbar gewichtigen Ausdrücke, die sie bislang nur gelesen hatte: um ihr „Jawort", um ihre „Hand" … „fürs Leben" … Gott! Was für eine gänzlich neue Lage auf einmal!

„Und du, Mama?" sagte sie. „Du rätst mir also auch, mein … Jawort zu geben?" Sie zögerte einen Augenblick vor dem „Jawort", weil es ihr allzu hochtrabend und gênant[1] erschien; dann aber sprach sie es zum ersten Male in ihrem Leben mit Würde aus. Sie begann, sich ihrer anfänglichen Fassungslosigkeit ein wenig zu schämen. Es erschien ihr nicht weniger unsinnig, als zehn Minuten früher, Herrn Grünlich zu heiraten, aber die Wichtigkeit ihrer Stellung fing an, sie mit Wohlgefallen zu erfüllen.

Die Konsulin sagte:

„Zuraten, mein Kind? Hat Papa dir zugeraten? Er hat dir nicht abgeraten, das ist alles. Und es wäre unverantwortlich, von ihm wie von mir, wenn wir das tun wollten. Die Verbindung, die sich darbietet, ist vollkommen das, was man eine gute Partie nennt, meine liebe Tony … Du kämest nach Hamburg in ausgezeichnete Verhältnisse und würdest auf großem Fuße leben …"

Tony saß bewegungslos. Etwas wie seidene Portièren[2] tauchte plötzlich vor ihr auf, wie es deren im Salon der Großeltern gab … Ob sie als Madame Grünlich morgens Chokolade trinken würde? Es schickte sich nicht danach zu fragen.

„Wie dein Vater dir sagte: du hast Zeit zur Überlegung", fuhr die Konsulin fort. „Aber wir müssen dir zu bedenken geben, dass sich eine solche Gelegenheit, dein Glück zu machen, nicht alle Tage bietet, und dass diese Heirat genau das ist, was Pflicht und Bestimmung dir vorschreiben. Ja, mein Kind, auch das muss ich dir vorhalten. Der Weg, der sich dir heute eröffnet hat, ist der dir vorgeschriebene, das weißt du selbst recht wohl …"

„Ja", sagte Tony gedankenvoll. „Gewiß." Sie war sich ihrer Verpflichtungen gegen die Familie und die Firma wohl bewusst, und sie war stolz auf diese Verpflichtungen. Sie, Antonie Buddenbrook, vor der der Träger Matthiesen tief seinen rauhen Cylinder abnahm, und die als Tochter des Konsuls Buddenbrook in der Stadt wie eine kleine Herrscherin umherging, war von der Geschichte ihrer Familie durchdrungen. Schon der Gewandschneider zu Rostock hatte sich *sehr* gut gestanden, und seit seiner Zeit war es immer glänzender bergauf gegangen. Sie hatte den Beruf, auf ihre Art den Glanz der Familie und der Firma „Johann Buddenbrook" zu fördern, indem sie eine reiche und vornehme Heirat einging … Tom arbeitete dafür im Comptoir … Ja, die Art dieser Partie war sicherlich die richtige; aber ausgemacht Herr Grünlich … Sie sah ihn vor sich, seine goldgelben Favoris, sein rosiges, lächelndes Gesicht mit der Warze am Nasenflügel, seine kurzen Schritte, sie glaubte seinen wolligen Anzug zu fühlen und seine weiche Stimme zu hören …

„Ich wusste wohl", sagte die Konsulin, „dass wir ruhigen Vorstellungen zugänglich sind … haben wir vielleicht schon einen Entschluss gefasst?"

„Oh, bewahre!" rief Tony, und sie betonte das „Oh" mit plötzlicher Entrüstung. „Was für ein Unsinn, Grünlich zu heiraten! Ich habe ihn beständig mit spitzen Redensarten verhöhnt … Ich begreife überhaupt nicht, dass er mich noch leiden mag! Er müsste doch ein bisschen Stolz im Leibe haben …"

Und damit fing sie an, sich Honig auf eine Scheibe Landbrot zu träufeln.

Aus: Thomas Mann, Buddenbrooks. Verfall einer Familie. Roman. Frankfurt/M.: Fischer Taschenbuch Verlag [50]2010 (FTB. 9431), S. 104–105.

Anmerkungen:

1 *gênant:* hier: peinlich, unangebracht

2 *Portièren:* vornehme Fenster-/Türvorhänge

Hinweise und Tipps

Die vorliegende Aufgabe setzt erstens voraus, dass Sie sich intensiv mit ***Thomas Manns Roman „Buddenbrooks"*** *auseinandergesetzt und ihn unter dem Aspekt der „Entwicklung von Erzählformen" im Kontext des Epochenumbruchs 19./20. Jahrhundert betrachtet haben. In diesem Zusammenhang sind auch die Rolle des Erzählers sowie angewandte Erzählstrategien von Bedeutung. Zweitens sollten Sie über Wissen zur* ***Literatur der Neuen Sachlichkeit*** *verfügen, damit Sie beide Romanauszüge vergleichend analysieren und interpretieren können. In den Erzähltexten der Neuen Sachlichkeit – einige davon haben Sie im Unterricht anhand von Auszügen kennengelernt – spielt u. a. das Bild der „neuen Frau" der 1920er-Jahre eine besondere Rolle. Mit Blick auf die Vorgaben des Zentralabiturs dürften die Interpretationen keine Probleme bereiten, da sowohl Manns Roman als auch die Neue Sachlichkeit zur Obligatorik des Deutschunterrichtes im Leistungskurs gehören. Methodische Voraussetzungen sind die* ***Analyse und Interpretation*** *eines fiktionalen, hier epischen Textes sowie der* ***aspektgeleitete Vergleich****. Die in der Aufgabenstellung vorgegebenen Analyseschwerpunkte dienen dabei als Orientierungsrahmen, in dem ein vielschichtiges Gesamtverständnis der vorliegenden Romanauszüge zu entwickeln und angemessen zu verbalisieren ist. Reflektierte Schlussfolgerungen am Ende jeder Teilaufgabe ermöglichen es, das Gesamttextverständnis im Kontext des Aufgabenhorizontes zusammenfassend auf den Punkt zu bringen.*

Im Mittelpunkt der ***ersten Teilaufgabe*** *steht eine genaue Analyse inhaltlicher und sprachlich-erzählerischer Phänomene des Auszugs aus Irmgard Keuns Roman „Das kunstseidene Mädchen". Die Analyse ist die Basis für eine fundierte Erarbeitung des hier vermittelten* ***Frauenbildes*** *im Kontext der Literatur der Neuen Sachlichkeit.*
Da die Aufgabenstellung die besondere Beachtung der sprachlich-erzählerischen Gestaltung fordert, ist es von Bedeutung, Aspekte der ***Erzählweise*** *wie Erzählsituation, Haltung des Erzählers zum Geschehen und Art der Darbietung zu kennen und diese in ihrer Wirkung zu erfassen. Achten Sie deshalb insbesondere darauf, wie die Ich-Erzählerin ihre Situation schildert, sowie auf ihre Wortwahl und den Satzbau. Auch daraus lassen sich im Sinne einer indirekten Charakterisierung Schlüsse hinsichtlich der Frage ziehen, was für einen Frauentyp Keun dem Leser präsentiert.*

Lösungsvorschlag

Der vorliegende Auszug aus Irmgard Keuns Roman „Das kunstseidene Mädchen“ (1932) zeigt die junge **Protagonistin Doris** kurz nach ihrer Ankunft in Berlin, wo sie sich eine Karriere als Filmschauspielerin erträumt. Thematik, Inhalt und Erzählstil deuten – neben dem Erscheinungsjahr – darauf hin, dass es sich um einen **Roman der Neuen Sachlichkeit** handelt.

Einleitung
Publikationsdaten

Literaturgeschichtliche Einordnung

In diesem Textauszug erfährt der Leser, dass sich die Ich-Erzählerin erst seit ein paar Tagen in Berlin befindet und in bescheidenen Verhältnissen bei einer Bekannten wohnt. Sie ist begeistert von dem Großstadtflair, stürzt sich voller Naivität ins abenteuerliche Leben und will all ihre Erfahrungen später in ihrem (Tage-)Buch festhalten.

Hauptteil
Thematik / Überblick

Äußerlich weist der Textauszug vier Absätze auf, in denen sich allerdings abrupte Themenwechsel finden, so dass sich die Sinnabschnitte nicht mit den Absätzen decken.

Aufbau und Inhalt

Zunächst (Z. 1–14) schildert Doris enthusiastisch ihre ersten **Eindrücke von Berlin**, das sie wie eine „Steppdecke mit feurigen Blumen“ (Z. 3) empfindet und wo sie sich eine Karriere beim Film verspricht. Noch hat sie wenig Geld, geht aber davon aus, dass sich ihr ein lukrativer Job bieten wird. Glanz und Glamour beeindrucken sie zutiefst, alles findet sie „[a]ufregend“ (Z. 9) – Frauen in billigen Pelzen und Männer, die aussehen, als seien sie „Mädchenhändler“ (Z. 6). Von der Schnelligkeit der U-Bahn ist sie fasziniert und vergleicht sie mit „ein[em] beleuchtet[en] Sarg auf Schienen“ (Z. 12 f.).

Sinnabschnitt 1
Begeisterung für Berlin

Sie **wohnt bei Tilli Scherer** in einer von Arbeitslosigkeit geprägten Gegend in der Nähe des Alexanderplatzes und schildert im Weiteren (Z. 15–24) ihr Leben bei und mit ihr. Tilli ist eine verheiratete Frau mit blond gefärbten Haaren, die zwar beim Film arbeitet, aber derzeit keine Rollen bekommt. Ihr Mann ist bei den Straßenbahnbetrieben angestellt und scheint kaum zu Hause zu sein. Tilli ist offensichtlich eine liebenswürdige, freundliche und wohlbeleibte Frau, „weich und rund wie ein Plümo“ (Z. 19), mit der Doris sich gut versteht.

Sinnabschnitt 2
Wohnverhältnisse und Charakterisierung der Figur Tilli Scherer

Abrupt **wechselt** die Ich-Erzählerin **das Thema** und beschreibt die Busse als „Aussichtstürme, die rennen“ (Z. 25), und vergleicht die Straßen in Berlin, „die sich gegenseitig nicht kennen“ (Z. 27 f.), mit denen ihres Heimatortes, die ihr „wie verwandt“ (Z. 26) erscheinen. Diese Anonymität gefällt ihr offensichtlich; denn sie findet Berlin eine „fabelhafte Stadt“ (Z. 28).

Sinnabschnitt 3
Berlin im Vergleich zur Heimatstadt: Anonymität

Der nächste Abschnitt (Z. 29–35) klärt den Leser über die **Situation, in der Doris erzählt**, auf: Sie befindet sich in einem Café und will sich später mit einem der nicht ungefährlich aussehenden Männer (vgl. Z. 6 und 29), an dem ihr allerdings nichts liege, in einer Künstlerkneipe treffen. Sie hofft, dass sich ihr in diesem Milieu

Sinnabschnitt 4
Gegenwärtige Situation und bevorstehendes Treffen

berufliche Chancen bieten. Sie trägt ihren Pelzmantel und weiß, dass sie (auf Männer) wirkt. Knapp beschreibt sie die Hektik der Menschen, „Leute wie rasender Staub“ (Z. 32), und den starken Autoverkehr, der einen Besuch der Gedächtniskirche verhindere. Im letzten Absatz berichtet Doris von ihrem Vorhaben, am Abend alles „der Reihe nach“ (Z. 36), also in Ruhe, in ihr (Tage-)Buch zu schreiben, da sie ihre Heimatstadt fluchtartig mit Hilfe ihrer Freundin Therese verlassen hat und das Leben in Berlin sie so sehr beeindruckt. Obwohl Doris nicht ganz wohl dabei zumute war, sieht sie der Zukunft doch voll freudiger Erwartung entgegen.

Großstadtleben

Vorhaben, alles aufzuschreiben

Doris ist Tilli sehr dankbar, dass sie bei ihr wohnen darf. Die beiden Frauen streiten sich nicht, sondern verstehen sich gut, manches Mal weinen sie – vermutlich aus finanzieller Not – und trösten sich gegenseitig. Doris hat Vertrauen zu Tilli, weil sie im Schlaf ganz friedlich aussieht. Weiter erfährt der Leser in diesem Textauszug nichts über Tilli, als dass sie beim Film derzeit keine Rollen bekommt, aber sich dennoch großzügig gegenüber Doris verhält. Tilli scheint älter als Doris zu sein und verfügt über mehr Erfahrung, ist aber offenbar an Kultur ebenso wenig interessiert wie Doris, da ihrer Meinung nach die Gedächtniskirche nur im Weg steht.

Figurenkonstellation: Doris und Tilli

Die 18-jährige Doris, den **kleinbürgerlichen Verhältnissen ihres Heimatortes** entflohen, lässt sich als eine typische Vertreterin der neuen Frau der 1920er-Jahre verstehen, die ihr Leben selbst in die Hand nehmen will. Dafür lässt sie sich in Berlin auf zwielichtige Männer ein, bestimmt von ihrem Wunsch, Karriere beim Film zu machen. Sie strebt ein Leben im Luxus an und glaubt, in ihrem Eichhörnchenpelz auf Männer des Milieus Eindruck machen zu können; sie stürzt sich **naiv** und **unternehmungslustig** ins Großstadtleben, von deren Glanz und Tempo sie überwältigt ist. Dabei sieht sie die Frauen wesentlich kritischer, „mit hochmütigen Beinen und viel Hauch um sich“ (Z. 11 f.), da sie eventuell ihre Konkurrentinnen sein könnten, als die Männer mit ihren gegelten Haaren. Sie sieht die Männer an und möchte von ihnen wahrgenommen werden, ihren Pelz will sie offenbar als Statussymbol einsetzen. Aber ihre **wirtschaftliche Lage** ist **prekär** und ihre schulische **Bildung** – so lässt sich beispielsweise aus den sprachlichen Unzulänglichkeiten schließen – **unzureichend**. Dennoch ist ihr Auftreten couragiert und emanzipiert. Beherzt stürzt sie sich ins zwielichtige Milieu, setzt Jugend und Schönheit ein, um zu ihrem Ziel zu gelangen; sexuelle Freizügigkeit versteht sich dabei von selbst. Dabei ist der Schritt von der liberalen Einstellung der Frau zur sexuellen Selbstbestimmung bis zur Prostitution aus ökonomischer Not gerade in jener Zeit sehr klein. Auf alle Fälle will Doris als junge und moderne Frau ein von der familiären Bindung **unabhängiges Leben** führen. Sie ist angetan vom Glanz und Glamour der Goldenen Zwanziger Jahre in

Doris als „neue Frau“ der 1920er-Jahre

der Stadt Berlin, die ihr diese Möglichkeit zu bieten scheint, auch wenn sie von Arbeitslosigkeit, Lärm und Hektik geprägt ist.

Deutung der sprachlich-erzählerischen Gestaltung

Irmgard Keun lässt ihre Ich-Erzählerin dabei ausgesprochen **naiv** erscheinen, was vor allem durch den **Schreibstil** gelingt. Die Autorin schreibt, wie Doris spricht: kurz, knapp, in unvollständigen Sätzen und grammatikalisch nicht immer richtig. Ihr Alltagsjargon jedoch wirkt anschaulich und authentisch und ergibt ein unverstelltes Bild der Protagonistin. Die Wortwahl und Wortkombinationen sind ungewöhnlich („mit hochmütigen Beinen", Z. 11) und teilweise von mangelnder sprachlicher Gewandtheit geprägt („und mit so gestempelter Einfassung", Z. 5). Sie zeugen ebenso von ihrer **Spontaneität und Kreativität** wie die zahlreichen bildhaften Formulierungen und Vergleiche: Die Vergleiche von Tillis Augen mit „blankgeputzte[n] blaue[n] Glasmurmeln" (Z. 20) und ihres Körpers mit einem weichen und runden „Plümo" (Z. 19) sind ebenso anschaulich und neuartig wie der Vergleich der U-Bahn mit einem „beleuchtete[n] Sarg" (Z. 12). Dem Vergleich der Omnibusse mit „Aussichtstürme[n], die rennen" (Z. 25), eignet allerdings eine gewisse Unbeholfenheit. Doris kann ihre Eindrücke von der Großstadt nicht schnell genug in sich aufsaugen, ihre **Sprache überschlägt sich förmlich**, um alles Erlebte wiedergeben zu können. In ihrem **sprunghaften und vorwärts drängenden Stil** wechseln sich Erlebnisschilderungen, ihre eigenen Eindrücke, ihre Gedanken und Bewertungen z. T. abrupt ab, was deutlich macht, dass sie mitten im Geschehen steckt und **keine Distanz** zu den Ereignissen hat.

Schluss

Reflektierte Schlussfolgerung: Sprachlich-erzählerische Gestaltung und Frauenbild

Unterstützt durch die Tagebuchform ergibt sich für den Leser durch die Unmittelbarkeit des Erzählten und die authentische und anschauliche Sprache das Bild einer jungen, emanzipierten und naiven Frau: Diese hat **mit dem traditionellen Rollenverständnis gebrochen** und nimmt **selbstständig** und **selbstbewusst** ihr Leben in die Hand, indem sie sich lebenslustig ins Getümmel der Großstadt stürzt. Dass ihre illusorischen Wünsche und Hoffnungen auf eine Traumwelt im Film letztendlich nur enttäuscht werden können, ist zu erwarten.

*Der **zweite Aufgabenteil** verlangt den aspektgeleiteten Vergleich von Keuns Text mit einem Auszug aus Thomas Manns Roman „Buddenbrooks". Um die beiden Teilaufgaben miteinander zu verbinden, verfassen Sie zuerst eine aufgabenbezogene **Überleitung**. Der anschließende **Vergleich** erfordert zunächst eine **unabhängige Analyse** des vorliegenden Romanauszugs von Thomas Mann unter der genannten Fokussierung auf die Rolle der Frau und die erzählerische Gestaltung. Auf dieser Grundlage können Sie dann die **Gemeinsamkeiten und Unterschiede** herausarbeiten.*
*In einer **reflektierten Schlussfolgerung** lassen sich die beiden literarischen Texte dann vergleichend bewerten.*

Während Doris im **zwielichtigen Milieu Berlins** in den **Goldenen Zwanzigern** ihr Glück sucht, stammt Antonie Buddenbrook in Thomas Manns „Buddenbrooks – Verfall einer Familie“ (1901) aus **großbürgerlichem Hause** mit ansehnlicher **Familientradition** im **Lübeck** des ausgehenden 19. Jahrhunderts. Doch nicht nur in dieser Hinsicht, sondern auch in der erzählerischen Gestaltung unterscheiden sich die beiden Auszüge stark, wie der an die Analyse des zweiten Auszuges anschließende Textvergleich zeigt.

Überleitung / Einleitung
Historisch-soziale Verortung der beiden Frauenfiguren

Der vorliegende Romanauszug gibt das **Gespräch** zwischen der jungen **Antonie**, genannt Tony, und **ihrer Mutter**, der Konsulin, kurz nach Tonys Rückkehr aus Travemünde wieder, wo sie sich in den Sohn des Lotsenkommandanten Schwarzkopf, den jungen Medizinstudenten Morten, verliebt hat. Bendix Grünlich, ein Hamburger Kaufmann, den Tony nicht ausstehen kann, hat ihr einen **Heiratsantrag** gemacht. Trotz großer Abneigung und ihrer Gefühle für Morten wird sie im weiteren Handlungsverlauf Grünlich schließlich doch heiraten, weil sie ihrer Familie verpflichtet ist; die Ehe wird allerdings geschieden, da Grünlich als Betrüger sich lediglich seinerseits durch diese Ehe sanieren wollte.

Hauptteil
Kurze Einordnung der Textstelle in den Kontext

Der Textauszug wird von einer Art **Rahmen** begrenzt: Zu Beginn empfiehlt die Konsulin ihrer Tochter, Honig aufs Brot zu streichen, am Ende des Gesprächs träufelt Tony sich Honig aufs Brot – in Gedanken sicherlich bei Morten, hat dieser ihr doch einiges über dieses Naturprodukt erzählt. In dem Gespräch zwischen Mutter und Tochter geht es um die Frage, **ob Tony Grünlichs Heiratsantrag annimmt**. Unterbrochen wird der Dialog mehrfach durch erlebte Rede, Erzählerbericht und Erzählerkommentare. Die Sinnabschnitte dieses Romanauszugs spiegeln dabei die sich verändernde innere Einstellung Tonys in dem Konflikt zwischen Abscheu gegen Grünlich und familiärer Verpflichtung sowie der Anziehung wider, die eine „reiche und vornehme Heirat“ (Z. 42) auf sie ausübt.

Aufbau und Inhalt

Zunächst ist Tony **traurig**, da ihr Vater sie von Grünlichs Heiratsantrag unterrichtet hat, und in Gedanken versunken; ihr wird der Ernst der Lage klar (Z. 1–12). Sie fragt ihre Mutter, ob auch sie ihr zu der Heirat rate; diese jedoch entzieht sich einer klaren Antwort und stellt stattdessen die **Vorzüge einer derart guten Partie** dar (Z. 19–24). Tony nimmt das regungslos zur Kenntnis, stellt sich aber bereits ein **luxuriöses Leben** als Madame Grünlich vor (Z. 25–27). Nahezu unmerklich wird die Konsulin drängender, indem sie Tony diese Heirat als deren Pflicht nahelegt (Z. 28–33). Tony ist sich ihrer **Verpflichtungen** als Tochter aus gutem und wohlhabendem Hause bewusst und genießt es voller Stolz, wie man ihr deswegen in der Stadt begegnet. Auch sie möchte wie ihr Bruder Thomas durch eine vornehme (Geld-)Heirat den Glanz der Familie erhalten (Z. 34–43). Und während Tony in Gedanken Grünlich

Abschnitte des Gesprächsverlaufs

in seiner abstoßenden Erscheinung vor sich sieht, unterstellt die Konsulin raffiniert und scheinbar voller Überzeugung in einer suggestiven Frage, dass Tony sich zu der Heirat entschlossen habe (vgl. Z. 47 f.). Tony äußert sich entrüstet dazu, nennt es einen „Unsinn, Grünlich zu heiraten" (Z. 50), und bedient sich des Honigs. Der weitere Romanverlauf wird jedoch zeigen, dass sie dem **Druck, Grünlich zu heiraten**, später dennoch **nachgeben** wird.

Figurenkonstellation

Thomas Manns **auktorialer Erzähler** lässt den Leser ganz sukzessive die Umstimmung Tonys, auch wenn sie sich am Ende dieses Gesprächs noch gegen eine Heirat mit ihm ausspricht, mitverfolgen. Die Konsulin lenkt das Gespräch psychologisch sehr geschickt und setzt ihre traditionsbewusste Tochter strategisch unter Druck. Obwohl Tony recht gefühlsbetont ist, weint und verliebt ist, gelingt es ihrer Mutter dennoch durch ihr **zielbewusstes Vorgehen**, ihr die vermeintlich gute Partie nicht nur schmackhaft zu machen, sondern sie eindringlich zu ermahnen, dass genau diese Heirat das ist, was die **familiäre Verpflichtung** ihr vorschreibt. So drängt sie Tony in die Enge; denn Tony als gehorsame Tochter mit Familienstolz kann nicht dagegen aufbegehren. Zudem sieht sie mit **Wohlgefallen** einem **gut situierten Leben** entgegen. Sie möchte reich und vornehm heiraten, da sie es Familie und Firma schuldig zu sein meint. Genau das weiß die Konsulin, so dass sie Tonys Zustimmung wie selbstverständlich voraussetzt, als sie schließlich festhält: „Ich wusste wohl, […] dass wir ruhigen Vorstellungen zugänglich sind …" (Z. 47 f.) Die Frage „… haben wir vielleicht schon einen Entschluss gefasst?" (Z. 48) hat nach diesem Vorsatz eigentlich nur noch rhetorischen Charakter. Die von Tony am Ende des Textauszugs formulierte Ablehnung der Heirat ist dementsprechend nur vorübergehend. Tonys **Pflichtbewusstsein** der Familie und der Firma gegenüber sowie ihr, bei aller Anmut und Liebenswürdigkeit, durchaus vorhandener **Standesdünkel** werden über ihr Gefühl für Morten siegen und sie wird Grünlich heiraten. Tony fügt sich in ihr Schicksal und entspricht den Erwartungen ihrer Eltern, auch wenn diese sie nicht ausdrücklich zu der Heirat zwingen, sondern ihr vor allem ihre „Pflicht und Bestimmung" (Z. 31) ins Gedächtnis rufen. Die vermeintlichen **Verpflichtungen**, **Tradition**, **Familienstolz** und **Standesbewusstsein** wiegen offenbar mehr als die Liebe zu Morten Schwarzkopf.

Strategisches Gesprächsverhalten der Mutter

Tony als gehorsame Tochter

Erzählerische Gestaltung

Diese kurze Episode des umfangreichen Romans ist ein gutes Beispiel für Thomas Manns **variantenreiche** erzählerische Gestaltung. Es handelt sich zwar grundsätzlich um einen auktorialen Erzähler, dieser Erzähler bedient sich aber zum Teil **personaler Erzähltechniken** wie der **erlebten Rede**. Die Figurenrede, der Dialog zwischen Mutter und Tochter, wird unterbrochen und ergänzt von Einschüben, in denen Tonys **innere Vorgänge** und **psychologische**

Hintergründe deutlich werden. So hat der Leser durch die erlebte Rede teil an Tonys Gedanken (Z. 5–9, 42–46), erhält aber über Erzählerurteile auch Einblick in ihre **lebensgeschichtlichen Voraussetzungen**: Auf diese Weise erklärt der Erzähler ihre Bereitschaft, „eine reiche und vornehme Heirat" (Z. 41 f.) einzugehen, psychologisch damit, dass sie „von der Geschichte ihrer Familie durchdrungen" (Z. 38) sei. Von einer auktorialen Erzählweise zeugen auch Einlassungen wie diejenige zu Tonys Sprechweise oder der sich langsam verändernden Einstellung (Z. 14–18). Die Sprache sowohl des Erzählers als auch der Figuren ist **gebildet und vornehm**; dies passt zum Geschehen, das sich in einer **großbürgerlichen Familie** im ausgehenden 19. Jahrhundert abspielt.

Vergleich

Die zwei vorliegenden Texte sind so unterschiedlich, wie sie nur irgend sein können, obwohl nur 30 Jahre zwischen der Entstehung der beiden Romane liegen. Während Thomas Mann, selbst aus einer Kaufmannsfamilie stammend, sich dem Großbürgertum zuwendet und noch dem **traditionellen Erzählen** verhaftet ist, schreibt Irmgard Keun im **Stil der Neuen Sachlichkeit**. Einem **auktorialen Erzähler** bei Mann, der das Verhalten seiner Figuren kommentiert, ihre Beweggründe kennt und psychologisch durchdringt, steht eine naive, wenig gebildete und sprachlich zum Teil unbeholfene **Ich-Erzählerin** in Irmgard Keuns Roman gegenüber. Ihre Sprache überschlägt sich förmlich, sie spricht in unvollständigen Sätzen, in Ellipsen oder verzichtet ganz auf Verben; sie redet im Alltagsjargon, benutzt ungenaue Metaphern, Bilder und Vergleiche und gibt dabei die Hektik und das Flair der Großstadt, die sie so sehr beeindrucken, wieder. Während Keuns Ich-Erzählerin **kaum Distanz** zum Geschehen aufbaut, da erlebendes und erzählendes Ich nahezu zusammenfallen, begegnet dem Leser in Manns Roman ein **souveräner Erzähler**, der **über dem Erzählten** steht, aber nach Belieben auch den Blick ins Innere der Figuren wagt.

Erzählweise und Wirkung

Antonie Buddenbrook wächst als Tochter einer **reichen Kaufmannsfamilie** in sicheren finanziellen Verhältnissen auf und ist der Tradition ihres Standes verpflichtet; die **einfache Büroangestellte** Doris, die weder korrekt schreiben noch sprechen kann, bricht aus dem kleinstädtischen und -bürgerlichen Milieu aus und verlässt ihre Familie, um ihr Glück in Berlin zu versuchen, wo sie auf sich gestellt ist und sich durchschlagen muss. Sie will dort das Leben mit allen Sinnen aufnehmen, will auf die Männer wirken und lässt sich auf sie ein. Tony hingegen möchte oder muss als eine Buddenbrook lediglich eine gute Partie machen und reich heiraten. Daran, ihren Lebensunterhalt selbst zu verdienen, denkt sie nicht im Traum, selbst nach der Scheidung wird ihr das Dienstpersonal finanziert. So anmutig und liebenswert sie dem Leser auch erscheinen mag, so

Frauenbild

ist sie doch auch von einer gewissen Naivität, da sie völlig unreflektiert und mit Stolz den Erwartungen der Elterngeneration entsprechen möchte.

Schluss
Reflektierte Schlussfolgerung: Vergleich der Frauenbilder

Es lässt sich abschließend feststellen, dass beide Frauen das jeweilige Frauenbild ihrer Zeit verkörpern: **Tony** als vornehme Tochter erfüllt die **traditionellen Erwartungen** der Gesellschaft und ihrer Familie – und scheitert. **Doris** als ungebildete junge Frau der 20er-Jahre **nimmt ihr Leben selbst in die Hand** – und scheitert ebenfalls. So unterschiedlich die beiden jungen Frauen und deren Lebenssituationen auch sind, so ist ihnen doch eine **gewisse Naivität** gemeinsam, da sie beide ihr Leben und ihre Entscheidungen zu wenig reflektieren – auch wenn sich mit Keuns Protagonistin dem Leser das Bild der „**neuen Frau**" präsentiert, die **mit dem traditionellen Rollenverständnis gebrochen** hat und ihr Leben selbstständig und aktiv gestalten will.

Leistungskurs Deutsch (Nordrhein-Westfalen) – Übungsaufgabe 7: III A: Erörterung im Anschluss an die Analyse einer Textvorlage

Arbeitsgrundlagen:
Karl Leberecht Immermann: *Dramen und Dramatisches* (1843; Auszug)

Aufgaben: Punkte

1. Arbeiten Sie den Argumentationsgang Immermanns heraus und erläutern Sie seine zentralen Thesen. 30
2. Überprüfen Sie die Schlüssigkeit der Thesen unter Bezugnahme auf Goethes Drama *Iphigenie auf Tauris*. 42

Karl Immermann (1796–1840)
Über den rasenden Ajax des Sophocles (1843, Auszug)

Der Schriftsteller und Theaterleiter Immermann setzt sich in einer 1825 entstandenen Abhandlung „Über den rasenden Ajax des Sophocles" mit der Frage auseinander, ob eine Nachahmung der alten Tragödie möglich sei, und verweist dabei unter anderem auch auf Goethes „Iphigenie auf Tauris".

Näher steht dem Alterthume[1] Iphigenia. Aber doch nur dadurch, daß wir eine gewisse einfache Schönheit darin antreffen, bei welcher uns die antiken Schöpfungen einfallen. Die Mittel, wodurch diese Schönheit hervorgebracht wird, sind durchaus modern. Zuvörderst muß in's Auge gefaßt werden, daß in diesem Stück fast alle Personen innre Veränderungen erleiden. Eine solche Ummodelung ist den Alten fremd. Dann[2] ist die Situation so unbestimmt als möglich angelegt. Iphigenia wünscht sich mit hol der Sehnsucht in's Vaterhaus vom Ufer der Barbaren weg, sie weiß von den Gräueln, die Mycene beflecken, nichts, und das Hauptziel des Stücks, die Entsühnung der schwerbefleckten väterlichen Halle, die Erlösung der Reste des Geschlechts aus den Banden des alten Fluchs, tritt erst viel später hervor, wird auch im Stücke selbst nicht erreicht. Jene Expiation[3] ist ein sittliches Wunder, wie die Heilung des Orest ein physisches ist. Eine bestimmte äußre Physiognomie haben beide durchaus nicht, die Wirkungen reiner Weiblichkeit sind unübertrefflich schön dargestellt, aber eben weil diese nur innerlich sind, so entzieht sich die Darstellung einer gewissen positiven Deutlichkeit, und begnügt sich, die Veränderungen, welche die Heldin an ihren Umgebungen schafft, einzeln nach und nach erscheinen zu lassen. Hier sind wir nun auf den Punkt gekommen, zu behaupten, daß auch in diesem Stücke, wie in allen neuen, die Handlung Hauptsache ist, sobald man nur den Begriff nicht ängstlich an den logischen Causal-Nexus[4] oder an eine grobe Äußerlichkeit knüpft, sondern ihn weit faßt, und darunter alle diejenigen Veränderungen versteht, die durch das Zusammentreffen innrer Dispositionen[5] und äußrer Anstöße sich erzeugen. Solcher Veränderungen führt der Dichter eine bedeutende Reihe auf, und bildet[6] mithin episch. Ja, er ist so episch, daß er sich sogar die Mittel, seinem Werke eine schärfere begrenztere Gestalt zu geben, da entgehn läßt, wo sie ganz nahe lagen. Wenn er z. B. die Gefangnen zuerst auftreten ließe, so erführen wir alle Gräuel des Agamemnonischen Hauses. Mit Iphigeniens Reden träte der Contrast zwischen der Wirklichkeit und ihrem schönen Wahn hervor, zugleich würden wir früher ahnen, daß sie unter der Schwester verstanden sey, – und daß es wohl eines so frommen Wesens bedürfe, um das Haus der Atriden zu entsühnen. Antiker wäre gewiß die Situation so angelegt. Wir wollen aber dem Dichter danken, daß er *seinen* Weg und nicht den der Alten gegangen ist, daß er Gesinnungen in Einklang und Zwiespalt mit äußerlichen Dingen gebracht, daraus Verwicklung und Lösung gebildet, und auf Charakter-Darstellung im Sinne der Griechen verzichtet hat.

Aus: Karl Immermann, Über den rasenden Ajax des Sophocles. In: Karl Immermann: Dramen und Dramaturgisches. Leipzig: Verlag Otto Klemm 1843, S. 89–91.

Anmerkungen:
1 *Näher steht dem Alterthume ...:* Gemeint ist: näher als Schillers Drama „Braut von Messina".
2 *Dann*: im Sinne von „außerdem"
3 *Expiation:* Entsühnung
4 *Causal-Nexus:* verknüpfende Abfolge von Ursache und Wirkung
5 *innrer Dispositionen:* seelische Anlagen und Voraussetzungen
6 *bildet*: im Sinne von „gestaltet dramaturgisch"

Hinweise und Tipps

*Die Übungsaufgabe berücksichtigt die **vorgegebenen inhaltlichen Schwerpunkte** für den Leistungskurs aus dem Bereich „Epochenumbruch 18./19. Jahrhundert – unter besonderer Berücksichtigung der Entwicklung des Dramas am Beispiel von Goethes Schauspiel ‚Iphigenie auf Tauris'". Die Aufgabe entspricht den Vorgaben für den Aufgabentyp III A: Erörterung im Anschluss an die verkürzte Analyse einer Textvorlage. Die Besonderheit dieses Aufgabentyps liegt darin, dass die Erörterungsaufgabe (Teilaufgabe 2) in der Ausarbeitung den Schwerpunkt darstellt – erkennbar ist dies an der Punkteverteilung, da die zweite Teilaufgabe mit einer höheren Punktzahl versehen ist.*

Dies macht den ersten Teil Ihrer Ausarbeitung aber keineswegs unwichtig. Denn nur, wenn Sie den Text Immermanns gründlich erarbeitet haben, können Sie in der zweiten Teilaufgabe dessen Thesen begründet erörtern.

*Die **Verkürzung** des analytischen Zugriffs auf den vorliegenden Textauszug wird gewährleistet durch die **Operatoren „herausarbeiten"** und **„erläutern"**. Ihre Aufgabe besteht also darin, die **zentralen Thesen** von Immermanns Ausführungen zu Goethes Drama und ihren **argumentativen Zusammenhang** zu verdeutlichen. Achten Sie dabei insbesondere darauf, dass Sie die Thesen und Argumente dort, wo sie nicht unmittelbar einsichtig erscheinen, durch geeignete **Beispiele** veranschaulichen.*

Lösungsvorschlag

In der 1825 entstandenen Untersuchung „Über den rasenden Ajax des Sophocles“ geht der Schriftsteller Karl Immermann der **Frage** nach, ob es noch möglich sei, die **alten griechischen Tragödien im zeitgenössischen Drama** nachzuahmen. In diesem Zusammenhang beschäftigt er sich unter anderem mit Johann Wolfgang von Goethes Schauspiel „Iphigenie auf Tauris“, das der Autor in der Versfassung 1786/7 im Rahmen seines Italienaufenthaltes fertig gestellt hat.

Informationen zu Autor, Text und Thema der Untersuchung Immermanns

Wenn es in dem vorliegenden Textauszug auch nicht immer ausdrücklich benannt wird, so ist der **Fluchtpunkt** der Überlegungen Immermanns doch stets der **Vergleich mit der griechischen Tragödie**. Deutlich wird dies gleich im ersten Satz: „Näher steht dem Alterthume Iphigenia“ (Z. 1). Ausgeprägter als in Schillers Drama „Die Braut von Messina“, das zuvor den Vergleichspunkt gebildet hat, erkennt Immermann in Goethes Schauspiel den **Bezug zum griechischen Vorbild**. Allerdings **relativiert** er diesen Bezug im Anschluss insofern gleich wieder, als dieser Eindruck für ihn nur auf seiner „gewisse[n] einfache[n] Schönheit“ fußt, die an „die antiken Schöpfungen“ (Z. 1 f.) erinnere. Vor allem hebt Immermann die „Iphigenie“ von den antiken Werken ab, indem er die **Mittel**, denen sich diese Schönheit verdanke, als „durchaus **modern**“ (Z. 3) kennzeichnet. Immermann betont also, dass das, was die Schönheit in Goethes Drama ausmache, nicht das Althergebrachte einfach fortschreibe, sondern es modernisiere. Die formale Anlehnung an das griechische Theater und die Aufnahme inhaltlich bekannter und aus der Mythologie entlehnter Stoffe reproduziert demnach für den Verfasser – so kann man schließen – nicht einfach das Alte, sondern macht **im Alten aktuelle Fragestellungen** sichtbar.

Einleitende These

Modernisierung des Alten

Die aufgestellte **These** versucht Immermann im Folgenden zu **belegen** und kommt dabei vor allem auf zwei Aspekte zu sprechen, die er unter anderem mit Beispielen veranschaulicht, ohne die Aspekte jedoch immer klar voneinander zu trennen – auf die inneren **Entwicklungen der Figuren** und auf den **Bau des Dramas**:

Argumentation

Zwei Aspekte

Die „Modernität“ sieht Immermann zunächst vor allem darin verankert, dass die **Figuren** „innre Veränderungen erleiden“ (Z. 5), also **keine statischen Charaktere ohne Entwicklung** sind. Mit der Formulierung, dass „eine solche Ummodelung […] den Alten fremd“ (Z. 5) sei, **unterstreicht** er hier die **Abgrenzung** zum antiken Drama.

Innere Entwicklung der Figuren als Ausdruck der Modernität des Dramas

Außerdem bleibe die „Situation so unbestimmt als möglich“ (Z. 6). Aus seinen Erläuterungen wird verständlich, was Immermann damit meint: Er skizziert die Ausgangssituation Iphigenies und stellt heraus, dass ihre Unkenntnis hinsichtlich des Schicksals ihrer Fami-

Bau des Dramas: Anlage des Handlungsbeginns und des Handlungsschlusses

lie (vgl. Z. 6 ff.) sowie die latente Unabgeschlossenheit des Stückes hinsichtlich der Überwindung des Tantalidenfluchs (Z. 9–11) eine **Unbestimmtheit** erzeuge, die für antike Dramen wohl untypisch sei.

Wirkungen nur im Inneren

Ohne es ausdrücklich zu kennzeichnen, geht Immermann im Weiteren wieder zur Beschreibung der inneren Entwicklungen über: Er weist darauf hin, dass weder die Entsühnung der Familie noch die Heilung Orests von seinem Wahn „eine bestimmte äußre Physiognomie" haben (Z. 12), also dem Zuschauer nicht unmittelbar als dramatisches Spiel vor Augen geführt würden. Vielmehr seien die **Wirkungen „nur innerlich**" (Z. 14). Womit Immermann das einschränkende „nur" begründet, macht er nicht deutlich. Der argumentative Kontext erlaubt jedoch die Annahme, dass es nicht als qualitative Einbuße verstanden wird. Er erläutert auch nicht, inwiefern die angesprochenen „Wirkungen", die ins Innere der Figuren verlagert werden, „Wirkungen reiner Weiblichkeit" (Z. 13), letztlich also vom Handeln und Verhalten Iphigenies allein abhängig sind.

Stellenwert und Funktion der dramatischen Handlung im Stück

Vielmehr nimmt Immermann diese **Hypothese** zum **Ausgangspunkt**, um nun auf den Stellenwert der dramatischen Handlung einzugehen. Er hebt – wohl erneut in Abgrenzung zu antiken Stücken – hervor, dass „auch in diesem Stücke [...] die Handlung Hauptsache" sei (Z. 17 f.). Er legt dieser These allerdings einen bewusst **weiten Handlungsbegriff** zugrunde, indem er betont, dass darunter nicht im engen Sinne die dramatische Aktion auf der Bühne, sondern „alle diejenigen Veränderungen" zu verstehen seien, „die durch das Zusammentreffen innrer Dispositionen und äußrer Anstöße sich erzeugen" (Z. 20 f.). Immermann knüpft hier mit dem Begriff der „Veränderung" klar an seine vorangehenden Überlegungen (vgl. Z. 4 f.) an, die bereits als ein entscheidender Unterschied zur antiken Dramengestaltung die **Veränderbarkeit des Inneren** in den Blick rückten. Handlung, wie Immermann sie versteht, entsteht für ihn also dadurch, dass individuelle Charaktere und bestimmte äußere Gegebenheiten miteinander konfrontiert werden und sich dadurch Veränderungen entwickeln. Die Vielzahl an Veränderungen verleitet Immermann gar dazu, die Handlung als „episch" (Z. 22) zu kennzeichnen. Den Begriff „episch", der hier nicht im Sinne Bertolt Brechts verstanden werden sollte, verwendet er jedoch nicht nur zur Kennzeichnung der Veränderungen, sondern auch als Gegensatz zu einer – wohl der Antike zugeschriebenen – Vorstellung, nach der Dramen einer „schärfere[n] begrenztere[n] Gestalt" (Z. 23) bedürften. Hiermit wendet sich der Verfasser wieder stärker dem Bau des Dramas zu, den er zuvor schon von Unbestimmtheit gekennzeichnet sah. Mit dem Begriff des „Epischen" charakterisiert er hier offenbar eine Art von Gestaltungsabsicht seitens des Autors, die ihn an Techniken des Erzählens erinnert: Denn wenn Immermann darauf hinweist, dass der Handlungsablauf ganz anders hätte gestaltet werden können – etwa durch eine Veränderung der Reihenfolge, in der die Figuren auftreten (Z. 24 ff.) –, dann scheint beim Verfasser eine Vorstellung zu greifen, die an die **Steuerung der Leserperspektive** durch einen Erzähler gemahnt. Mit einem Beispiel veranschaulicht er diese Sicht: Hätte Goethe zuerst die Gefangenen auftreten lassen, so wären die Zusammenhänge sehr viel früher deutlich geworden.

Immermanns Würdigung des Dramas

Immermann hebt hervor, dass Goethe in den **Handlungszusammenhang** eingegriffen habe, den **zu erwartenden Weg** nicht gegangen sei und dass gerade dies sein Drama von den **antiken Vorbildern unterscheide**, die „die Situation so angelegt" (Z. 29) hätten. **Zusammenfassend** würdigt Immermann Goethes Ansatz, „Gesinnungen in Einklang und Zwiespalt mit äußerlichen Dingen gebracht, daraus Verwicklung und Lösung gebildet, und auf Charakter-Darstellung im Sinne der Griechen verzichtet" (Z. 31–33) zu haben.

Zusammenfassung

Immermann **betont** also in seinen Ausführungen den **Entwicklungsaspekt**, den er an den Figuren erkennt, und stellt dem kontrastiv die eher statische „Charakter-Darstellung" des griechischen Theaters entgegen. Darin manifestiert sich seiner Ansicht nach **Goethes Modernität**, die in der Form des klassischen Dramas psychologische Beweggründe für menschliches Verhalten und Handeln offenkundig macht.

In der zweiten Teilaufgabe wird nun von Ihnen verlangt, die zuvor herausgearbeiteten ***Thesen*** *und* ***Begründungszusammenhänge*** *auf ihre* ***Schlüssigkeit*** *hin zu* ***überprüfen****. Der Operator „überprüfen" fordert, dass Sie Immermanns Text auf der Grundlage Ihrer eigenen Einsichten und Kenntnisse zum Drama auf ihre* ***Angemessenheit*** *hin untersuchen und zu einem begründeten* ***Sachurteil*** *zu Immermanns Interpretation kommen. Ihre* ***erörternde Auseinandersetzung*** *mit der Textvorlage ist insofern geprägt durch eine doppelte Perspektive: Sie richten den Blick zum einen auf Goethes Drama selbst und zum anderen auf Immermanns darauf bezogene Überlegungen. Im Zuge Ihrer Erörterung stellen Sie unter Beweis, dass Sie den interpretatorischen Bezug der Immermann-Interpretation zu Goethes Drama aufgrund Ihrer Sach- und Fachkenntnis erfassen und einer kritischen Betrachtung unterziehen können.*

Achten Sie in Ihrer Darstellung auf ***eine aufgabenbezogene Überleitung****, die die erste und zweite Teilaufgabe miteinander verbindet. Scheuen Sie sich nicht, aus Angst vor Wiederholungen im Rahmen Ihrer Erörterung Thesen und Argumente* ***zusammenfassend*** *aufzunehmen und noch einmal* ***knapp*** *zu benennen. Vielmehr hilft eine solche Vorgehensweise dabei, die gedanklichen Zusammenhänge klar zu fassen, und macht Ihre Argumentation für den Leser nachvollziehbarer. Formulieren Sie in Ihrer* ***Schlussbetrachtung*** *zusammenfassend eine begründete Einschätzung zur Qualität der Darlegungen Immermanns, um dem Leser deutlich zu machen, welchen qualitativen Stellenwert Sie seinen Ausführungen einräumen.*

Fasst man die zentralen Aspekte, die Immermann ausführt, schlagwortartig zusammen, so muss man erstens auf den **Bezug zum griechischen Theater** hinweisen, des Weiteren auf den Aspekt und die **Funktion der dramatischen Handlung** und schließlich auf das **Moment der Psychologisierung**, die für den Verfasser konstitutive Merkmale der „Iphigenie auf Tauris" sind.

Überleitung

Immermann betont die Nähe des goetheschen Dramas zum antiken Vorbild auf der Ebene der Wirkung auf den Zuschauer, indem er als verbindendes Element die „einfache Schönheit" (Z. 2) benennt, von dem es geprägt sei. Wenn er im Folgenden auf die „durchaus modern[en]" „Mittel" (Z. 3) zu sprechen kommt, die diese Schönheit hervorbrächten, dann muss es doch sehr verwundern, dass er in diesem Zusammenhang in keiner Weise auf den vollkommenen **Wegfall des Chores oder chorischer Funktionen** in „Iphigenie auf Tauris" eingeht, die das griechische Drama prägen – und zwar vor allen Dingen in Hinblick auf die **Kommentierung und Bewertung** des Geschehens. In Goethes Drama wird die Bewertung ganz dem **Zuschauer überlassen**; eine übergeordnete Instanz, die wie der Chor Deutungsmöglichkeiten und Wertungsoptionen für das dramatische Geschehen vorgibt, gibt es hier nicht. Wie weit die Modernisierung in Hinblick auf die Wirkung des Dramas reicht, tritt bei Immermann also nicht in seiner ganzen Tragweite hervor, wenn man den Chor und dessen Abwesenheit in der „Iphigenie" außer Acht lässt. Ebenso erstaunlich ist es, dass Immermann nicht ausführlicher auf die Tatsache eingeht, dass sich Goethe eines antiken Stoffes bedient – ein sehr wichtiger Punkt, der zum einen den Bezug zur antiken Tragödie unterstreicht, zum anderen aber auch die Modernisierungen, die Goethe vornimmt, noch klarer hervortreten lässt.

Hauptteil
Bezug zum griechischen Theater

Immermann lenkt den Blick vielmehr auf die Figurengestaltung und erkennt darin die Modernität des Stückes. Denn seine gesamte Argumentation hebt auf den Aspekt der inneren Entwicklung der Figuren ab und verdeutlicht, dass sich in deren Agieren psychologisch zu beschreibende Prozesse abspielen, die die äußere Handlung bestimmen. Immermann geht in diesem Zusammenhang aber **nicht** darauf ein, wie diese Prozesse **dem Zuschauer deutlich** werden – und zwar durch die **Sprache der Figuren**. Dem Leser wird das nicht nur in den Monologen Iphigenies vor Augen geführt, in denen sie ihre Situation und ihre Entscheidungsalternativen überdenkt – zum Beispiel hinsichtlich der Frage, ob sie Thoas die gegen ihn geplante Intrige und den damit zusammenhängenden Fluchtplan verraten soll. Vielmehr gilt es ebenso für alle anderen Figuren bis hin zu Pylades und Arkas, denen aufgrund ihrer Funktion und Rolle im Drama wohl am wenigsten Immermanns Diktum von der inneren Entwicklung des Charakters zugeschrieben werden kann.

Figurengestaltung und Sprache des Dramas

Selbst Orests Heilung in III, 2 und III, 3 wird in der sprachlichen Artikulation für den Zuschauer nachvollziehbar gemacht. Ob man sie mit Immermann noch als „Wunder“ bezeichnen kann (Z. 11 f.), kann hier dahingestellt bleiben. Von entscheidenderer Bedeutung ist der Umstand, dass **im Sprechen der Figuren** deren **Ringen um Wahrheit und Menschlichkeit** zum Ausdruck kommt. Es ist also auch der von Immermann aus dem Blick gerückte Aspekt der Sprache, der die „Schönheit“ des Dramas hervorbringt. Sie zeigt sich im **Blankvers** als Sprachgestus, der permanent gemäßigt ist, ein nach außen tretendes emotionales Aufbrausen kaum zulässt und auf diese Weise umso mehr *durch das Gesagte* die innere Bewegtheit der Figuren verdeutlicht. In der Sprache der „Iphigenie“ bündeln sich geradezu die drei genannten Aspekte: der literarische Bezug zum griechischen Theater, die dramatische Handlung und die Psychologisierung. Aber genau dazu verliert Immermann kein Wort.
Ansonsten erscheint **Immermanns Argumentation schlüssig**: Auch wenn sich diskutieren ließe, ob der Begriff „episch“ Goethes Gestaltung richtig bezeichnet, so will Immermann damit doch auf einen wichtigen Punkt des **dramaturgischen Baus** hinaus. Indem sich aufgrund des von Immermann angeführten Aufbaus (vgl. Z. 24–29) dem Zuschauer erst nach und nach die Handlungsumstände erschließen, wird er stärker in die Verwicklungen und Veränderungen hineingezogen – anstatt schon früh über die Umstände Bescheid zu wissen und so den Blick auf den Charakter des rettenden „frommen Wesens“ (Z. 28) zu richten.

Stellenwert der Protagonistin

Auch dass er den Handlungsverlauf des Stückes zentral abhängig macht von den „**Wirkungen reiner Weiblichkeit**“ (Z. 13), entspricht ohne Zweifel der Dramaturgie. Iphigenie selbst verknüpft ihre „unerhörte Tat“ (V. 1892 des Dramas) mit ihrer spezifischen Situation als Frau: Ihr steht im Gegensatz zu Männern, die sich kriegerischer Mittel bedienen können, nur das Wort zur Verfügung, um Veränderungen herbeizuführen. Die Entwicklung der Handlung verdankt sich dementsprechend maßgeblich der Sprachhandlungen der Titelfigur. Dies beginnt mit der Weigerung, Thoas' Frau zu werden, setzt sich in ihrem Widerstand gegen die drohende Wiederaufnahme des Menschenopfers fort und mündet schließlich in der Entdeckung der Intrige. Iphigenie ist vornehmlich diejenige, von der **humanisierende Impulse** ausgehen und die auf diese Weise die **Humanitätspotentiale** der anderen Figuren anspricht. Dass sie dabei keineswegs selbstlos agiert und ihrer Sehnsucht nach dem heimatlichen Mykene ebenso Geltung verschafft wie dem Wunsch, den Tantalidenfluch zu überwinden, tut dem keinen Abbruch – im Gegenteil: Gerade darin zeigt sich ihre Menschlichkeit.
Auch Immermanns Einschätzung, dass die Handlung, unter der er alle **Veränderungen** versteht, die „durch das Zusammentreffen

innrer Disposition und äußrer Anstöße sich erzeugen“ (Z. 20 f.), die Hauptsache sei, ist plausibel: Das Stück ist durchzogen von Konflikten, in denen die **seelischen Anlagen** der Figuren in Widerspruch zu **äußeren Umständen** geraten: So steht Iphigenies innerer **Wunsch**, irgendwann in ihre Heimat zurückkehren zu können, im **Gegensatz** zu **Thoas’ Ankündigung**, die Menschenopfer wieder einzuführen, falls Iphigenie ihn nicht heirate. So **kollidiert** auch Iphigenies **Sympathie** für Thoas mit dem von Pylades an sie herangetragenen **Plan**, Thoas zu betrügen. Jeweils führen diese Konflikte zu Veränderungen, die sich ganz im Sinne Immermanns als innere Veränderungen fassen lassen: Iphigenie emanzipiert sich mit ihrer Weigerung, Thoas zu heiraten, von den vom Taurenkönig vertretenen Gesetzen der Götter, die angeblich die Menschenopfer fordern; und schließlich gelangt sie gar zu einer Haltung, die die Wahrheit gegenüber den anderen Menschen zum höchsten Gut erhebt und letztlich den guten Ausgang bedingt. Dabei wird z. B. auch Thoas seine Haltung ändern.

Wenn Immermann darauf verweist, das Drama zeige „Gesinnungen in Einklang und Zwiespalt mit äußerlichen Dingen“ (Z. 31), dann trifft das ziemlich genau diesen Aspekt. „Gesinnung“ – darunter mag man auch **Wertvorstellungen** verstehen – zeigt sich eben nicht dann, wenn irgendeine Harmonie hergestellt ist, sondern **im Ringen um einen Ausgleich**, der den Belangen aller gerecht zu werden sich bemüht. Ein solches Ringen ist letztlich auch ein **Bemühen um die Selbstbestimmtheit eines jeden Individuums**. Als solches bringt es Goethe in „Iphigenie auf Tauris“ auf die Bühne.

Schlussbetrachtung

Dies hat Immermann erkannt und mit dem Begriff des Modernen versehen. Er hat damit schon in einem recht frühen Stadium der Iphigenien-Rezeption eine zentrale Leistung des Dramas erkannt und gewürdigt. Dabei hat er in eher skizzenhaften Ausführungen deutlich machen können, dass es nur so scheint, als handele es sich bei Goethes Drama um die Nachahmung eines antiken Dramas. Da es aber in der beschriebenen Form **Bewusstseinszusammenhänge** entfaltet, die **dem antiken Drama fremd** sind und dem Zuschauer einen **modernen Menschen** vor Augen führt, handelt es sich tatsächlich um ein überaus modernes Drama. Dass Immermann dabei den Aspekt der Sprachlichkeit des Dramas so wenig würdigt, überrascht zwar angesichts der nachvollziehbaren Einsichten, die er gewinnt, schwächt seine Gesamtargumentation aber nicht. Er ist sich des literarischen Stellenwerts des Schauspiels ohne Zweifel in besonderem Maße bewusst.

Leistungskurs Deutsch (Nordrhein-Westfalen) – Übungsaufgabe 8: III A: Erörterung im Anschluss an die Analyse einer Textvorlage

Arbeitsgrundlage:
Wolfgang Koeppen, *Rede zur Verleihung des Georg Büchner-Preises 1962*

Aufgaben:	Punkte
1. Analysieren Sie den vorliegenden Text im Hinblick auf den Argumentationsansatz und die Argumentationsstruktur.	24
2. Erörtern Sie, ob und inwieweit Koeppen die literaturprogrammatische Position, so wie Sie diese in der ersten Teilaufgabe analysiert haben, bereits in seinem Roman *Tauben im Gras* umgesetzt hat.	48

Wolfgang Koeppen (1906–1996)
Rede zur Verleihung des Georg Büchner-Preises 1962 (Ausschnitte)

[…] Ich bin […] nicht zuletzt deshalb Schriftsteller geworden, weil ich kein Handelnder sein mag. Ich liebe es nicht, mich auf den Markt zu begeben und zu reden. Ich bin kein Mann des geselligen Mittelpunktes. Ich bin ein Zuschauer, ein stiller Wahrnehmer, ein Schweiger, ein Beobachter, ich scheue die Menge nicht, aber ich genieße gern die Einsamkeit in der Menge, und dann gehe ich in mein Zimmer, an meinen Tisch und schreibe oder versuche es wenigstens. […]

Georg Büchner hat den Büchnerpreis nicht erhalten, […] nicht für „Dantons Tod“, das Trauerspiel der Revolution, das nicht nur Könige, sondern auch Revolutionäre erschrecken müßte, nicht für „Woyzeck“, den armen Menschen schlechthin, dem nie eine Gemeinschaft helfen wird, es sei denn, sie hoffe, ihn für ihre Zwecke mißbrauchen zu können, nicht für „Leonce und Lena“, das Lustspiel, das aus eines Jünglings Schwermut leuchtet und am Rande der Verzweiflung, nicht für Lenz, die Apologie und die Pathopsychologie[1] der verletzten, der erstickenden Jugend, und die einzige Auszeichnung, die Georg Büchner zuteil geworden, war ein Preis auf seinen Kopf: ich meine den Steckbrief, der hinter dem Flüchtling erlassen wurde. […] Ich hatte in meinem Leben nicht viel mehr mit ihm [Büchner] gemein als mit Generalen oder mit Gerichtspräsidenten. Aber ich sah den Dichter, den Schriftsteller bei den Außenseitern der Gesellschaft, ich sah ihn als Leidenden, als Mitleidenden, als Empörer, als Regulativ aller weltlichen Ordnung, ich erkannte ihn als den Sprecher der Armen, als den Anwalt der Unterdrückten, als den Verfechter der Menschenrechte gegen der Menschen Peiniger und selbst zornig gegen die grausame Natur und gegen den gleichgültigen Gott. Ich habe später von der engagierten Literatur reden hören, und es verblüffte mich dann schier, daß man aus dem Selbstverständlichen, so wie man atmet, eine besondere Richtung oder eine eigene Mode machen wollte. Der Schriftsteller ist engagiert gegen die Macht, gegen die Gewalt, gegen die Zwänge der Mehrheit, der Masse, der großen Zahl, gegen die erstarrte faule Konvention, er gehört zu den Verfolgten, zu den Verjagten, und wenn er sich der Macht unterwirft, sich mit der Herrschaft verbündet, sich von der sterbenden Sitte, der dominierenden Partei und der Stunde bezahlen läßt, mag er vielleicht noch zu formaler Meisterschaft gelangen, bewunderungswert, aber er hat seine Seele eingebüßt, seine Berufung, seinen geheimnisvollen Auftrag, die Zukunft verraten, und sein wohlgedrechseltes Wort hallt kalt. Ich gehöre zu einem Stand, der vor allen anderen berufen ist und sich nicht scheuen darf, wenn es sein muß, ein Ärgernis zu geben.

Ich zähle aber auch, ich kann es nicht ändern, zu einer Generation, die leider nicht die Unmenschlichkeit, die Macht in ihrer bösesten Gestalt genug geärgert und bekämpft hat und deshalb der Welt zu einem Ärgernis geworden ist. [...] Es waren unsere und leider auch meine Jahre, die da verbrannten, für mich, der ich nicht mitmarschierte, nicht in der braunen Reihe ging, verlorene, erlittene, sprachlose Jahre. [...] Aber [...] meine Generation, die doch, als die Fahnen noch hoch wehten, jubelte? Sie scheint mir nun, wo sie Talent zur Literatur hatte, die wahrhaft geschlagene, die ganz und gar verlorene, die vom Teufel geholte Generation gewesen zu sein, und ich möchte meinen Büchnerpreis mit für die annehmen, die für immer verstummt sind, die umkamen, die vertrieben waren, die als Emigranten ihr Dasein fristeten, die zum Freitod gezwungen wurden, die tragisch in des Unmenschen Schlachten fielen. Wir sind wenige, die übriggeblieben sind [...].

„Friede den Hütten, Krieg den Palästen!“ Ich hätte mich gern dem Ruf des „Hessischen Landboten“ verpflichtet. Aber ich mußte erkennen [...], daß es immer schwieriger wird, die Hütten und die Paläste auseinanderzuhalten. Zuweilen flüchtet die Freiheit in den unterhöhlten Palast, und aus der Hütte tritt der neue Zwingherr. Der Schriftsteller ist kein Parteigänger, und er freut sich nicht mit den Siegern. Er ist ein Mann, allein, oft in der traurigen Lage der Kassandra unter den Trojanern, er ahnt immer, wo die ewige Bastille steht und wie sie sich tarnt, und seine bloße, seine unzeitgemäße, seine ungesicherte, seine täglich erkämpfte vogelfreie Existenz zersetzt doch allmählich jede Mauer. [...]

[W]ir wissen nicht einmal, mit welchem Griffel [die Welt in hundert Jahren] schreiben wird. Diesen Griffel führen – und sei er ein Strahl, eine Lichtquelle, ein Unsichtbares aus Nichtmaterie – kann nur der Dichter, denn ohne die ihm geschenkte Gnade werden die Mitteilungsapparate der Gedanken, der Worte, der Bilder nur ein Geräusch erzeugen, Geräusch und Schatten und Wind und den letzten Tornado, der alles begräbt.

Ich bekenne mich zu Georg Büchner. Ich bekenne mich zu dem Beruf des Schriftstellers. Ich glaube an das Wort.

[Text in alter Rechtschreibung]

Aus: Wolfgang Koeppen, Die elenden Skribenten. Aufsätze.
Hrsg. von Marcel Reich-Ranicki. Frankfurt a. M.: Suhrkamp 1984, S. 291–299.

Anmerkung:
1 *Pathopsychologie:* anderes Wort für Psychopathologie: Wissenschaft von den seelischen Störungen

Hinweise und Tipps

Für die erste Teilaufgabe sollten Sie die Methode der Analyse eines Sachtextes sicher beherrschen. Im vorliegenden Fall geht es, der Aufgabenstellung gemäß, darum, den „Argumentationsansatz" und die „Argumentationsstruktur" zu analysieren, d. h., Sie müssen klar herausarbeiten, welche ***Thesen*** *der Autor aufstellt, welche* ***Argumente*** *er benutzt und welche* ***Belege*** *er hierfür heranzieht. Da Koeppens Rede als Kommentar zur Rolle des Dichters in der Nachkriegsgesellschaft verstanden werden kann und sie sich immer wieder auf Büchner und sein Dramenwerk bezieht, sind in der Aufgabe implizit die beiden Schwerpunktthemen „Gegenwartsliteratur (2. Hälfte des 20. Jahrhunderts)" und „Epochenumbruch 18./19. Jahrhundert – unter besonderer Berücksichtigung der Entwicklung des Dramas" miteinander verknüpft. Deshalb werden auch Kenntnisse des Werks von Georg Büchner verlangt, die es Ihnen erlauben, die Bezüge zu Büchner, die Koeppen in seiner Rede herstellt, angemessen zu interpretieren.*

Gehen Sie bei der Beantwortung der ersten Teilaufgabe in der ***Einleitung*** *auf die Textsorte (Rede), dann auf die Entstehungszeit (1962, also über 10 Jahre nach der Fertigstellung des Romans „Tauben im Gras"), den Anlass (Verleihung des Büchnerpreises) sowie die Intention und die Adressaten der Rede ein. Die Intention kann über die Schlusssequenz, das Bekenntnis zum Beruf des Schriftstellers, gewonnen werden. Als Adressaten wären zum einen das Gremium, das den Büchnerpreis verleiht, und zum anderen die literarisch gebildete und interessierte Öffentlichkeit auszumachen.*

Im ***Hauptteil*** *ist zunächst der* ***Argumentationsgang*** *wiederzugeben, ohne ins Paraphrasieren zu verfallen. Arbeiten Sie deutlich heraus, dass Koeppen einen biografischen Ansatz wählt und – mit ständigem Rekurs auf Büchners Werke – sein Dichtungsverständnis im Sinne einer „engagierten Literatur" entwickelt. Machen Sie dabei deutlich, mit welchen Feststellungen Koeppen seine Argumentation unterlegt – halten Sie deshalb fest, wie er Büchners Werke charakterisiert, um sie als Vorbilder für sein eigenes Schaffen sowie das seiner Zeitgenossen verwenden zu können. Berücksichtigen Sie außerdem, wie er auf das Schicksal seiner Generation, die das Dritte Reich durchlebte, Bezug nimmt und worin er den Auftrag des Schriftstellers in der Gegenwart und in der Zukunft sieht.*

Lösungsvorschlag

Wolfgang Koeppen, der zu Beginn der 50er-Jahre des 20. Jahrhunderts mit drei Romanen hervortrat („Tauben im Gras", 1951; „Das Treibhaus", 1953; „Tod in Rom", 1954), in denen er seine – weitgehend pessimistische – Sicht der Nachkriegszeit gestaltete, wurde 1962 mit dem Büchnerpreis, der höchsten literarischen Auszeichnung der Bundesrepublik, geehrt.

Primärinformation über Koeppen

Seine Preisrede erschöpft sich aber keineswegs im Dank an das Gremium, das ihm den Preis zusprach. Vielmehr richtet er sich darüber hinaus auch an die interessierte und literarisch gebildete

Adressaten und Intention der Rede

Öffentlichkeit, der er anlässlich der Preisverleihung seine Auffassung von der Rolle des Schriftstellers sowie sein Verhältnis zu dem Namensgeber des Preises, Georg Büchner, erläutert. Mit dieser Rede legt Koeppen – sich ständig auf Büchner berufend – ein **beredtes Bekenntnis zu seinem Beruf als Schriftsteller** ab und macht deutlich, was er unter literarischem Engagement versteht.

Literaturprogrammatisch relevante Aussagen

Die Rede enthält zahlreiche für Koeppens **literaturprogrammatische Position relevante Aussagen**, die in ihrer Form aber sehr heterogen sind: Sie erstrecken sich von der subjektiven Stellungnahme zur eigenen Person über literaturgeschichtliche Ausführungen zu Büchner, über Bemerkungen zu den historischen Voraussetzungen der eigenen Generation bis hin zu allgemeineren Postulaten.

Argumentationsstruktur

Trotz dieser Heterogenität der Aussageformen lässt sich die Argumentationsstruktur folgendermaßen skizzieren: Koeppen geht zunächst subjektiv von seiner eigenen Person als Schriftsteller aus (Z. 1–6), führt anschließend Georg Büchners literarisches Schaffen als Vorbild ins Feld und lässt seine Bemerkungen zu Büchner in allgemeinere Aussagen zur Rolle des Schriftstellers münden, der sich der politischen Macht nicht unterwerfen dürfe (Z. 7–33). Wieder an die eigene Person anknüpfend, reflektiert er im nächsten Abschnitt (Z. 34–45) die besondere historische Situation seiner Generation, die von der nationalsozialistischen Herrschaft geprägt war. Dann kehrt Koeppen – erneut auf Georg Büchner Bezug nehmend – auf eine allgemeinere Ebene zurück, um die schwierige Position des Schriftstellers als „ungesicherte […] Existenz“ (Z. 53) zu beschreiben (Z. 46–54). Der Textausschnitt endet mit einer metaphorisch stark ausgestalteten Vision von der Aufgabe des Schriftstellers (Z. 55–60) und dem abschließenden Bekenntnis zu Georg Büchner und der Kraft des Wortes (Z. 61 f.).

1. Abschnitt:
Rechenschaft über sich selbst

Die Argumentation stellt sich im Einzelnen wie folgt dar: Zu Beginn des Ausschnitts (Z. 1–6) legt Koeppen zunächst **Rechenschaft über sich selbst** ab. Er sieht sich – unausgesprochen im Gegensatz zu vielen anderen Schriftstellern, die die Öffentlichkeit, den „Markt“, suchen – als Einzelgänger, als „stiller Wahrnehmer“ (Z. 2 ff.), der die Einsamkeit seines Schreibzimmers sucht, um die Eindrücke, die er draußen gewonnen hat, dort zu verarbeiten.

2. Abschnitt
Bedeutung Büchners für Koeppen

Im Anschluss (Z. 7–17) geht er auf **Büchner** ein. Mit der einfallsreichen Formulierung, dieser habe „den Büchnerpreis nicht erhalten“ (Z. 7), verdeutlicht er, dass Büchners Werke durchaus preiswürdig gewesen wären. Diese Einschätzung begründet er jeweils mit Kurzkommentaren, mit denen er unterstreicht, wie sehr diese Werke über die Gestaltung von Einzelschicksalen hinausgehen und umfassende Bedeutung erlangen: So sei „Danton“ das „Trauerspiel der Revolution“, die Figur des Woyzeck verkörpere „den armen Menschen schlechthin“, „Lenz“ spiegele die seelischen Störungen

„der verletzten, der erstickenden Jugend“ (Z. 9–13) wider. Aber diese Werke seien in ihrem Wert nicht nur nicht erkannt worden, vielmehr sei Büchner ihretwegen juristisch verfolgt worden, denn – so heißt es sarkastisch – die einzige „Auszeichnung“, die er erfahren habe, sei ein „Steckbrief“ (Z. 14 f.) gewesen. Am Beispiel Georg Büchners verdeutlicht Koeppen so die schwierige Position von gesellschaftskritischen Schriftstellern. Zwar findet Koeppen kaum biografische Übereinstimmungen mit dem Vormärzdichter, doch hebt er dessen Bedeutung als Vorbild hervor: Er habe in Büchner immer schon einen Schriftsteller gesehen, der mit den „Außenseitern der Gesellschaft“ mitgelitten habe, der die Menschenrechte verfochten und sich zum „Anwalt der Unterdrückten“ (Z. 17–20) gemacht habe. Nicht nur die Machthaber habe er zornig angegriffen, sondern auch die „grausame Natur“ und den „gleichgültigen Gott“ (Z. 21 f.). Koeppen sieht in **Büchner** einen **Vertreter der „engagierten Literatur“** (Z. 22), betont aber ausdrücklich, dass ein solches Engagement eigentlich etwas „Selbstverständliches“ sein sollte, denn der Schriftsteller habe sich immer „gegen die Macht, gegen die Gewalt“ (Z. 25) zu engagieren. Der Redner beschwört auch das Gegenbild herauf: ein Schriftsteller, der sich in den Dienst der Herrschaft stelle, könne wohl zu „formaler Meisterschaft“ gelangen, er habe aber „seine Seele eingebüßt“ (Z. 29 f.). Mit diesem negativen Gegenbild gibt Koeppen seiner Auffassung von einem moralisch integeren Schriftsteller Profil. Am Ende des Abschnitts bekennt Koeppen, zu jenen zu gehören, die sich auflehnen und notfalls „Ärgernis […] geben“ (Z. 33).

3. Abschnitt
Bedeutung des Nationalsozialismus für Koeppen und seine Zeitgenossen

Im Anschluss daran (Z. 34–45) muss er bedauernd einräumen, diese selbstverordnete Aufgabe in der Vergangenheit nicht – oder nicht immer hinreichend – erfüllt zu haben. Die Zeit des „Unmenschen“ (Z. 44) Hitler mit ihren „braunen Reihe[n]“ (Z. 38) habe eine ganze Schriftsteller-Generation (vgl. Z. 40: „wo sie Talent zur Literatur hatte“), der er selbst auch angehörte, zur Sprachlosigkeit verdammt. Viele seien Opfer des Nationalsozialismus geworden: sie seien umgebracht, zur Emigration getrieben worden oder im Krieg gefallen. Deshalb möchte Koeppen seinen Büchnerpreis stellvertretend für diese „ganz und gar verlorene, […] vom Teufel geholte Generation“ (Z. 41) annehmen und ihr somit eine späte Würdigung zukommen lassen.

4. Abschnitt

Den nächsten Abschnitt (Z. 46–54) seiner Rede eröffnet Koeppen mit einem weiteren Bezug auf Büchner, und zwar mit der Eingangsparole aus dessen Flugschrift „Der hessische Landbote“: „Friede den Hütten, Krieg den Palästen!“ (Z. 46) Es sei zwar immer schwieriger geworden, „Hütten“ und „Paläste“ auseinanderzuhalten. Aber die Aufgabe des Schriftstellers, somit seine eigene, sei die gleiche geblieben wie zu Büchners Zeiten, nämlich subversiven Widerstand zu leisten. Über die mythologische Anspielung auf Kassandra (vgl. Z. 50 ff.) spricht Koeppen dem Dichter die Gabe zu, Bedrohungen der Zukunft erkennen zu können; zugleich aber liegt darin insofern ein gewisser Pessimismus, als diese Sehergabe im Mythos von der trojanischen Gesellschaft ignoriert wird. Dennoch verleiht Koeppen der Hoffnung Ausdruck, letztlich doch damit Erfolg zu haben und bei dem **Kampf gegen Unfreiheit und Unterdrückung** mitwirken zu können. Diese Prophetie spitzt er in dem vorletzten Abschnitt noch zu, indem er die Zukunft beschwört:

Aufgabe des Schriftstellers: Kampf gegen Unfreiheit und Unterdrückung

5. Abschnitt

Auftrag des Dichters in der Gegenwart und in der Zukunft

Der „Griffel", mit dem die Welt in hundert Jahren schreiben wird (vgl. 55 f.), meint offensichtlich etwas Geistiges, Nichtmaterielles; wer diesen „Griffel" führt, besitzt die geistige Vorherrschaft. Dieses Amt kommt dem Dichter zu: Geradezu pathetisch spricht Koeppen von der dem Dichter „geschenkte[n] Gnade" (Z. 57), die bereits zuvor in der Bemerkung anklang, dass der Dichter „berufen" (Z. 32) sei. Koeppen scheint so dem Auftrag des Dichters geradezu eine **göttliche Dimension** zu geben. Ohne dieses geistige Regiment des Dichters scheint die Welt für ihn dem Untergang (dem „letzten Tornado, der alles begräbt", Z. 59 f.) geweiht zu sein.

6. Abschnitt

Bekenntnis und Glaube an das Wort

Mit einem Bekenntnis zu Büchner, das zugleich ein **Bekenntnis zum eigenen Beruf des Schriftstellers** ist, und zu seinem Glauben an das „Wort" (Z. 62) schließt Koeppen seine Rede ab. Er unterstreicht so noch einmal sein emphatisches Dichtungsverständnis.

Bekenntnischarakter der Rede

Koeppens Rede hat weniger einen appellativ-überredenden, als vielmehr durchgehend einen **bekennenden Charakter**. Dies wird nicht nur in der Schlusssequenz deutlich, in der zwei der drei kurzen Sätze mit „Ich bekenne" beginnen. Ein Bekenntnis setzt ein In-Sich-Gehen voraus und ist insofern von einer geradezu intimen Subjektivität. Diese Subjektivität zeigt sich schon zu Beginn des Textausschnitts: Koeppen gibt uns Einblicke in seine Denk- und Arbeitsweise. Die Einsamkeit scheint für ihn gerade eine Voraussetzung dafür zu sein, als „stiller Wahrnehmer" (Z. 3 f.) Beobachtungen in literarische Produktivität umzusetzen. Auch sein persönliches Plädoyer für Büchner und sein freimütiges Geständnis, zur Zeit des Nationalsozialismus „die Macht [nicht] genug geärgert und bekämpft" (Z. 35 f.) zu haben, zeugen von dieser Subjektivität. Die Subjektivität solcher Äußerungen darf jedoch nicht zu dem Schluss führen, Koeppen sei ein ichbezogener Mensch, der nichts anderes gelten ließe. Vielmehr schlägt Koeppen in seiner Rede immer wieder die Brücke von der subjektiven Ebene zu allgemeineren Postulaten, die die Rolle des Schriftstellers betreffen. Sein Plädoyer für Büchner kann so als Aufruf verstanden werden, die Aufgabe des Dichters anzunehmen und die „ihm geschenkte Gnade" (Z. 57) zu nutzen, um letztlich das zu erreichen, wofür Büchner gekämpft hat.

Subjektivität

Für die zweite Teilaufgabe ist es zum einen erforderlich, dass Sie aus Koeppens Büchnerpreisrede, die Sie im ersten Teil analysiert haben, die literaturprogrammatische Position des Autors erarbeitet haben. Zum anderen setzt sie voraus, dass Sie sich intensiv mit Koeppen und seinem Werk, insbesondere mit seinem Roman „Tauben im Gras", beschäftigt haben. Koeppens Position ist jetzt anhand Ihrer Kenntnisse des Romans „Tauben im Gras", der Schwerpunktthema des Unterrichts war, mit seiner literarischen Praxis zu vergleichen. Die ***Erörterung*** *erfordert es, dass Sie nicht nur nach möglichen Übereinstimmungen zwischen Programmatik und Romanpraxis suchen, sondern auch nach Differenzen. In jedem Fall ist Ihre eigene Beurteilung sachgerecht und differenziert zu* ***begründen****. Äußerungen wie „Ich finde ..." oder „Ich denke ..." sind hier wenig hilfreich.*
Beachten Sie bei Ihrer Erörterung, dass zwischen der Entstehung des Romans und der Verleihung des Büchnerpreises über 10 Jahre vergangen sind und dass es zwischenzeitlich durchaus Ereignisse gegeben haben mag, die Koeppens Literaturprogrammatik, so wie er sie 1962 formulierte, beeinflusst haben könnten.

Zeitliche Differenz zwischen Rede und Roman

In seiner Büchnerpreisrede, die Koeppen über 10 Jahre nach Erscheinen des Romans „Tauben im Gras" gehalten hat, äußert sich Koeppen zwar programmatisch zu Fragen der Literatur, insbesondere zur **Rolle und Funktion des Schriftstellers**, geht aber nirgends auf seine eigenen Werke ein. Nicht nur deshalb, sondern vor allem aufgrund des zeitlichen Abstands wäre eine vorschnelle Gleichsetzung der Position des Romans und der Rede, die einer späteren Lebens- und Schaffensperiode entstammt, problematisch. Vielmehr könnten zwischenzeitliche Ereignisse eine Veränderung seiner Auffassung bewirkt haben. Bei der Frage, ob und inwieweit Koeppen diese Programmatik bereits in seinem Roman „Tauben im Gras" umgesetzt hat, wird also von Interesse sein, worin Theorie und Praxis der Schriftstellerei übereinstimmen und worin sie sich unterscheiden. Deshalb werden im Folgenden seine programmatischen Forderungen auf ihre Realisierung hin überprüft.

Schriftsteller als Kämpfer für die Freiheit

Wenn Koeppen in seiner Rede festhält, der Schriftsteller „ahn[e] immer, wo die ewige Bastille steht und wie sie sich tarnt" (Z. 51 f.), dann formuliert er damit indirekt die programmatische Erwartung an Literatur, die ständigen Gefährdungen der Freiheit (die „Bastille" ist Symbolort für Unfreiheit; ihre Erstürmung leitete die Französische Revolution ein) zu sehen und zu enttarnen. Diese Erwartungen erfüllt der Roman durchaus, wenngleich hinsichtlich der Frage, inwieweit die Ziele der Befreiungsbemühungen erreicht werden, Zweifel angebracht sind. Denn dort wird deutlich gemacht, dass die Menschen nach der Befreiung aus dem nationalsozialistischen Zwangsregime sich in neue Unfreiheiten stürzen; insbesondere ist es ihnen nicht oder nur selten möglich, sich aus den ideologischen Fesseln, wie etwa den rassistischen Vorurteilen, zu lösen. Insofern findet ein überzeugender Neuanfang nicht statt. Die Formulierung der Preisrede legt nahe, dass die Literatur sich kämpferisch für die Freiheit und deren Bewahrung einsetzen soll. Der Roman allerdings gibt – legen wir das Scheitern der Protagonisten in ihren durchaus redlichen Bemühungen zugrunde – eher zur Resignation als zum kämpferischen Aufbruch Anlass. Als Folgerung lässt sich festhalten, dass Koeppens Roman zwar als zeitkritisches Dokument zu sehen ist, dem es aber an der Perspektive der Hoffnung mangelt. Diese Hoffnung, die Koeppen in der Preisrede vorsichtig damit umschreibt, dass die „Existenz" des Schriftstellers „doch allmählich jede Mauer" zersetze, obwohl sie „ungesichert[]" und sogar „vogelfrei[]" (Z. 53 f.) sei, fehlt in „Tauben im Gras". Allenfalls ließe sich in dem Aufschub, der den Personen dort vergönnt ist, bis es zur erneuten und noch schrecklicheren Katastrophe kommt, ein vager Hoffnungsschimmer erkennen.

Die zentrale literaturprogrammatische Forderung der Preisrede ist die des literarischen Engagements, das für ihn eigentlich etwas Selbstverständliches ist (vgl. Z. 22 ff.). Wird Koeppen dieser überzeitlichen Forderung bereits in „Tauben im Gras" gerecht?

Roman als „engagierte Literatur"

Betrachtet man den Roman genauer, so ist diese Frage zweifellos zu bejahen: Er lässt sich als eine Abrechnung mit all jenen verstehen, die aus der Nazizeit nichts gelernt haben, die an faschistischen Strukturen festhielten und die nicht wahrhaben wollten, dass die Welt vor einem neuen und möglicherweise noch verheerenderen Krieg steht. Insofern trifft es zu, dass Koeppen, wie er es in seiner Preisrede formuliert, sich „gegen die Zwänge der Mehrheit, der Masse, der großen Zahl, gegen die erstarrte faule Konvention" (Z. 25 f.) engagiert hat. Aufgrund von Koeppens Aussagen in seiner Rede dürfen wir zwar mit Recht daran zweifeln, dass er während der Herrschaft des Nationalsozialismus dieser Aufgabe gerecht geworden ist. Der Roman „Tauben im Gras" aber lässt sich nicht nur als eine Abrechnung mit dem Nationalsozialismus und seinen gedankenlosen Zeitgenossen, sondern gerade auch mit sich selbst verstehen. Den Gewissens- und Seelennotstand, in der Zeit der Unfreiheit und des Unrechts – im Gegensatz zu Büchner – geschwiegen zu haben, reflektiert er nämlich durchaus auch bei der Arbeit an „Tauben im Gras". In seiner späteren Rede gibt er zu, dass er „die Macht in ihrer bösesten Gestalt" nicht „genug geärgert und bekämpft hat" (Z. 35 f.) und dass er, der eigentlich die Macht hätte „ärgern" sollen, selbst wegen seines Schweigens der Welt zum „Ärgernis" (Z. 36) geworden ist. Insofern kann – mit Blick auf die Abfassung des Romans „Tauben im Gras" – gefolgert werden, dass er 1951 mit seiner scharfen Zeitkritik und seiner pessimistischen Einstellung gegenüber der Gegenwart der jungen Bundesrepublik auch seine Gewissensschuld abarbeiten wollte.

Eine selbstreflexive Ebene besitzt der Roman „Tauben im Gras" insofern, als darin zwei Schriftstellerfiguren auftreten: Philipp und Mr. Edwin. Es darf unterstellt werden, dass Koeppen sich selbst und seinen Beruf als Schriftsteller in diesen beiden Figuren reflektiert hat. An deren Gestaltung lässt sich prüfen, inwieweit Koeppen in seinem Roman die Rolle des Schriftstellers im Sinne seiner späteren Rede entwirft. In seiner Rede spielt Koeppen, wenn er vom Schriftsteller sagt, er befinde sich „oft in der traurigen Lage der Kassandra unter den Trojanern" (Z. 51), auf die – scheinbare – Wirkungslosigkeit des dichterischen Tuns an. Kassandra besaß zwar die Sehergabe, diese wurde ihr jedoch zum Fluch, da niemand ihr Glauben schenkte. Den beiden Schriftstellern im Roman ist gemeinsam, dass sie als „Auguren", also als Seher oder Wahrsager, bezeichnet werden; sie teilen das Schicksal Kassandras. Als Koeppen seinen Roman schrieb (1951), war er davon überzeugt, dass die Welt vor einem Dritten Weltkrieg steht, sodass die Versuche von Schriftstellern oder Philosophen, im Sinne des abendländischen Humanismus auf die Menschheit einzuwirken, als vergebliches Tun erscheinen mussten. Beide Romanfiguren sind entsprechend als gescheiterte Existenzen anzusehen: Philipp leidet unter Schreibhemmung, und Mr. Edwin macht die Erfahrung, dass seine Worte wirkungslos bleiben.

Die Figur des Schriftstellers im Roman

Funktion des Schriftstellers

Vergleicht man diese Gestaltung mit der Büchnerpreisrede von 1962, so zeigt sich, dass der im Roman sich äußernde Pessimismus und die damit verbundene negative Sicht auf die Möglichkeiten eines Schriftstellers, verändernd einzugreifen, einem vorsichtigen Optimismus gewichen sind. In der Rede heißt es einschränkend, der Schriftsteller befinde sich „oft" in der Lage der Kassandra. Nicht nur diese Einschränkung, sondern auch der Gesamtgestus der Rede lässt die Folgerung zu, dass es – nach Koeppens späterem Verständnis – durchaus Schriftsteller geben mag, deren Stimme gehört wird und deren Warnungen nicht ungehört verhallen. Elf Jahre nach seinem Roman richtet sich sein Blick nicht nur auf die Vergangenheit und die Gegenwart; vielmehr will der Autor die Aufgabe des Schriftstellers – und dies schließt die Zukunft mit ein – verallgemeinern. Aus dem visionären Blick in die Zukunft (vgl. Z. 55–60) spricht dann eine deutlichere Hoffnung auf die verändernde Kraft des dichterischen Schaffens.

Pessimismus vs. Optimismus und Hoffnung

Bei der Abfassung des Romans war es ihm noch nicht möglich gewesen, dem Dichter eine Rolle zuzuweisen, die über die der Kassandra hinausging. Aber sowohl damals (1951) als auch später (1962) sah er – in der Nachfolge Büchners – den Dichter als „Mitleidenden" und „Empörer" sowie als „Regulativ aller weltlichen Ordnung", als „Sprecher der Armen, als den Anwalt der Unterdrückten" (Z. 18 ff.). Dies zeigt sich in dem Roman sehr deutlich:

Dort spürt man Koeppens Sympathie für die „kleinen“ Leute, für Menschen, die am Rande der Gesellschaft leben wie der Dienstmann Josef oder die Prostituierte Susanne. Deutliche Kritik äußert er ferner an den rassistischen Tendenzen jener Zeit, indem er die beiden „Neger“-Figuren positiv gestaltet. Er gibt der Liebe zwischen dem dunkelhäutigen Sergeanten Washington und seiner deutschen Freundin Carla durchaus eine Chance, und Odysseus stellt sich nicht nur aufgrund seines an den mythologischen Helden erinnernden Namens als eine Figur dar, die seinen Kontrahenten moralisch überlegen ist. Überhaupt zeigt sich im Roman Koeppens Engagement für einen freieren und tabuloseren Umgang mit der öffentlichen Moral; hier ließe sich auch die Liebe zwischen Herrn Behrend und der Tschechin Vlasta nennen. An dem Verständnis des Dichters als „Anwalt der Unterdrückten“ (Z. 18 ff.) hat sich für den Autor Koeppen seit Büchner folglich nichts geändert.

Schlussreflexion

Insofern kann gesagt werden, dass der warnende, aufrüttelnde Charakter der Literatur für Koeppen gegenüber dem unterhaltenden eindeutig das Übergewicht besitzt. Dieser Aufgabe hat sich nach dessen Auffassung Büchner gestellt, und auch Koeppen selbst bekennt sich dazu. Aus der späteren Perspektive von 1962 lässt sich nichtsdestoweniger das Fazit ziehen, dass Koeppen die in der Preisrede entworfene Programmatik in „Tauben im Gras“ nicht in allen Teilen umgesetzt hat. Er hat zwar eine scharfe Zeitkritik geübt und hellsichtig gegen die mangelnde Aufarbeitung der jüngsten Vergangenheit angekämpft. Doch wirft der Roman von 1951 ein negativeres Licht auf die Möglichkeiten von Literatur, als es die spätere Rede tun wird. Dies dürfte seinem damals vorherrschenden Pessimismus geschuldet sein. Aber auch wenn sich keine deckungsgleiche Umsetzung der literaturprogrammatischen Positionen ergibt, zeigt Koeppens Roman „Tauben im Gras“ sein Bestreben, „engagierte Literatur“ zu verfassen, d. h. mit der Kraft des „Wortes“ gegen die Missstände der Zeit anzukämpfen.

Leistungskurs Deutsch (Nordrhein-Westfalen): Abiturprüfung 2010
Analyse eines Sachtextes mit weiterführendem Schreibauftrag

Aufgaben:

1. Erschließen Sie die zentrale Aussage Klemperers und analysieren Sie den Textausschnitt im Hinblick auf den Wortschatz der NS-Sprache und ihre Funktionen. Berücksichtigen Sie dabei auch den Aufbau der Argumentation und die Funktion zentraler Darstellungsmittel.

2. Erläutern Sie als aktuelle Beispiele diskriminierenden Sprachgebrauchs die Wörter „Ausländerflut" und „Altenlast". Vergleichen Sie Ihre Ergebnisse mit Klemperers Analyse des Wortes „Jude" im Sprachgebrauch der Nazis. Prüfen Sie abschließend, inwieweit sich die aktuellen Beispiele von Klemperers Aussagen zur NS-Sprache im Hinblick auf das Verhältnis von Sprechen, Denken und Wirklichkeit sowie auf den jeweiligen politischen Kontext unterscheiden.

Victor Klemperer
LTI. Notizbuch eines Philologen
(Auszug aus Kapitel XXVI „Der jüdische Krieg")

[…] Hitlers Besessenenschlauheit zeigt sich in seinen perfiden und schamlos offenen Anweisungen für die Propagandisten der Partei. Das oberste Gesetz lautet überall: Laß deine Hörer nicht zu kritischem Denken kommen, behandle alles simplistisch[1]! Wenn du von mehreren Gegnern sprichst, so könnte mancher auf die Idee verfallen, daß du, der Einzelne, vielleicht im Unrecht seist – bringe die vielen also auf einen Nenner, klammere sie zusammen, gib ihnen Gemeinsamkeit! Alles das besorgt anschaulich und volksnah der Jude. Wobei auf den personifizierenden und allegorisierenden[2] Singular zu achten ist. Wiederum nicht etwa eine Erfindung des Dritten Reichs. Im Volkslied, in der historischen Ballade, auch noch in der volkstümlichen Soldatensprache des ersten Weltkriegs heißt es mit Vorliebe: der Russe, der Brite, der Franzos. Aber die LTI[3] dehnt den Gebrauch des allegorisierenden Singularartikels in Anwendung auf den Juden weit über den einstigen Landsknechtsbezirk aus.

Der Jude – das Wort nimmt einen noch größeren Raum im Sprachgebrauch der Nazis ein als „fanatisch", aber noch häufiger als der „Jude" kommt das Adjektiv „jüdisch" vor, denn vor allem durch das Adjektiv läßt sich jene Klammer bewirken, die alle Gegner zu einem einzigen Feind zusammenbindet: die jüdisch-marxistische Weltanschauung, die jüdisch-bolschewistische Kulturlosigkeit, das jüdisch-kapitalistische Ausbeutungssystem, die jüdisch-französische, die jüdisch-englische, die jüdisch-amerikanische Interessiertheit an Deutschlands Vernichtung: so führt von 1933 an buchstäblich jede Gegnerschaft, woher sie auch komme, immer wieder auf ein und denselben Feind, auf die verborgene Hitlersche Made zu, auf den Juden, den man in gesteigerten Momenten auch „Juda" nennt, und in ganz pathetischen Augenblicken

„Alljuda". Und was man immer unternimmt, vom allerersten Augenblick an, ist Abwehrmaßnahme in dem einen aufgezwungenen Krieg, dem jüdischen Krieg – „aufgezwungen" ist seit dem 1. September 1939[4] das stetige Beiwort des Krieges, und im letzten bringt ja auch dieser 1. September gar nichts Neues, sondern nur eine Fortsetzung der jüdischen Mordanfälle gegen Hitlerdeutschland, und wir, wir friedliebenden Nazis, tun nichts anderes, als was wir vorher getan haben, wir verteidigen uns: Seit heute morgen „erwidern wir das Feuer des Feindes", heißt unser erstes Kriegsbulletin[5].

Geboren aber ist diese jüdische Mordgier im tiefsten nicht aus irgendwelchen Reflexionen und Interessen, nicht einmal aus Machtgier, sondern aus eingeborenem Instinkt, aus „abgrundtiefem Haß" der jüdischen Rasse gegen die nordischgermanische. Der abgrundtiefe Haß des Juden ist ein Klischeewort, das durch all die zwölf Jahre im Umlauf war. Gegen eingeborenen Haß gibt es keine andere Sicherheit als die Beseitigung des Hassenden: also gelangt man folgerichtig von der Stabilisierung des Rassenantisemitismus zur Notwendigkeit der Judenausrottung. Vom „Ausradieren" der englischen Städte hat Hitler nur einmal gesprochen, es war eine vereinzelte Äußerung, die sich wie alles Superlativische an ihm aus der Hemmungslosigkeit seines Größenwahns erklärt. „Ausrotten" dagegen ist ein oft gebrauchtes Verbum, es gehört dem allgemeinen Sprachschatz der LTI an, es ist in ihrer Judensparte beheimatet, es bezeichnet dort ein Ziel, dem man eifrig nachstrebt. […]

Aus: Victor Klemperer: LTI. Notizbuch eines Philologen. 3. Auflage.
Halle: Max Niemeyer 1957, S. 184–186.

Anmerkungen:
1 *simplistisch:* ungebührlich vereinfachend
2 *allegorisieren:* etwas Abstraktes in einer konkreten (bildlichen) Darstellung versinnbildlichen
3 *Lingua Tertii Imperii (LTI):* lateinisch für „Sprache des dritten Reiches". Unter dem Titel LTI machte Klemperer sich Notizen über die Sprache der Nationalsozialisten, die er 1946 unter demselben Titel veröffentlichte. Das Kürzel diente zunächst zur Tarnung der verbotenen Aufzeichnungen.
4 *1. September 1939:* Tag des deutschen Angriffs auf Polen: Beginn des Zweiten Weltkriegs
5 *Bulletin:* amtliche Verlautbarung, amtliche Mitteilung

Der Autor:
Victor Klemperer war Professor für Romanistik, der seiner jüdischen Herkunft wegen unter der Herrschaft der Nationalsozialisten Lehr- und Schreibverbot hatte.

Hinweise und Tipps

Die Aufgabe bezieht sich auf das obligatorische Thema „Über das Verhältnis von Sprechen, Denken und Wirklichkeit nachdenken". Das Verhältnis der Teilaufgabe 1 zur Teilaufgabe 2 bei der Gesamtwertung der inhaltlichen Leistung liegt etwa bei 4:3.

1. *Die erste Aufgabe ist zweigeteilt. Mit dem Operator des ersten Arbeitsschritts („Erschließen Sie …") weisen Sie Ihr allgemeines Text- und Themenverständnis („die zentrale Aussage Klemperers") nach. Mit dem Operator des zweiten Arbeitsschritts („… und analysieren Sie …") untersuchen Sie den Text nach den vorgegebenen Aspekten: „Wortschatz der NS-Sprache und ihre Funktionen", „Aufbau der Argumentation", „Funktion zentraler Darstellungsmittel".*

Diese beiden Arbeitsschritte und deren weitere Untergliederung (vgl. den aspektorientierten Analyseauftrag) helfen Ihnen, den ***Hauptteil*** *Ihres eigenen Textes zu strukturieren. Sie können die vorgegebene Reihenfolge der Untersuchungsaspekte übernehmen, aber ebenso gut davon abweichen und z. B. als Erstes den Aufbau der Argumentation analysieren. Eine* ***aufgabenbezogene Einleitung*** *(Text, Verfasser, Entstehungszeit) und eine* ***reflektierte Schlussbetrachtung*** *bilden den Rahmen Ihrer Analyse. Als Schlussreflexion bietet es sich – ausgehend von Ihren Analyseergebnissen – an, den Zusammenhang zwischen Sprache, Denken und Wirklichkeit am Beispiel der NS-Propagandasprache in der gesellschaftlichen Wirklichkeit des Dritten Reichs zu erläutern.*

In der ***aspektorientierten Textanalyse*** *im Hauptteil untersuchen Sie:*

- ***Wortschatz der NS-Sprache:***
  - *Wortfeld „Jude"*
  - *einzelne Propagandawörter für Krieg und Völkermord*
- ***Aufbau der Argumentation:***
  1. *politische Maxime der NS-Partei (Z. 1–6)*
  2. *Konsequenzen für den Sprachgebrauch der NS-Führung (Z. 6–12)*
  3. *Wortfeld „Jude" in NS-Sprache für politische Propaganda (Z. 13–23)*
  4. *NS-Propagandawörter für imperialistische Zwecke (Z. 23–29)*
  5. *ideologische Grundlagen und Konsequenzen der NS-Propaganda (Z. 30–41)*
- ***zentrale Darstellungsmittel****, die der Verfasser selbst in seiner Studie verwendet:*
  - ***Fachbegriffe*** *aus dem Sachfeld „Sprachwissenschaft"*
  - ***Metaphorik***
  - ***Perspektivwechsel:*** *unvermittelter und sprachlich unmarkierter Wechsel von der sprachwissenschaftlichen Analyse ins NS-Vokabular*

Lösungsvorschlag

Aufgabenbezogene Einleitung

Entstehungskontext und Publikationsdaten

Der Text ist ein Auszug aus einer Studie des Sprachwissenschaftlers Victor Klemperer zur Sprache der Nationalsozialisten im Dritten Reich. Unter dem Decknamen LTI (lat. Lingua Tertii Imperii) machte sich der Verfasser, ein kritischer Zeitgenosse des nationalsozialistischen Regimes, Notizen zu dessen **propagandistischem Sprachgebrauch** (vgl. den Untertitel: „Notizbuch eines Philologen"). Erst nach Ende des Zweiten Weltkriegs und des Dritten Reichs veröffentlichte der Verfasser 1946 unter demselben Titel seine Bestandsaufnahme der Sprache in Deutschland zwischen 1933 und 1945.

Hauptteil

Text-/Themenverständnis und zentrale Aussage

In seiner Studie befasst sich Klemperer mit der Entstehung und Verbreitung von Propagandawörtern aus dem Sprachschatz der Nationalsozialisten. Als betroffener Zeitgenosse betrachtet er den Sprachgebrauch der Nazis, auf der Ebene der Politiker wie der Bevölkerung, aus der distanzierten Sicht eines Sprachwissenschaftlers. Es geht ihm darum zu erklären, wie Sprache und Denken bzw. politisches Handeln in der gesellschaftlichen Wirklichkeit des Hitler-Regimes zusammenhängen. Genauer gesagt: Klemperer erklärt, wie sich aus der Propagandasprache des NS-Regimes eine **antisemitische Grundhaltung** in der deutschen Bevölkerung gegenüber den Juden verfestigen konnte, die scheinbar folgerichtig zur Massenvernichtung des jüdischen Volkes im Dritten Reich führte.

Aspektorientierte Analyse
Aufbau der Argumentation

Der Textaufbau lässt gedankliche Schritte erkennen, die dem Argumentationsgang in einem **wissenschaftlichen Text** entsprechen. Der Verfasser legt zu Beginn eine Leitvorstellung der nationalsozialistischen Machtpolitik dar (Teil 1: Z. 1–6). Diese besteht darin, das kritische Denken der deutschen Bevölkerung auszuschalten. Es gilt, deren Wirklichkeitswahrnehmung stark zu vereinfachen (Z. 3: „behandle alles simplistisch“) und mögliche Kritik an den Regierenden auf ein Feindbild abzulenken. Nach Klemperer ergeben sich aus dieser Prämisse Konsequenzen für den Sprachgebrauch der NS-Führung (Teil 2: Z. 6–12). Für NS-Politiker stellen Juden eine geeignete ethnische Gruppe dar, die zu einem Feindbild stilisiert werden kann. Die deutsche Sprache liefert dafür die Voraussetzungen. Der Singularartikel („der Jude“) schafft es, die gesamte jüdische Bevölkerung **allegorisch** in der Figur des Staatsfeindes zu verkörpern. Anhand ausgesuchter sprachlicher Beispiele erläutert der Sprachwissenschaftler, wie die propagandistische Verbreitung von judenfeindlicher Gesinnung in der deutschen Bevölkerung funktionierte (Teil 3: Wortfeld „Jude“, Z. 13–23; Teil 4: NS-Propagandawörter für imperialistische Zwecke, Z. 23–29). Abschließend zeigt der Verfasser auf, wie aus dem antisemitischen Sprachgebrauch im Dritten Reich eine Handlungskonsequenz abgeleitet wird, nämlich den erklärten Staatsfeind durch Massenvernichtung zu beseitigen (Teil 5: Z. 30–41).

NS-Wortschatz
Wortfeld „Jude“

Das Wortfeld „Jude“ bildet nach Klemperer einen Kern nationalsozialistischer **Propagandasprache**. Hierzu führt er an: den „personifizierenden und allegorisierenden Singular“ (Z. 7 f.), das Adjektiv „jüdisch“ und seine Komposita wie „jüdisch-marxistisch“ (Z. 16) sowie die Substantivvarianten „Juda“ und „Alljuda“ (Z. 22 f.). Mit dem „personifizierenden und allegorisierenden Singular“ (Z. 7 f.), „der Jude“ (Z. 7, 13), beabsichtigen NS-Politiker, jüdischen Mitbürgern ihre Individualität zu nehmen und sie ausnahmslos in einer undifferenzierten **Feindfigur** zu **personifizieren**. Mit Feindbildern können Politiker mögliche Kritik der Bevölkerung am Regierungsprogramm nach außen, auf Dritte ablenken. In den Adjektiv-Komposita werden auch andere Länder als von jüdischem Einfluss infiltriert dargestellt. In einer konsequenten **Schwarz-Weiß-Malerei** werden Andersdenkende auf internationaler Ebene zu Gegnern der

Deutschen abgestempelt. Hierzu gehören etwa politische Gruppierungen (vgl. Z. 16 f.: Marxisten, Bolschewisten), wirtschaftliche Systeme (Z. 17 f.: „das jüdisch-kapitalistische Ausbeutungssystem") und die gegen Hitlers Kriege gerichtete Außenpolitik des Auslands (vgl. Z. 18 f.). Dieser Sprachgebrauch bringt „jede Gegnerschaft" (Z. 20) mit den Juden in Verbindung – so musste in der deutschen Bevölkerung der Eindruck entstehen, als gäbe es eine **jüdische Verschwörung** gegen Nazi-Deutschland.

Namensformen „Juda", „Alljuda"

Die Namensform „Juda" ist noch weniger als „der Jude" ein Individualname. Sie stammt aus dem Hebräischen und bezeichnet den Stammesnamen des jüdischen Volkes in der vorchristlichen Tradition. Im NS-Jargon werden mit diesem Namen Juden pauschal für alles negativ Anmutende verantwortlich gemacht bzw. für das, was der Bevölkerung verdächtig erscheint. Hinter allem – so macht Klemperers Text deutlich – wird „Alljuda", wie es in einer zeitgenössischen Wortprägung heißt, und dessen Plan der Weltherrschaft vermutet. Nach diesem Begriff der rassischen Diskriminierung gelten Juden als das Böse schlechthin, als der Teufel. Mittels solcher **rassistisch begründeten Diffamierungsparolen** werden Juden von NS-Propagandisten dämonisiert und zum Weltfeind Nr. 1 gestempelt. Wie Klemperer ausführt, nutzen die Nationalsozialisten diese Dämonisierung dazu, die **Täter-Opfer-Relation ins Gegenteil** zu verkehren: Die Aggression gegenüber Juden wirkt vor diesem Hintergrund wie eine „Abwehrmaßnahme" (Z. 23 f.), und die Parole vom „aufgezwungenen [...] jüdischen Krieg" (Z. 24) lässt den aggressiven Kriegsangreifer Deutschland als Opfer erscheinen, das sich notgedrungen zur Wehr setzt. Dieser Sprachgebrauch zielt darauf, in der Bevölkerung Akzeptanz für Deutschlands vermeintlichen Defensivkrieg zu erwirken.

Die noch über die kriegerische Auseinandersetzung hinausgehende **Vernichtungspolitik** gegenüber den Juden legitimieren die Nationalsozialisten damit, dass der „abgrundtiefe[ ] Haß" (Z. 32) „der jüdischen Rasse gegen die nordgermanische" (Z. 32 f.) angeboren sei. Die **Stereotypisierung** des Feindbildes über dieses **Klischeewort** wird so pseudowissenschaftlich unterfüttert. Damit wird für Victor Klemperer die Grundlage für die restlose Vernichtung geschaffen, denn eine Umerziehung kann, wenn man von einem angeborenen „Instinkt" (Z. 32) ausgeht, nicht helfen.

Euphemistische Vernichtungs-Metaphorik

Klemperer weist zudem auf die euphemistische Metaphorik der NS-Sprache hin. Schon das „Ausradieren" von englischen Städten (Z. 36 f.) klingt so, als könnten über Jahrhunderte gewachsene Stätten der menschlichen Zivilisation durch Tilgung des geschriebenen Namens, wie mit einem „Radiergummi", einfach als Planungsfehler von der Landkarte der europäischen Besiedlung verschwinden. Tatsächlich verbergen sich aber hinter diesem **Euphemismus** massive, flächendeckende Bombenangriffe der Nazis auf die zivile Bevölkerung und ihre kulturellen Errungenschaften.

Ungeziefer-Metaphorik

Von der Metapher des „Ausradierens“ hebt Klemperer aber den Begriff „Ausrotten“ (Z. 39) ab, der sehr viel häufiger und systematischer gebraucht worden sei. Mit dieser Anleihe aus der Schädlingsbekämpfung lassen Nationalsozialisten ihre Judenvernichtungspolitik als notwendige Beseitigung von Ungeziefer erscheinen. Diese stark abwertende Metapher gibt zu verstehen, dass aus der Sicht der angeblich überlegenen germanischen Rasse das Leben der jüdischen Bevölkerung unwert ist, dass Juden das Wohlergehen der Deutschen schädigen und deshalb umfassende Vernichtungsaktionen gegen Juden vonnöten sind. Zugleich verbirgt sich auch hinter dieser Metapher die krasse Wirklichkeit des brutalen Mordens. Als Euphemismus verharmlost der biologische Begriff „ausrotten“ die grausame **Massenvernichtung** menschlichen Lebens.

Fazit

Die erläuterten Wortbeispiele aus der „Judensparte“ des NS-Wortschatzes, die Klemperer in seiner Studie untersucht, zeigen alle einen wesentlichen Grundzug von **Propagandasprache**: Alle werden schlagwortartig und in unveränderter Wiederholung von den NS-Propagandisten in Umlauf gebracht und appellieren an die Emotionen und oft auch niederen Instinkte der Bevölkerung. Dadurch erübrigen sich rationale Erklärungen oder Begründungen. Die **stereotypen** Wendungen der NS-Sprache führen zu einer ständigen und umfassenden Beeinflussung der Massen im Sinne einer **Suggestivwirkung**. Mit verharmlosenden, neutralen und auch positiv besetzten Ausdrücken wollen NS-Propagandisten die Judenvernichtung als Normalität erscheinen lassen und den organisierten Widerstand der betroffen reagierenden Bevölkerung, v. a. der Nicht-Nationalsozialisten, verhindern.

zentrale Darstellungsmittel

Sachfeld „Sprachwissenschaft“

wissenschaftliche Begriffssprache

Als Sprachwissenschaftler benutzt Klemperer erwartungsgemäß in seinen Notizen die **Begriffssprache seiner Wissenschaft**. Aus dem Sachfeld „Sprachwissenschaft“ fallen eine Reihe neutraler Fachausdrücke auf: „personifizierender/allegorisierender Singular/ Singularartikel“ (vgl. Z. 7 f., 11 f.), „im Sprachgebrauch“ (Z. 13), „Beiwort“ (Z. 25), „Klischeewort“ (Z. 33), „Superlativisches“ (Z. 38), „ein oft gebrauchtes Verbum“ (Z. 39), „der allgemeine Sprachschatz der LTI“ (Z. 40). Durch den Gebrauch abstrakter Begriffe für ein sprachliches Phänomen wie die menschenverachtende NS-Sprache beweist Klemperer das professionelle Vorgehen eines aus der objektiven Distanz argumentierenden Sprachforschers.

Umso erstaunlicher dürfte es für den Leser sein, dass der Fachmann Klemperer in seine wissenschaftlichen Erklärungen auch informellere Wendungen einfließen lässt. Hierzu gehören etwa **Krankheitsmetaphern** wie „Besessenenschlauheit“ (Z. 1) und „Größenwahn[ ]“ (Z. 39). Durch die **Kompositumbildung** wird der Grad der Abnormalität noch zusätzlich erhöht. Zum Krankheitsbild gehört auch „Hemmungslosigkeit“ (Z. 38) als mangelnde Selbstkontrolle, als Verlust von ethischen Hemmschwellen, die Politiker in zivilen Gesellschaften vor Mord und Rechtsverletzungen zurückschrecken lassen. Mit solchen Metaphern kennzeichnet der Verfasser die Rassen- und Eroberungspolitik Hitlers als das Produkt eines Geisteskranken, der sich nicht von rationalen Überlegungen und grundlegenden zivilen Standards der Völkergemeinschaft leiten lässt. Auch mit **abwertenden Adjektiven und Adverbien** (Z. 1 f.: „in seinen perfiden und schamlos offenen Anweisungen“) verurteilt er Hitlers fehlendes Gewissen als Machthaber. In Klemperers Einschätzung hat Hitler keine Skrupel, seine menschenverachtende Politik und imperialistischen Interessen vor seinem unmittelbaren Mitarbeiterstab, den „Propagandisten der Partei“ (Z. 2), zu offenbaren.

Perspektivwechsel

Seine **rhetorische** Begabung beweist Klemperer, wenn er für seine Leser unerwartet einen Perspektivwechsel vornimmt. Mehrmals im Verlauf seiner Ausführungen wechselt er mit **ironischer Absicht** unvermittelt die Seiten: Von seiner Rolle als sachlich benennender und erklärender Sprachwissenschaftler und erklärter Systemkritiker begibt er sich in die **Sprecherrolle** eines überzeugten Nazi-Sympathisanten. Indem er Äußerungen, die zum nationalsozialistischen Gedankengut gehören, nicht direkt als Zitate – etwa durch Anführungszeichen – kenntlich macht, gibt er dieses scheinbar als das seine aus. So spricht er nach den sachlichen Eröffnungszeilen mit der direkten „du“-Anrede und imperativischen Verbformen mit der Befehlshoheit der Nazi-Funktionäre (vgl. Z. 3–5). Mit der „wir“-Anrede, auch in Wiederholung („wir, wir friedliebenden Nazis“, Z. 27 f.), trifft er die Wortwahl von Nazi-Rednern auf öffentlichen Propagandaveranstaltungen, die an das Gemeinschaftsgefühl der Zuhörer appellieren, auf dass diese sich und andere Nazi-Mitläufer als „friedliebende“ Opfer in einem Angriffskrieg sehen. Nicht von Kriegsführung ist in der NS Sprache die Rede, sondern von „jüdischen Mordanfälle[n]“ (Z. 27), also impulsiven, hinterhältigen Übergriffen, die mit internationalem Kriegsrecht nichts zu tun haben. Mit dem Possessivpronomen in der Wendung „unser erstes Kriegsbulletin“ (Z. 29) scheint sich Klemperer in seiner angenommenen Rolle der Kriegsideologie des NS-Regimes zu verschreiben, die Täter als Opfer in einer defensiven Nation darstellen. Mit ähnlicher Suggestivkraft leitet er im Sinne der nationalsozialistischen Hasspropaganda die Vernichtungspolitik der NS-Führung („Beseitigung der Hassenden“, Z. 35) als logische Folge aus vermeintlich nachweislichen Fakten („eingeborenen Haß“, Z. 34) ab. Er erklärt die Entwicklung vom „Rassenantisemitismus zur Notwendigkeit der Judenausrottung“ (Z. 36) zur allgemein anerkannten gesellschaftlichen Norm des politischen Handelns in Hitlerdeutschland,

„du“-Anredeform, Imperative, „wir“-Anredeform

wie am Gebrauch des neutralen Pronomens „man" und der schlussfolgernden Konjunktion „also" sowie der konsekutiven verbalen Wendung „gelangt man folgerichtig zu" (vgl. Z. 35) abgelesen werden kann.

neutrales Pronomen „man"

Ungeziefer-Metapher

Ebenfalls ohne Anführungszeichen lässt der Verfasser eine Ungeziefer-Metapher, die „Hitlersche Made" (Z. 21), in seinen sachlichen Sprachduktus einfließen. Maden oder Larven sind beinlose Aasfresser bzw. Parasiten an lebenden Organismen und bedrohen deren Überleben. Übertragen auf den gesellschaftlichen Bereich, wird Juden aus NS-Sicht eine staatszersetzende Kraft und Absicht unterstellt. Diese Gefahr gilt es, im Ansatz (im Stadium der Made) zu vernichten, bevor sie sich (im ausgewachsenen Stadium der fliegenden Insekten) noch zerstörerischer auf die gesamte deutsche Gesellschaft auswirken kann. In dieser Tiermetapher wird Juden ein menschlicher Status aberkannt und ihnen ihr Existenzrecht abgestritten. Im zeitgenössischen Kontext soll diese **menschenverachtende NS-Tiermetapher** bewirken, dass die Empathie mit den Angegriffenen in der deutschen Bevölkerung verloren geht.

Fazit

Durch den erläuterten unmarkierten Sprecherrollenwechsel – von der distanzierenden Sprache des Wissenschaftlers zum Jargon der Nationalsozialisten, wie ihn Reichspropagandaminister Joseph Goebbels in seiner Hasspropaganda beherrschte – gelingt es dem Verfasser, seinen Lesern ungefiltert die Sprache von NS-Demagogen zu vergegenwärtigen. Seine unvermittelte Verwendung dieser Sprache erfolgt offensichtlich in **ironischer Absicht**, um die suggestive Funktionsweise des NS-Sprachgebrauchs in der Öffentlichkeit offenzulegen. Klemperer zielt darauf ab, Leser zur Abwehr manipulativer Sprechstile zu bewegen, seine betroffenen Zeitgenossen unmittelbar nach Ende des Hitler-Regimes ebenso wie später Geborene, die seine Enthüllungen über die NS-Rhetorik mit demokratischem Interesse lesen.

Reflektierte Schlussbetrachtung

Zusammenhang Sprache – Denken – Handeln

Insgesamt zeigt Klemperer in seiner Studie auf, wie der nationalsozialistische Sprachgebrauch Rückschlüsse auf die **politischen Ziele** und **Absichten der Sprecher** zulässt. Durch den stereotypen Gebrauch unveränderter Schlagwörter werden antijüdische Vorstellungen im Sprachgebrauch und in der Denkweise der Massen verankert. Letztlich verfolgt die NS-Führung mit ihrem über Massenmedien verbreiteten Vokabular das Ziel, dass die darin enthaltenen antisemitischen Ansichten von der breiten Bevölkerung auch als Grundsätze des politischen Handelns akzeptiert werden: der Massenvernichtung von jüdischen Mitbürgern.

2. *Auch die zweite Teilaufgabe ist* ***mehrteilig****. Es werden von Ihnen drei Operationen erwartet: „erläutern" – „vergleichen" – „prüfen", die Ihnen helfen, den* ***Hauptteil*** *zu strukturieren. Eröffnend schreiben Sie eine* ***aufgabenbezogene Überleitung*** *und abschließend eine* ***reflektierte Schlussbetrachtung****.*
   Bei der ***Erläuterung*** *der beiden Beispielwörter „Ausländerflut" und „Altenlast" ist es ratsam, zunächst die* ***Wortbildung*** *zu analysieren, um im Anschluss die* ***gesellschaftspolitische Bedeutung*** *dieser Wörter zu erklären. Beim* ***Vergleich*** *mit den Beispielen der NS-Sprache ermitteln Sie am besten Gemeinsamkeiten (Ausgrenzung von Bevölkerungsgruppen) und Unterschiede (ethnische Bezeichnung vs. abwertende Komposita als diskriminierende Begriffe). Bei der* ***Prüfung*** *der heutigen Beispiele diskriminierenden Sprachgebrauchs im Unterschied zur NS-Propagandasprache können Sie z. B. auf die Rolle der Medien in einer westlichen Demokratie und im totalitären NS-Regime eingehen.*

Überleitung
Aktuelle Beispiele diskriminierenden Sprachgebrauchs

Die Wörter „Ausländerflut" und „Altenlast" sind Beispiele aus dem aktuellen Sprachgebrauch in der deutschen Öffentlichkeit, die sich ähnlich wie Klemperers Untersuchungsbeispiele aus dem Vokabular der Nationalsozialisten diskriminierend gegen bestimmte Bevölkerungsgruppen richten.

Untersuchungsgang

Ich werde im Folgenden eine sprachliche Analyse dieser Wortbeispiele vornehmen und sie dann in den Kontext der gegenwärtigen deutschen Gesellschaft einordnen. Anschließend vergleiche ich meine Ergebnisse mit denen Klemperers zur NS-Sprache mit dem Ziel zu prüfen, inwieweit sich die aktuellen und die historischen diskriminierenden Sprechweisen in ihren jeweiligen gesellschaftlichen Kontexten unterscheiden.

Hauptteil
Erklärung
Kompositum

Beide **Komposita** bestehen aus zwei Teilen: dem **Bestimmungswort** („Ausländer-", „Alten-") und dem angehängten **Grundwort** („-flut", „-last"). Beide Bestimmungswörter beziehen sich auf Menschen. Ihre jeweiligen sachlichen Bedeutungen lassen sich wie folgt erläutern: „Ausländer" ist aus der Sicht von Deutschen eine neutrale Sammelbezeichnung für alle Nicht-Deutschen im europäischen Ausland und weltweit. Die „Alten" bezeichnen ebenso sachlich eine Gruppe von Menschen mit einer biologisch längeren Lebensgeschichte. Die Grundworte der Komposita stammen aus ganz anderen Sinnbereichen: Wasser und Gewicht. Sie bezeichnen jeweils eine hohe Quantität. Ihre **Konnotationen** sind durchweg negativ: die „Flut" als Naturgewalt, die sich zerstörerisch auf Landschaften und menschliche Besiedlungen auswirken kann; die „Last", die zur Belastung, zur übermäßigen Beanspruchung ihres Trägers werden kann. Diese **negativ konnotierten Grundworte** tragen dazu bei, dass die Wortzusammensetzung insgesamt an Neutralität verliert. Beide Menschengruppen werden mit diesen **Metaphern** stark **abgewertet**, und zwar ausnahmslos. Alle dazugehörigen Individuen, also jeder einzelne Ausländer, jeder einzelne ältere Mensch, fallen dem **Stereotyp** ihrer Gruppenbezeichnung zum Opfer.

Die beiden Beispielwörter gehören zu Wortprägungen, die sich seit den 1980er-Jahren zunehmend im öffentlichen Sprachgebrauch in unserer Gesellschaft durchgesetzt haben. Neutral betrachtet, bezieht sich der Terminus „Ausländerflut" auf die wachsende Ausländerzuwanderung vor allem aus osteuropäischen Ländern und Nationen der Dritten Welt, sogenannte Wirtschaftsflüchtlinge aus Armutsländern bzw. politisch Verfolgte, die in Deutschland Asyl suchen. Rechtspopulistische Gruppierungen wie die NPD sind der Auffassung, dass steigende Einwanderungszahlen katastrophale Folgen für die nationale Bevölkerung haben. Die Flut-Metapher suggeriert in diesem Kontext, dass Einheimische vom Strom der Zuwanderer überschwemmt werden. Es soll sich die Furcht vor einer „**Überfremdung**" ihrer Gesellschaft verbreiten, davor, dass Deutschland zu einer Einwanderungsgesellschaft werden könnte. Immigranten erscheinen in dieser **Propaganda** als Konkurrenten auf dem Arbeitsmarkt, als Bedrohung der kulturellen Traditionen und religiösen Überzeugungen der Einheimischen – wie eine zerstörerische Naturgewalt, um im Bild der „Ausländerflut" zu bleiben. Aus dieser Perspektive stehen für Einheimische der gesellschaftliche Zusammenhalt, das Bildungsniveau, die kulturelle Identität und der materielle Wohlstand auf dem Spiel. Die fremdenfeindliche Floskel will die **positiven Effekte** von Zuwanderung wie z. B. kulturelle Vielfalt, die eine Bereicherung für beide Seiten werden kann, und die Tatsache, dass Integration ein vielschichtiger Sozialprozess ist, der mit Gewinn für beide Seiten gelingen kann, aus dem Bewusstsein der Zuhörer tilgen. Diese Parole hat also eine prägende Kraft für ausländerfeindliche Denkweisen und kann zugleich von rechtsgerichteten Parteien und Individuen auch als indirekte Handlungsanweisung verstanden werden, wie man diese „Flut" eindämmen könnte. Gewalttätige rechtsextreme Übergriffe auf ausländische Mitbürger in Deutschland, auch mit Todesfolge, belegen die suggestive Kraft von **ausländerfeindlichen Parolen** in der Öffentlichkeit.

Gesellschaftspolitischer Kontext

Einwanderungsproblematik

Die Bezeichnung „Altenlast" spielt mit ihrem neutralen Bedeutungsanteil auf den demografischen Wandel in Deutschland an. Seit Mitte der 1980er-Jahre und besonders nach der Jahrtausendwende hat sich in Deutschland eine Gesellschaft der Langlebigen entwickelt. Menschen leben immer länger und die Gruppe der Älteren wird im Verhältnis zu den anderen Altersgruppen immer größer. Gute medizinische Versorgung und ein wachsendes Bewusstsein für eine gesunde Lebensweise sorgen dafür, dass die Lebenserwartung der Menschen steigt. Neben dem Rückgang der Sterblichkeit tragen auch zurückgehende Geburtenraten dazu bei, dass die deutsche Gesellschaft zunehmend „vergreist". Außerdem haben viele der ehemaligen „Baby Boomers" aus den geburtenstarken Jahren der Nachkriegszeit inzwischen das Pensionsalter erreicht. Mit weniger

Demografischer Wandel

Menschen im arbeitsfähigen Alter gehen auch die Beiträge in der Rentenkasse deutlich zurück. Immer weniger Erwerbstätige müssen mit ihren Steuern die anwachsende Zahl der Rentner und Pensionäre unterstützen. In der Bezeichnung „Altenlast" drückt sich Unmut über die steigende wirtschaftliche Belastung der Noch-Erwerbstätigen durch die wachsende Zahl der Nicht-Mehr-Erwerbstätigen aus. Hochbetagte Menschen beanspruchen für eine längere Lebenszeit mehr staatliche Unterstützung aus Steuergeldern der Jüngeren für ihre Gesundheit, Pflege und Betreuung. Die „**Überalterung**" der Gesellschaft kann daher von jüngeren Generationen als erdrückend empfunden werden. Als „Last" betrachtet, werden Senioren nicht mehr als wertvolle Mitglieder der Gesellschaft gesehen, von deren Lebenswissen Jüngere profitieren können.

Vergleich
Unterschiede

Ein Vergleich dieser aktuellen diskriminierenden Beispiele mit der Sprache der NS-Propaganda zeigt zunächst unterschiedliche sprachliche Mechanismen. Während die neutrale ethnische Bezeichnung „Jude" im nationalsozialistischen Sprachgebrauch mithilfe des bestimmten Artikels und abwertender Stereotypisierung als **Diffamierungsparole** geprägt wird, erleiden im heutigen Sprachgebrauch neutrale Gruppenbezeichnungen wie „Ausländer" und „Alte" erst **durch die Kompositumbildung** eine Abwertung.

Gemeinsamkeiten

Was demgegenüber Propagandaparolen früher wie heute in gleicher Weise charakterisiert, sind ihr manipulativer Umgang mit Objektivität und Wahrheit und eine emotionsgeladene **Freund-Feind-Klischeebildung**.

Überprüfung
NS-Propaganda

Es ist erstaunlich, dass nicht nur in der Diktatur des Dritten Reiches, sondern auch in einer westlichen Demokratie zu Beginn des 21. Jahrhunderts durch gezielte Parolen Minderheiten im Bewusstsein der Bevölkerung diskriminiert werden. Die NS-Propagandasprache wurde als Mittel der **Massenbeeinflussung** am effektivsten eingesetzt in **öffentlichen Reden** auf Massenveranstaltungen, z. B. an nationalen Gedenk- und Feiertagen, und in weiten Teilen der Bevölkerung durch die **gleichgeschalteten Massenmedien** Rundfunk (Volksempfänger), Film, Fotografie, Bücher und Zeitungen verbreitet. Die Gestaltung und Verbreitung von Nachrichten wie auch Meinungsbeiträgen über Ziele, Absichten und Aktivitäten der Regierenden lag in den Händen von NS-Funktionären. Bezeichnenderweise wurde wenige Wochen nach der Machtübernahme durch die NSDAP das „Reichsministerium für Volksaufklärung und Propaganda" im März 1933 eingerichtet, wobei Joseph Goebbels die Reichspropagandaleitung übertragen wurde. **Ohne Zensur** durch unabhängige Instanzen wurden parteieigene Medien zum Sprachrohr der Mächtigen. Propaganda diente dem Machterhalt. Die Deutschen sollten in einer „geistigen Mobilmachung" – wie Goebbels es ausdrückte – zu überzeugten Anhängern ihrer antisemitischen und imperialistischen Weltanschauung werden und geschlossen hinter der NS-Führung stehen. Die in der gleichgeschalteten Medienlandschaft allgegenwärtige NS-Rhetorik diente der Radikalisierung des Bewusstseins, die als Grundlage für die Rechtfertigung des Holocausts genutzt wurde.

Ganz anders verhält es sich in einer **westlichen Demokratie**. Hier versteht sich die **Presse als vierte Macht im Staate**, frei von Anweisungen durch die drei getrennten Staatsgewalten Regierung, Gesetzgebung und Rechtsprechung. In ihrer Funktion als **Kontrollinstanz** kann die Presse kritisch auf Sprachmanipulation und Diskriminierung in der Öffentlichkeit einwirken, wenngleich rassistische Gesinnungen und Handlungen nicht völlig ausschließen. Parolen wie „Ausländerflut" und „Altenlast" können durchaus eine starke Auswirkung auf das Denken der Menschen auch in demokratischen Gesellschaften haben. Wer heute, wie etwa Vertreter der NPD, diskriminierende Stereotype auf Wahlveranstaltungen einsetzt, stützt sich bewusst nicht auf eine rationale Argumentation wie demokratische Parteien und appelliert an irrationale Ängste der Menschen wie in der NS-Zeit.

Gewaltenteilung

Pressefreiheit

Doch aufgrund von demokratisch-rechtsstaatlichen Strukturen ist es heute weitaus weniger leicht möglich, dass die Rechte bestimmter Randgruppen der Gesellschaft wie Immigranten oder Senioren grob verletzt werden können und die Gesamtbevölkerung zur Volkshetze gegen Minderheiten aufgewiegelt werden kann. Damit ist die direkte Kette von Sprache – Denken – Wirklichkeit, wie sie in der NS-Propaganda über antisemitische Parolen, judenfeindliche Stimmung, Judendeportation bis hin zur Auslöschung sogenannten „unwerten Lebens" führte, heute nicht mehr in dieser extremen Weise als politische Strategie wirksam. In offenen pluralistischen Gesellschaften werden fremdenfeindliche Handlungen durch das **politische System der Gewaltenteilung** *(checks and balances)* sowie eine **kritische Medienöffentlichkeit** verhindert bzw., wenn sie dennoch vereinzelt stattfinden, durch Gesetze und Gerichte rechtsstaatlich geahndet.

Vergleich NS-Regime / Rechtsstaat

Abschließend lässt sich feststellen, dass eine Rückbesinnung auf den **Missbrauch der Sprache** in der NS-Propaganda das kritische Sprachbewusstsein in der heutigen Zeit schärfen kann. Die kausale Verbindung von NS-Propaganda und Völkermord kann Menschen in heutigen demokratisch und rechtsstaatlich organisierten Gesellschaften als **Mahnung gegen die potenziell zerstörerische Macht der Sprache** dienen. Diese Sprachreflexion darf nicht die Aufgabe des Einzelnen bleiben (der eine Abiturklausur im Jahr 2010 schreibt), sondern ist eine gesellschaftspolitische Verantwortung, die den Bildungsinstitutionen in unserem Staat übertragen werden muss.

Reflektierte Schlussbetrachtung

Leistungskurs Deutsch (Nordrhein-Westfalen): Abiturprüfung 2010
Analyse eines literarischen Textes mit weiterführendem Schreibauftrag

Aufgaben:

1. Fassen Sie den vorliegenden Textauszug aus E. T. A. Hoffmanns Erzählung „Klein Zaches genannt Zinnober“ (erschienen 1819) zusammen und analysieren Sie ihn unter besonderer Berücksichtigung der Gegenüberstellung von alter und neuer gesellschaftlicher Ordnung. Gehen Sie dabei auch auf die Erzähltechnik ein.

2. Ordnen Sie den vorliegenden Szenenausschnitt aus „Don Karlos“ knapp in die Dramenhandlung ein und formulieren Sie Posas Verständnis von Aufklärung. Vergleichen Sie anschließend die Figur Posas mit der des Andres und überprüfen Sie dabei auch das jeweilige Verständnis von Aufklärung.

E. T. A. Hoffmann
Klein Zaches (Auszug)

E. T. A. Hoffmann ist einer der wichtigsten Autoren der Romantik in Deutschland. Die Erzählung „Klein Zaches“ erschien erstmals 1819. Die Handlung spielt in einem fiktiven Fürstentum, das märchenhaft-phantastische Züge trägt. Es wurde unter der Herrschaft des liberalen Fürsten Demetrius von zahlreichen „Feen von der guten Art“ bewohnt, die allerorts Wunder wirkten und so zu dem paradiesischen Leben im Fürstentum und zu Glück und Zufriedenheit seiner Bewohner entscheidend beitrugen.

[…] Demetrius starb, und ihm folgte der junge Paphnutius in der Regierung. Paphnutius hatte schon zu Lebzeiten seines Herrn Vaters einen stillen innerlichen Gram darüber genährt, daß Volk und Staat nach seiner Meinung auf die heilloseste Weise vernachlässigt, verwahrlost wurde. Er beschloß zu regieren und ernannte sofort seinen Kammerdiener Andres, der ihm einmal, als er im Wirtshause hinter den Bergen seine Börse liegen lassen, sechs Dukaten geborgt und ihn dadurch aus großer Not gerissen hatte, zum ersten Minister des Reichs. „Ich will regieren, mein Guter!“ rief ihm Paphnutius zu. Andres las in den Blicken seines Herrn, was in ihm vorging, warf sich ihm zu Füßen und sprach feierlich: „Sire! die große Stunde hat geschlagen! – durch Sie steigt schimmernd ein Reich aus nächtigem Chaos empor! – Sire! hier fleht der treueste Vasall, tausend Stimmen des armen unglücklichen Volks in Brust und Kehle! – Sire! – führen Sie die Aufklärung ein!“ – Paphnutius fühlte sich durch und durch erschüttert von dem erhabenen Gedanken seines Ministers. Er hob ihn auf, riß ihn stürmisch an seine Brust und sprach schluchzend: „Minister – Andres – ich bin dir sechs Dukaten schuldig – noch mehr – mein Glück – mein Reich! – o treuer, gescheiter Diener!“ – Paphnutius wollte sofort ein Edikt mit großen Buchstaben drucken und an allen Ecken anschlagen lassen, daß von Stund’ an die Aufklärung eingeführt sei und ein jeder sich danach zu achten habe. „Bester Sire!“ rief indessen Andres, „bester Sire! so geht es nicht!“ – „Wie geht es denn, mein Guter?“ sprach Paphnutius, nahm seinen Minister beim Knopfloch und zog ihn hinein in das Kabinett[1], dessen Türe er abschloß.

„Sehen Sie,“ begann Andres, als er seinem Fürsten gegenüber auf einem kleinen Taburett[2] Platz genommen, „sehen Sie, gnädigster Herr! – die Wirkung Ihres fürstlichen Edikts wegen der Aufklärung würde vielleicht verstört werden auf häßliche Weise, wenn wir nicht damit eine Maßregel verbinden, die zwar hart scheint, die indessen die Klugheit gebietet. – Ehe wir mit der Aufklärung vorschreiten, d. h. ehe wir die Wälder umhauen, den Strom schiffbar machen, Kartoffeln anbauen, die Dorfschulen verbessern, Akazien und Pappeln anpflanzen, die Jugend ihr Morgen- und Abendlied zweistimmig absingen, Chausseen anlegen und die Kuhpocken einimpfen lassen, ist es nötig, alle Leute von gefährlichen Gesinnungen, die keiner Vernunft Gehör geben und das Volk durch lauter Albernheiten verführen, aus dem Staate zu verbannen. – Sie haben Tausendundeine Nacht[3] gelesen, bester Fürst, denn ich weiß, daß Ihr durchlauchtig seliger Herr Papa, dem der Himmel eine sanfte Ruhe im Grabe schenken möge, dergleichen fatale Bücher liebte und Ihnen, als Sie sich noch der Steckenpferde bedienten und vergoldete Pfefferkuchen verzehrten, in die Hände gab. Nun also! – Aus jenem völlig konfusen Buche werden Sie, gnädigster Herr, wohl die sogenannten Feen kennen, gewiß aber nicht ahnen, daß sich verschiedene von diesen gefährlichen Personen in Ihrem eignen lieben Lande hier ganz in der Nähe Ihres Palastes angesiedelt haben und allerlei Unfug treiben.“ „Wie? – was sagt Er – Andres! Minister! – Feen – hier in meinem Lande?“ – So rief der Fürst, indem er ganz erblaßt in die Stuhllehne zurücksank. – „Ruhig, mein gnädigster Herr,“ fuhr Andres fort, „ruhig können wir bleiben, sobald wir mit Klugheit gegen jene Feinde der Aufklärung zu Felde ziehen. Ja! – Feinde der Aufklärung nenne ich sie, denn nur sie sind, die Güte Ihres seligen Herrn Papas mißbrauchend, daran schuld, daß der liebe Staat noch in gänzlicher Finsternis danieder liegt. Sie treiben ein gefährliches Gewerbe mit dem Wunderbaren und scheuen sich nicht, unter dem Namen Poesie ein heimliches Gift zu verbreiten, das die Leute ganz unfähig macht zum Dienste in der Aufklärung. Dann haben sie solche unleidlichen polizeiwidrigen Gewohnheiten, daß sie schon deshalb in keinem kultivierten Staate geduldet werden dürften. So z. B. entblöden sich die Frechen nicht[4], sowie es ihnen einfällt, in den Lüften spazieren zu fahren mit vorgespannten Tauben, Schwänen, ja sogar geflügelten Pferden. […] Darum, gnädigster Herr, – sowie die Aufklärung angekündigt wird, fort mit den Feen! – Ihre Paläste werden umzingelt von der Polizei, man nimmt ihnen ihre gefährliche Habe und schafft sie als Vagabunden fort nach ihrem Vaterlande, welches, wie Sie, gnädigster Herr, aus Tausendundeiner Nacht wissen werden, das Ländchen Dschinnistan[5] ist.“ […] „Aber Andres,“ fuhr der Fürst fort, „wird man unser Verfahren gegen die Feen nicht hart finden? – Wird das verwöhnte Volk nicht murren?“ – „Auch dafür,“ sprach Andres, „auch dafür weiß ich ein Mittel. Nicht alle Feen, gnädigster Herr, wollen wir fortschicken nach Dschinnistan, sondern einige im Lande behalten, sie aber nicht allein aller Mittel berauben, der Aufklärung schädlich zu werden, sondern auch zweckdienliche Mittel anwenden, sie zu nützlichen Mitgliedern des aufgeklärten Staats umzuschaffen. Wollen sie sich nicht auf solide Heiraten einlassen, so mögen sie unter strenger Aufsicht irgendein nützliches Geschäft treiben, Socken stricken für die Armee, wenn es Krieg gibt, oder sonst. Geben Sie acht, gnädigster Herr, die Leute werden sehr bald an die Feen, wenn sie unter ihnen wandeln, gar nicht mehr glauben, und das ist das Beste. So gibt sich alles etwanige[6] Murren von selbst. – Was übrigens die Utensilien der Feen betrifft, so fallen sie der fürstlichen Schatzkammer heim, die Tauben und Schwäne werden als köstliche Braten in die fürstliche Küche geliefert, mit den geflügelten Pferden kann man aber auch Versuche machen, sie zu kultivieren und zu bilden zu nützlichen Bestien, indem man ihnen die Flügel abschneidet und sie zur Stallfütterung gibt, die wir doch hoffentlich zugleich mit der Aufklärung einführen werden." –

Paphnutius war mit allen Vorschlägen seines Ministers auf das höchste zufrieden, und schon andern Tages wurde ausgeführt, was beschlossen war.

In allen Ecken prangte das Edikt wegen der eingeführten Aufklärung, und zu gleicher Zeit brach die Polizei in die Paläste der Feen, nahm ihr ganzes Eigentum in Beschlag und führte sie gefangen fort. […]

Aus: E. T. A. Hoffmann: Poetische Werke. Bd. 4: Seltsame Leiden eines Theaterdirektors. Klein Zaches. Berlin; New York: de Gruyter 1993, S. 123–127

Anmerkungen:
1 *Kabinett:* kleiner Raum für vertrauliche Gespräche
2 *Taburett:* gepolsterter Hocker
3 *Tausendundeine Nacht:* orientalische Märchensammlung
4 *sich nicht entblöden:* sich nicht scheuen, nicht vor etwas Halt machen
5 *Dschinnistan:* Feen- und Geisterreich in verschiedenen Märchen
6 *etwanige:* möglicherweise auftretendes

Friedrich Schiller
Don Karlos
3. Akt, 10. Auftritt: Der König und Marquis von Posa.

MARQUIS *(mit Feuer).*
[…] Geben Sie,
Was Sie uns nahmen, wieder. Lassen Sie,
Großmütig wie der Starke, Menschenglück
Aus Ihrem Füllhorn strömen – Geister reifen
In Ihrem Weltgebäude. Geben Sie,
Was Sie uns nahmen, wieder. Werden Sie
Von Millionen Königen ein König.
(Er nähert sich ihm kühn, und indem er feste und feurige Blicke auf ihn richtet.)
O könnte die Beredsamkeit von allen
Den Tausenden, die dieser großen Stunde
Teilhaftig sind, auf meinen Lippen schweben,
Den Strahl, den ich in diesen Augen merke,
Zur Flamme erheben! – Geben Sie
Die unnatürliche Vergöttrung auf,
Die uns vernichtet. Werden Sie uns Muster

Des Ewigen und Wahren. Niemals – niemals
Besaß ein Sterblicher so viel, so göttlich
Es zu gebrauchen. Alle Könige
Europens huldigen dem span'schen Namen,
Gehn Sie Europens Königen voran.
Ein Federzug von dieser Hand, und neu
Erschaffen wird die Erde. Geben Sie
Gedankenfreiheit. –
(Sich ihm zu Füßen werfend.)

Aus: Friedrich Schiller: Don Karlos. Stuttgart: Reclam 2001, S. 125 f.

Hinweise und Tipps

*Das **Verhältnis** der Aufgabe 1 zur Aufgabe 2 bei der Gesamtwertung der inhaltlichen Leistung liegt bei dieser Aufgabe etwa bei **4:3**.*

1. *Die erste Aufgabe ist **zweigeteilt**. Mit dem Operator des ersten Arbeitsschritts („Fassen Sie … zusammen") weisen Sie Ihr allgemeines Text- und Themenverständnis des Auszugs aus E. T. A. Hoffmanns Erzählung nach. Mit dem Operator des zweiten Arbeitsschritts („… und analysieren Sie …") untersuchen Sie den Text nach den vorgegebenen Aspekten: „Gegenüberstellung von alter und neuer gesellschaftlicher Ordnung" und „Erzähltechnik".*
   *Eine **aufgabenbezogene Einleitung** (Text, Autor, Entstehungszeit) und eine **reflektierte Schlussbetrachtung** bilden den Rahmen Ihrer Analyse. Als Schlussreflexion bietet es sich – ausgehend von Ihren Analyseergebnissen – an, über die satirische Erzählabsicht nachzudenken.*

   *Zur **aspektorientierten Textanalyse** im Hauptteil:*
   *Die beiden vorgegebenen Untersuchungsaspekte liegen auf unterschiedlichen Ebenen: Die „Gegenüberstellung von alter und neuer gesellschaftlicher Ordnung" gibt Ihnen einen thematischen Schwerpunkt vor, während die „Erzähltechnik" auf eine Untersuchung formaler Gestaltungsmittel hindeutet. Nach Ihrer genauen Lektüre des Textes werden Sie die durchgehende **Ironie** feststellen, mit der der Erzähler die Einrichtung einer **neuen gesellschaftlichen Ordnung** darstellt. Zur Untersuchung von Paphnutius' und Andres' Vorstellung eines „aufgeklärten Staats" (Z. 62) lassen sich folgende Aspekte in den Blick nehmen:*
   1. ***Verstand** statt Gehorsam, (Aber-)Glauben, Bevormundung*
   2. ***Gleichheit** statt Ständeordnung*
   3. ***Toleranz** für Andersdenkende statt Dogmatismus*
   4. ***Freiheit** statt Zwang und Verordnung*

   *In Ihrer Analyse gilt es zu zeigen, dass mit den geplanten Maßnahmen, die eigentlich der **Aufklärung** verpflichtet sein sollten, ein **absolutistischer Staat** aufgebaut werden soll und diese damit gerade gegen die Konzepte der Aufklärung verstoßen.*

Berücksichtigen Sie bei der Gegenüberstellung der alten und der neuen gesellschaftlichen Ordnung folgende Aspekte:
- ***Erzähltechnik**: Figurenrede, kommentierender Erzählerbericht*
- ***Anredeformen***
- ***Sprechstil** (z. B. Satzarten, Satzbau)*
- ***Körpersprache***
- ***Kommunikationssituation** (z. B. Redeanteile der Gesprächspartner)*
- ***Sammelbezeichnungen** („die Leute", „das Volk")*
- ***Allegorie** der Feen*

Lösungsvorschlag

Aufgabenbezogene Einleitung
Publikationsdaten und Entstehungskontext
Thema

Der Text stammt aus E. T. A. Hoffmanns Erzählung „Klein Zaches" aus dem Jahr 1819. Als einer der wichtigsten Vertreter der Romantik in Deutschland spricht Hoffmann in diesem Textauszug u. a. den auch biografisch erlebten Widerspruch zwischen der Existenz der freien Künste und den Vorschriften eines reglementierenden Staates an.

Hauptteil
Zusammenfassung

In der Szene geht es um die Bildung einer neuen gesellschaftlichen Ordnung in einem Fürstentum. Zu Beginn (Z. 1–4) wird der **Regierungswechsel** durch die natürliche Erbfolge motiviert: Paphnutius löst seinen verstorbenen Vater als Fürst eines Reiches ab, das er in einem heruntergekommenen Zustand übernimmt. Die anschließende **Regierungsbildung** (Z. 4–7) erfolgt durch Ernennung des ehemaligen Kammerdieners Andres zum ersten Minister. Die eigentliche **Regierungserklärung** (Z. 7–21) übernimmt im Wesentlichen Andres durch seine Forderung, die Aufklärung einzuführen. Das **Regierungsprogramm** (Z. 22–72) wird als Nächstes in einer geheimen „Kabinettssitzung" beschlossen. Es umfasst vor allem Vorschläge Andres' zur Verbesserung der wirtschaftlichen und sozialen Missstände (Z. 26–30), zum Umgang mit „Poesie" (Z. 46) sowie mit „Feinde[n] der Aufklärung" (Z. 43) und zur Abwehr von Kritik des Volkes. Abschließend (Z. 73–77) wird die Regierungsvorlage in Form eines Edikts öffentlich verbindlich gemacht und **in Maßnahmen umgesetzt**.

Deutungshypothese

Im Entwurf einer neuen, humaneren Gesellschaftsordnung werden die **Ziele der Aufklärung** in ihr Gegenteil gekehrt. Die durchgängige **Ironie** in der Darstellung der neuen Gesellschaftsordnung lässt sich erkennen, wenn man die folgenden thematischen Konzepte der Aufklärung näher untersucht: Verstand, Gleichheit, Toleranz für Andersdenkende, Freiheit.

Untersuchungsgang

Aspektorientierte Analyse

Andres, der „erste[ ] Minister des Reichs" (Z. 7), ebenso wie Paphnutius als Herrscher „des aufgeklärten Staats" (Z. 62) setzen ihre

Verstandeskräfte nicht im Sinne der Aufklärung ein. Andres will als erste Amtshandlung „eine Maßregel" ersinnen, die „zwar hart scheint, die indessen die Klugheit gebietet" (Z. 25 f.). Für ihn sind „Vernunft" (Z. 30) und „Klugheit" (Z. 42) Mittel, Wege zu finden, um eigene Machtinteressen zu verfolgen und vor vermeintlichen „Feinde[n] der Aufklärung" (Z. 43) zu schützen. Ganz anders versteht zum Beispiel Kant die **menschliche Vernunft** als Mittel, überlieferte Herrschaftsstrukturen und Autoritäten sowie Fremdmeinungen **kritisch** zu betrachten und sich von deren Bevormundung zu befreien, wenn sie den Einzelnen in einem Zustand der geistigen Unmündigkeit und Abhängigkeit halten.

Verstand

Kants Vernunftbegriff

Noch weniger verstandesbegabt im Sinne der Aufklärung als Andres stellt sich Paphnutius dar. Zwar erkennt er aus eigener empirischer Anschauung, dass „Volk und Staat auf die heilloseste Weise vernachlässigt, verwahrlost wurde" (Z. 3 f.). In Kants Sinne nutzt er seine **sinnliche Wahrnehmung und seine Kenntnisse**, um zu einem **Urteil** zu kommen (Z. 3: „nach seiner Meinung"). Auch leitet er seinen Regierungsauftrag entschlossen (Z. 4: „Er beschloß zu regieren") und engagiert mit dem Selbstbewusstsein des Herrschers gegenüber seinem Untergebenen (Z. 7: „Ich will regieren, mein Guter!") aus dem Wunsch ab, gesellschaftliche Veränderungen für die Bevölkerung herbeizuführen. Doch setzt er sich nicht konsequent für diese Ziele ein. Sein Grundfehler ist es, ohne Überlegung (Z. 4: „ernannte sofort") einen ehemaligen Kammerdiener wegen einer Gefälligkeit (vgl. Z. 5 f.), also ohne angemessene fachliche Qualifikationen, „zum ersten Minister des Reichs" (Z. 7) zu ernennen. Dass er in Andres keinen fachkundig informierten und besonnen abwägenden Berater gefunden hat, wird deutlich, als dieser einen sinnvollen Katalog an wirtschaftlichen, sozialen, bildungspolitischen und medizinischen Maßnahmen (Z. 27–30) sofort zugunsten des Machterhalts beiseiteschiebt. Auch der Fürst erkennt nicht, was zur obersten Priorität der neuen Regierung gehört, die sich aufgeklärt nennen will. Sonst hätte er entschlossen auf Andres' Ideen reagiert, die Existenzgrundlagen der Bevölkerung zu verbessern. Paphnutius verkennt, dass der Reichtum eines Staates sein Grund und Boden ist, ebenso wie die geistige und körperliche Gesundheit seiner Bürger. Damit erweist er sich **nicht als aufgeklärter Herrscher**, der sich als „erster Diener des Staates" versteht, wie etwa Friedrich II. von Preußen, der seine Macht in den Dienst des Volkes stellte und seine Politik am Gemeinwohl orientierte.

Paphnutius

Dass Paphnutius seine Verstandeskräfte zugunsten seines Machtstrebens vernachlässigt, erkennt man auch an seinem **Rollenwechsel** in dem langen Gespräch mit Andres, in dem das Regierungsprogramm entwickelt werden soll. Zunächst begegnet er Andres angemessen in der Rolle der Autoritätsperson in gebieterischem Sprech-

Kommunikationssituation

stil, was man am Verb des Wollens, seiner **Emphase** (vgl. das Ausrufezeichen) und seiner herablassenden **Anredeform** erkennt (Z. 7: „Ich will regieren, mein Guter!“). Doch ohne eigenes rationales Konzept, wie seine Regierung aussehen könnte, gibt er sich beeindruckt von dem generellen Vorschlag seines Ministers, die Aufklärung einzuführen (vgl. Z. 12), und akzeptiert diesen ungeprüft als richtungsweisend. Vor allem seine **Körpersprache** verrät, dass er die soziale Rollenverteilung durchbricht und mit zu großer körperlicher Nähe und einem Verlust an Gefühlskontrolle (Z. 13 f.: „Er hob ihn auf, riß ihn stürmisch an seine Brust und sprach schluchzend: […].“) seine intellektuelle Führungsqualität als Fürst an seinen Minister verliert. Der kopflose **Wechsel zwischen formellen, informellen und hoheitlichen Anredeformen** (z. B. Z. 14 ff.: „Minister – Andres“, „o treuer, gescheiter Diener“) kennzeichnet den eigentlichen Regenten als konfus, was das eigene soziale Rollenverständnis betrifft. Entsprechend gibt er im nachfolgenden Gespräch seine Rolle als Gebieter, d. h. als **Sender in der Kommunikationssituation**, auf und nimmt mit seiner durchgehenden **Fragehaltung** und nur geringen **Redeanteilen** die Rolle des unterlegenen Empfängers ein. Er scheint nicht zu merken, dass Andres mit gezielt eingesetzten Formen der **Obrigkeitsanrede** („Sire“, „bester Sire“, „bester Fürst“, „mein gnädigster Herr“) und seiner Selbstbezeichnung als „der treueste Vasall“ (Z. 10 f.) ihn formell in seiner Herrscherrolle bestätigt, während er selbst die geistige Führung übernimmt.

Paphnutius' Unterlegenheit

Paphnutius' intellektuelle Unterlegenheit zeigt sich noch deutlicher in seiner Unfähigkeit, Andres' Gesprächsstrategie zu durchschauen, die darauf angelegt ist, statt sachliche Erklärungen zur Existenz von vermeintlichen internen Staatsfeinden abzugeben, an die irrationalen Ängste des Regenten zu appellieren, der um seine Macht fürchten muss (vgl. Z. 36–39). Paphnutius' stammelnde, **elliptische Ausdrucksweise**, seine **emphatischen Anredeformen** und seine **Fragehaltung** (Z. 39 f.: „Wie? – was sagt Er – Andres! Minister! – Feen – hier in meinem Lande?“) zeigen, dass er der rhetorischen Begabung seines Ministers unterlegen ist. Andres gebietet ihm eine bestimmte Sichtweise, wie seine **wiederholten Imperative** zusammen mit **Verben der sinnlichen Wahrnehmung** erkennen lassen (vgl. Z. 22 f.). Und Paphnutius folgt blind der Wirklichkeitseinschätzung eines Dritten. Er hört auf Volkes Stimme, schenkt einem Mann aus dem Volke ungeprüft Glauben, lässt sich praktisch von ihm bevormunden. Auch die distanzierte herrschaftliche **Anredeform der dritten Person** („Er“) als Anrede für einen Untergebenen kann Leser nicht darüber hinwegtäuschen, dass der Fürst sich in ein **asymmetrisches Kommunikationsverhältnis** hat hineinmanövrieren lassen: in die Rolle des intellektuell Abhängigen.

Genauso wenig wie dem aufklärerischen Postulat der Vernunft folgt Paphnutius als Herrscher der aufklärischen Forderung nach Gleichheit. Er hat zwar seinen Absolutheitsanspruch als Alleinregierender aufgegeben und die politische Mitwirkung eines Ministers zugelassen. Doch lässt er sich von Andres ein Gesellschaftsmodell aufdrängen, das keine Mitbestimmung der Bevölkerung zulässt. Durchgehend heißt es in ihrem politischen Sondierungsgespräch „das Volk" (Z. 31, 57) oder „die Leute" (Z. 47, 65). Diese **Sammelbezeichnungen** bestärken die **tradierte Ständehierarchie**, die auf der Distanz zwischen der Spitze des Staates und der breiten Bevölkerung beruht. **Stereotyp** bezieht sich Andres auf regierungsfeindliche Gruppen, die er unverändert im Plural mit dem bestimmten Artikel (Z. 36 f., 52 f., 57, 65: „die Feen") bzw. dem Zahlwort „alle" (Z. 30) bezeichnet. Hiermit schafft er ein stereotypes **Freund-Feind-Bild**. Zu seiner Hasspropaganda tragen auch abschätzige Parolen wie „Feinde der Aufklärung" bei (Z. 42 f.) oder „die Frechen" (Z. 50) bei. Die Beschlüsse der Kabinettssitzung werden in Form eines „Edikts" (Z. 75) ohne weitere Beratung, etwa durch ständische Vertreter, zu geltendem Recht der Regierenden, nicht der Regierten. Dies wird am Vollzug der geplanten freiheitsberaubenden Maßnahmen durch die staatlichen Ordnungskräfte deutlich (vgl. Z. 75 ff.). **Gleichheit**

Toleranz, ein weiteres Ziel der Aufklärung, wird in der neu zu begründenden Gesellschaftsform mit den **Mitteln der Machtpolitik** unterdrückt. Andres denkt daran, politisch unliebsame Bürger (Z. 30: „alle Leute von gefährlichen Gesinnungen") durch Zwangsausbürgerung „aus dem Staate zu verbannen" (Z. 31 f.), d. h. mundtot zu machen. Aufklärung im eigentlichen Sinne lebt jedoch vom Dialog gegensätzlicher Auffassungen. Andres dagegen entscheidet eigennützig und autoritär, wessen Gedankengut mit den Interessen der Machthabenden in der staatlichen Gemeinschaft vereinbar ist. **Toleranz**

In diesem Zusammenhang nutzt Andres „die Feen" als Verkörperung oder **Personifizierung** der „Feinde der Aufklärung" (Z. 43). Was sie in seinen Augen politisch gefährlich macht, ist ihr „Gewerbe mit dem Wunderbaren" (Z. 46), ihre Fähigkeit, sich über die nüchterne Wirklichkeit, über Zwänge des Alltags, über Naturgesetze hinweg in ideale Vorstellungswelten zu begeben (Z. 50 f.: „in den Lüften spazieren zu fahren mit vorgespannten Tauben, Schwänen, ja sogar geflügelten Pferden"). Pegasus, das geflügelte Pferd in der griechischen Mythologie, ist das Flügeltier, das alle Dichter auf ihren Fantasiereisen reiten. Die guten Feen in „Tausendundeiner Nacht" lenken mit ihrer vorausschauenden Begabung die Geschicke der Menschen zum Guten, stellen also eine Art Hilfe zur Lebensbewältigung dar, die Andres mit der Verbannung der Feen der Bevölkerung vorenthalten will. **Bedeutung der Feen**

Aus Andres' Ablehnung der Feen spricht die Annahme, dass „Poesie" (Z. 46) den Blick der Menschen für die Realität verstellt, weil sie ihre Gefühle und ihre Sinne anspricht. Als „heimliches Gift" (Z. 47), so argumentiert Andres, verstellt **Literatur** den Blick der Menschen für die Realität (Z. 47 f.: „das die Leute ganz unfähig macht zum Dienste in der Aufklärung"). Statt sich Anregungen und Ablenkung über Literatur zu verschaffen, sollen sich Bürger nach Andres an staatliche Regeln und Gesetze halten (Z. 48: „solche unleidlichen polizeiwidrigen Gewohnheiten"). In seiner dogmatischen Haltung gegenüber Andersdenkenden verkennt Andres, dass die Kunst besonders gut geeignet ist, die Ideale der Aufklärung zu verbreiten. Denn sie spricht neben dem Verstand auch die Sinne der Menschen an und kann ebenso nützlich oder lehrreich sein, wie sie Leser durch ihre Fantasiewelten erfreut. Paphnutius' Erfahrung, dass in der alten Gesellschaftsordnung zwar die Künste beliebt, aber „Volk und Staat" (Z. 3) in einem desolaten Zustand waren, scheint Andres in seiner starren Ablehnung von Literatur zu stärken.

Kunst und Aufklärung

Die **Ironie** der Passage über die Feen liegt darin, dass ihre Existenz und ihre übernatürlichen Fähigkeiten nicht bezweifelt werden können, da sie offenbar zur fiktiven Wirklichkeit von Hoffmanns märchenhafter Erzählung gehören. Dementsprechend kann Andres auch nicht den realhistorisch für die Aufklärung typischen Kampf gegen den *Aberglauben an Feen* führen, sondern muss ihn gegen die *Feen selbst* richten. Aufklärung steht hier nicht im Dienste der Wahrheit, zu der in der Erzählung auch die Feen und ihre Fähigkeiten gehören, sondern im Dienste der Nützlichkeit: Die wenigen Feen, die nicht verbannt, sondern „im Lande behalten" (Z. 59 f.) werden sollen, will Andres für seine Absichten instrumentalisieren. Auch sie will er „zweckdienlich[ ]" (Z. 61) einsetzen. Als „nützliche[ ] Mitglieder[ ] des aufgeklärten Staats" (Z. 61 f.) sollen sie verhindern, dass die Bevölkerung Kritik am Umgang der neuen Regierung mit Andersdenkenden übt. Die **Ironie** besteht hier auch darin, dass die „Mitglieder[ ] des aufgeklärten Staats" nach Andres' Willen „umzuschaffen" (Z. 61 f.) sind, und zwar mit Mitteln der Freiheitsberaubung und Rechtsverletzung (vgl. Z. 62 ff.).

Paphnutius selbst hat keinen Anteil an dieser Auseinandersetzung über die Feen. Nur zweimal (Z. 39 f., 56 f.) unterbricht er Andres' überlange, monologische **Sprechanteile** mit zaghaften Bedenken, die Andres in seiner dominanten Sprecherrolle weiter bestärken. Wieder vergibt Paphnutius eine Chance, seine Rolle als aufgeklärter Herrscher zu definieren, der die Künste nicht nur toleriert, sondern auch zum geistigen Wohl der Bevölkerung fördert.

Freiheit

Freiheit, die höchste Forderung der Aufklärung, gibt es in der neuen Gesellschaftsordnung nicht. Die freie Entfaltung der geistigen Kreativität glaubt Andres mit **staatlicher Gewalt** reglementieren zu können. Nach seinem Willen sollen Andersdenkende nicht nur ihrer körperlichen Freiheit beraubt werden (Z. 53: „Ihre Paläste werden umzingelt von der Polizei"), bevor sie als Staatsfeinde in die Verbannung geschickt werden. Ihnen droht auch die Enteignung (z. B. Z. 53 f.: „man nimmt ihnen ihre gefährliche Habe"). Wer als unbequemer Bürger dennoch geduldet wird, muss mit weiteren **Einschränkungen seiner Freiheitsrechte** rechnen. Diese betreffen die freie Partner- und Berufswahl (Z. 62: „solide Heiraten"; Z. 63: „irgendein nützliches Gewerbe") und uneingeschränkte Bewegungsfreiheit (Z. 63: „unter strenger Aufsicht"). „[N]ützliche[] Mitglieder[] des aufgeklärten Staates" (Z. 61 f.), so lassen sich Andres' freiheitsberaubende Maßnahmen verstehen, sind an die herrschende Ideologie angepasste Bürger. Sie sind unfrei, mittels ihrer Verstandeskraft selbst zu entscheiden, wie sie ihr Leben führen wollen.

Zeitalter der Aufklärung

Versteht man das Zeitalter der Aufklärung als eine Abkehr von der **absolutistischen Herrschaftsform** und Hinwendung zu einer **demokratischen Staatsauffassung**, so kann man die **ironische Erzählhaltung** in E. T. A. Hoffmanns Erzählung genauer bestimmen. Denn die vermeintlich „aufgeklärte" Gesellschaft wird durch die von Andres vorgeschlagenen Maßnahmen in ihr Gegenteil, in einen absolutistischen Staat, verkehrt.

Erzähltechnik

Ein Erzähler tritt nicht direkt in Erscheinung. In den wenigen Passagen des **Erzählerberichts** erkennt man jedoch seine Einstellung zu den beiden Figuren. Er lässt den Leser in das gefühlvolle Innenleben Paphnutius' hineinsehen (z. B. Z. 12 f.: „fühlte sich durch und durch erschüttert von dem erhabenen Gedanken seines Ministers"). Auf den ersten Blick wird Paphnutius durch die Einmischung des kommentierenden Erzählers als eine Herrscherfigur präsentiert, die um das Gemeinwohl der Bevölkerung besorgt ist und seine Machtstellung engagiert für eine Verbesserung der gesellschaftlichen Verhältnisse einsetzen will. Doch gibt der Erzähler bereits mit den Gefühlsübertreibungen **ironisch-belustigte Hinweise** auf eine klägliche Herrscherfigur. Wenn immer der Erzähler Paphnutius in der **Figurenrede** selbst zu Wort kommen lässt, erlebt der Leser unmittelbar, wie sich eine vermeintliche Hochschätzung Paphnutius' in ihr Gegenteil kehrt. In allen Sprechbeiträgen stellt sich Paphnutius ganz und gar nicht als der verantwortliche Herrscher dar, der den Mut hat, sich seines eigenen Verstandes zu bedienen und diesen für das Wohl des Staates einzusetzen.

Ironie in der Figurenzeichnung

Ironie im Erzählverhalten

Diese im Erzählverhalten enthaltene Ironie zeigt sich auch auf andere Weise in der erzählerischen Gestaltung der Figur des Ministers. In seiner Unterredung mit dem Fürsten verwendet Andres direkt und durchgehend den Begriff der Aufklärung. Doch seine Erläuterungen und Begründungen offenbaren das **genaue Gegen-**

teil der Ziele der Aufklärung. Das haben die obigen Untersuchungen zu den Leitvorstellungen Vernunft, Gleichheit, Toleranz und Freiheit gezeigt. Hinter der vordergründig benutzten Worthülse „Aufklärung", mit der er offensichtlich einen geneigten Fürsten beeinflussen will, enthüllt Andres Vorstellungen von einer autoritären Staatsführung. Offenbar trägt der Erzähler jedoch diese pervertierten Ideale der Aufklärung aus dem Munde Andres' nicht mit. Er hält Distanz zu dieser Figur. Er lässt sie ihre durchweg absolutistischen Staatsideen in der **Figurenrede** formulieren, ohne kommentierende Einschübe. Auf diese Weise erhalten Leser Gelegenheit, Andres' Ideen ohne Lenkung durch die Erzählinstanz selbst kritisch einzuschätzen. Die kritische Einschätzung fördert Hoffmann durch die **satirische** Gestaltung, in der Andres und die von ihm vertretene neue Ordnung zur Karikatur der Aufklärung werden.

Reflektierte Schlussbetrachtung

Die neue Gesellschaftsordnung in E. T. A. Hoffmanns Erzählung stellt sich als **Zerrbild eines aufgeklärten Staates** dar. Die **satirische Erzählabsicht** in dem vorliegenden Textausschnitt lässt sich so verstehen: Leser sollen erkennen, dass die Ideale der Aufklärung gründlich missverstanden werden können, wenn ein Mensch (Paphnutius) mit ihnen umgeht, der nicht den Mut hat oder nicht die Anstrengung auf sich nehmen will, sich seines Verstandes ohne Leitung eines anderen (Andres) zu bedienen. Ohne diese **Kant'sche Mündigkeit** bleiben Vernunft und Gleichheit, Toleranz und Freiheit als Ideale der menschlichen Gemeinschaft leere Worte. Offenbar formuliert hier der Romantiker Hoffmann indirekt eine Kritik an dem vernunftgemäßen Denken in der Epoche der Aufklärung (ca. 1720–1785), das für eine Gefühlskultur wenig Raum ließ.

Epoche der Romantik

Aber auch eine Dominantsetzung von Fantasie und Gefühl bricht der Erzähler mit Ironie. In der alten gesellschaftlichen Ordnung wirken die zweckfreien Künste – im Sinnbild der „Feen" – zwar bereichernd für die geistige Existenz der Menschen. Doch erweisen sie sich als wenig zweckdienlich für den wirtschaftlichen und sozialen Bestand der Gesellschaft.

2. *Die zweite Teilaufgabe setzt voraus, dass Sie sich im Rahmen der obligatorischen Behandlung des „Epochenumbruchs 18./19. Jahrhundert" mit Schillers „Don Karlos" beschäftigt haben. Es erwarten Sie drei Operationen: die* ***Einordnung*** *des Szenenausschnitts in das Gesamtdrama, eine* ***Definition*** *der Aufklärung aus Posas Sicht und ein* ***Vergleich*** *der beiden Figuren Posa und Andres mit Bezug auf deren Verständnis von Aufklärung und andere Vergleichspunkte.*

   Folgen Sie in Ihrem Schreibplan der im Zentralabitur üblichen Dreiteilung:
   - *aufgabenbezogene Überleitung*
   - *Hauptteil (hier: mit Einordnung, Definition und Vergleich)*
   - *reflektierte Schlussbetrachtung*

In Hoffmanns Erzählung wie in Schillers Drama beschäftigt sich eine literarische Figur mit der Aufklärung. Andres und auch Posa fordern von ihren jeweiligen Herrschern die **Bereitschaft**, sich zu **aufklärerischem Gedankengut** zu bekennen.

Aufgabenbezogene Überleitung

Der Szenenausschnitt aus Akt III.10 gehört zum Höhepunkt in Schillers Drama „Don Karlos". In der Audienzszene, der ersten direkten Begegnung zwischen König Philipp und Marquis Posa, scheint sich eine **Verständigung** zwischen dem absoluten Monarchen und dem Vorkämpfer der Freiheit anzubahnen. Der König sucht in einer schwierigen privaten Situation einen Vertrauten, der seine Isolation am spanischen Hof als Alleinherrscher verstehen und bei seiner ehelichen Eifersucht Abhilfe schaffen kann. Posa indessen verfolgt politische Interessen in der Unterredung mit dem König. Es geht ihm um eine Befreiung Flanderns aus der Unterdrückung durch Philipps despotische Herrschaft. Im Gespräch verschafft er sich eine Vertrauensstellung, die er im weiteren Handlungsverlauf für die Durchsetzung seiner Freiheitsideale zu nutzen versucht.

Einordnung in Dramenhandlung

Posa versteht unter Aufklärung **Toleranz für politisch Andersdenkende** und **Freiheit von Fremdherrschaft**. Seine politische Forderung, „Geben Sie / Gedankenfreiheit" (Z. 23 f.), bezieht sich allgemein auf unabhängig Denkende in Philipps Reich (Z. 5 f.: „Geister reifen / In Ihrem Weltgebäude") und konkret auf die **religiöse wie politische Befreiung** des protestantischen Flanderns von der inquisitorischen Unterdrückung durch das katholische spanische Weltreich. Diese Toleranz für andere Denkweisen und das Selbstbestimmungsrecht der Völker hält Posa für die höchste Souveränität eines Herrschers (Z. 7 f.: „Werden Sie / Von Millionen Königen ein König").

Posas Verständnis von Aufklärung

Hoffmann gestaltet die Figur des Ministers Andres in satirischer Absicht als Zerrbild eines aufgeklärten Staatsmannes. Schiller dagegen entwirft die Figur des Marquis Posa als ernsthaften Verfechter aufklärerischer Ideen. Bei durchaus vorhandenen Gemeinsamkeiten in ihrer äußeren Lebenssituation ist es dieses grundlegend gegensätzliche Verständnis von Aufklärung, in dem sich beide literarische Figuren unterscheiden.

Vergleich der literarischen Figuren

Zunächst komme ich zu ihren Gemeinsamkeiten: Beide Figuren werden zu Vertrauten ihrer Regenten gemacht: Andres, ein Emporkömmling ohne ersichtliche Qualifikation, der adelige Posa, indem er als Politikverständiger das Vertrauen des Königs erlangt. In ihrer Vertrauensstellung erweisen sich beide Männer als dominant: Jeder versucht, den Regenten für bestimmte politische Ziele zu gewinnen. Dabei unterscheiden sie sich auffallend in ihrer Redeweise. In Andres' langen Monologen lassen sich nur geringe Anteile emphatischen Sprechens feststellen. Er spricht überwiegend emotionslos, pragmatisch zielgerichtet, wenngleich nicht konsequent sachlich,

Figurenkonstellation

gesellschaftlicher Stand

Rollendominanz

Redeweise

wenn er etwa an Paphnutius' irrationale Angst vor Staatsfeinden appelliert. Posa spricht in der Audienzszene durchgehend pathetisch, in rhythmisch gebundener, jambischer Form, in sprachlichen Bildern und in überlegter Anordnung. So steht seine Forderung, „Geben Sie Gedankenfreiheit", am Ende einer längeren Hinführung, die mit spannungserzeugenden Inhaltssätzen (Z. 2 f., 6 f.: „Geben Sie, / Was Sie uns nahmen, wieder") beginnt. Beide Männer bevorzugen Imperative, wenn sie ihren Regenten Vorschläge machen. Doch während Andres den Fürsten auf seine eigene machtpolitisch motivierte enge Sehweise verpflichten will, appelliert Posa an die **überpersönlichen Ideale** eines humanen, aufgeklärten Herrschers.

Verständnis von Aufklärung

Ganz und gar gegensätzlich stellen sich beide Figuren dar, wenn sie ihre Auffassung von Aufklärung enthüllen. Andres kehrt die **Ideale der Aufklärung ins Gegenteil**: Vernunft in irrationale Ängste, Gleichheit in Abhängigkeit, Toleranz in Dogmatismus, Freiheit in geistige Kontrolle. Posa hingegen verbindet den Begriff der Aufklärung mit **Humanitätsidealen**: Freiheit der Religionsausübung, Toleranz für Andersdenkende, Gleichheit von souveränen Staaten in der europäischen Völkergemeinschaft. Während Posa die idealistische Aufklärung verkörpert, die sich der Freiheit des Denkens und einer gerechten Herrschaft verpflichtet sieht, erscheinen Andres und sein Regierungsprogramm als eine Karikatur der Aufklärung.

Reflektierte Schlussbetrachtung

Entstehungszeit

Hoffmann und Schiller gehören unterschiedlichen geschichtlichen Zeiten und unterschiedlichen literarischen Strömungen an, auch wenn die beiden Werke „Don Karlos" (1787) und „Klein Zaches genannt Zinnober" (1819) nur etwa dreißig Jahre auseinanderliegen.

Epochenzugehörigkeit

Als Dichter der Klassik und Zeitgenosse im absolutistisch regierten Fürstenstaat Baden-Württemberg war Schiller von den Freiheitsidealen der Aufklärung stark berührt. Sein Freiheitsdrama „Don Karlos" erschien kurz vor der französischen Revolution (1789) und nachdem mit der amerikanischen Unabhängigkeitserklärung (1776) eine freiheitlich-demokratische Gesellschaftsform entstanden war. E. T. A. Hoffmanns Erzählung hingegen wurde geschrieben, nachdem in Europa die terroristische Diktatur der Jakobiner (1793/94) das Scheitern der aufklärerischen Ideale der französischen Revolution offenkundig werden ließ. In dieser **ernüchternden politischen Entwicklung** mag auch ein Grund dafür liegen, warum der Romantiker mit seiner satirischen Erzählung gegen ein falsches Aufklärungsverständnis intervenierte.

Leistungskurs Deutsch (Nordrhein-Westfalen): Abiturprüfung 2010
Vergleichende Analyse von literarischen Texten

Aufgaben:

1. Analysieren Sie das Gedicht „Spiele wohl! Das Leben ein Schauspiel" von Daniel Czepko im Hinblick auf die hier entwickelte Vorstellung vom menschlichen Leben und dessen Bedingungen. Berücksichtigen Sie dabei auch die Metaphorik und den Titel.

2. Erschließen Sie die zentralen Motive und Strukturen von Rose Ausländers Gedicht „Noch bist du da" und vergleichen Sie anschließend die Konzepte menschlicher Lebensführung, die in den Gedichten jeweils zur Sprache kommen.

Daniel Czepko
Spiele wohl!
Das Leben ein Schauspiel.

Was ist dein Lebenslauff und Thun, o Mensch? ein Spiel.
Den Innhalt sage mir? Kinds, Weibs und Tods Beschwerde[1].
Was ist es vor[2] ein Platz, darauff wir spieln? Die Erde.
Wer schlägt und singt dazu? Die Wollust[3] ohne Ziel.

Wer heißt auff das Gerüst'[4] uns treten? Selbst die Zeit.
Wer zeigt die Schauer[5] mir? Mensch, das sind bloß die Weisen[6],
Was ist vor Stellung hier? Stehn, schlaffen, wachen, reisen,
Wer theilt Gesichter[7] aus? Allein die Eitelkeit.

Wer macht den SchauPlatz auff? Der wunderbare Gott.
Was vor ein Vorhang deckts? Das ewige Versehen[8].
Wie wird es abgetheilt? Durch leben, sterben, flehen.
Wer führt uns ab, wer zeucht[9] uns Kleider aus? Der Tod.

Wo wird der Schluß erwartt des Spieles? in der Grufft.
Wer spielt am besten mit? Der wol sein Ammt kan führen.
Ist das Spiel vor sich gut? Das Ende muß es zieren.
Wenn ist es aus? o Mensch! wenn dir dein JESUS rufft.

Daniel Czepko: Spiele wohl! Das Leben ein Schauspiel. In: Ders.: Sämtliche Werke. Band 1: Lyrik in Zyklen. Teil 1. Hrsg. von Hans-Gert Roloff und Marian Szyrocki. Berlin; New York: de Gruyter 1989, S. 85 f.

Anmerkungen:
1 *Beschwerde:* ‚Beschwerung durch'
2 *vor:* für; so auch in den Versen 7, 10, 15
3 *Wollust:* Lust, die auf Begierde beruht
4 *Gerüst:* Bühne
5 *Schauer:* Zuschauer
6 *die Weisen:* die kontemplativ Betrachtenden, die nicht in das Spiel verstrickt sind
7 *Gesichter:* Anlehnung an die Theatermetaphorik Mienen und Masken, die Spielarten vorgeben
8 *Versehen:* Vorsehung
9 *zeucht:* zieht

Der Autor:
Daniel Czepko, * 23. September 1605 in Koschwitz bei Liegnitz, † 8. September 1660 in Wohlau.

Rose Ausländer
Noch bist du da (1977)

Wirf deine Angst
in die Luft

Bald
ist deine Zeit um
bald
wächst der Himmel
unter dem Gras
fallen deine Träume
ins Nirgends

Noch
duftet die Nelke
singt die Drossel
noch darfst du lieben
Worte verschenken
noch bist du da

Sei was du bist
Gib was du hast

Rose Ausländer: Noch bist du da. In: Dies.: Ich höre das Herz des Oleanders. Gedichte 1977–1979 (Gesammelte Werke in sieben Bänden). Frankfurt am Main: S. Fischer 1984, S. 86

Die Autorin:
Rose Ausländer, * 11. Mai 1901 in Czernowitz, Österreich-Ungarn, † 3. Januar 1988 in Düsseldorf; geborene Rosalie Beatrice Scherzer, war eine aus der Bukowina (Rumänien) stammende deutschsprachige Lyrikerin.

Hinweise und Tipps

Die Aufgabenstellung nimmt Bezug auf die verbindlichen Inhalte des Zentralabiturs aus den Bereichen „Literatur vor 1700: Lyrik des Barock" und „Gegenwartsliteratur". Methodische Fähigkeiten und Fertigkeiten im Umgang mit Gedichten knüpfen dabei insbesondere an Kompetenzen an, die im Rahmen der Beschäftigung mit der Barocklyrik erworben wurden, während das Gedicht von Rose Ausländer aus dem Jahr 1977 der jüngeren Gegenwartsliteratur zuzuordnen ist.

1. *Der übergeordnete Operator der ersten Teilaufgabe ist* ***Analysieren****. Zugleich setzt die Aufgabenstellung* ***zwei Schwerpunkte****, die in Ihrer Darlegung in Erscheinung treten müssen: Sie fokussieren Ihre Analyse* ***inhaltlich-thematisch*** *auf die im Gedicht entwickelte „Vorstellung vom menschlichen Leben und dessen Bedingungen",* ***formal*** *auf die Metaphorik und den Titels des Gedichts. Auf der Grundlage dieser Perspektivierung wird von Ihnen verlangt, dass Sie den Text erfassen, beschreiben und deuten. Entstehungszeit, Titel und formaler Aufbau des Gedichts machen es eindeutig als Barockgedicht kenntlich. Das sollte auch erwähnt werden, in der Analyse selbst aufgrund der vorgegebenen Schwerpunktsetzung aber nicht in den Vordergrund treten. Es ist vielmehr darauf zu achten, dass die Analyse in der ersten Teilaufgabe auf die Anforderungen, die die zweite Teilaufgabe stellt, vorbereitet und analytische und argumentative Anknüpfungspunkte schafft.*

Lösungsvorschlag

Einleitung
Primärinformationen

Das Gedicht „Spiele wohl! Das Leben ein Schauspiel" von Daniel Czepko (1605–1660), dessen genaue Entstehungszeit nicht bekannt zu sein scheint, ist ein typisches literarisches Zeugnis barocken Denkens. Es mahnt den Leser, sich bewusst zu sein, dass das Leben ein Schauspiel sei, dessen Verlauf der Mensch nur sehr eingeschränkt beeinflussen kann, und fordert ihn auf, dieses ‚Spiel' gut zu spielen.

Hauptteil
Formbestimmung

Czepko greift nicht auf die barocktypische Gedichtform des Sonetts zurück, sondern formt ein gleichmäßig in vier Quartetten aufgebautes Gedicht. Dessen durchgängiges **Versmaß** ist der sechshebige Jambus, der als Alexandriner mit deutlicher Zäsur nach der dritten Hebung zu erkennen ist. Nur in den Eingangsversen der ersten, zweiten und vierten Strophe ist diese Zäsur nicht ganz so offensichtlich. Die Quartette folgen durchgängig dem **Reimschema** abba. Von der unreinen Reimbildung zwischen V. 9 („Gott") und V. 13 („Tod") sowie „Grufft" (V. 13) und „rufft" (V. 1) abgesehen, sind die Reime vollkommen regelmäßig. Die umarmenden Reime bilden dabei eine männliche, die Paarreime eine weibliche Kadenz. Dadurch entsteht eine sehr gleichmäßige Sprechweise, die schon in

ihrem Duktus erkennen lässt, dass das implizite lyrische Ich sich der Richtigkeit seiner Aussagen gewiss ist.
Das zeigt sich auch an dem in hohem Maße **parallel geführten syntaktischen Aufbau** der Verse. Jeder Vers besteht aus einer Frage und einer darauf folgenden knappen Antwort, die elliptisch auf das Äußerste, nämlich die bloße Nennung des jeweiligen Subjekts oder Objekts des Satzes, reduziert wird. Wenn zum Beispiel auf die das Gedicht einleitende Frage „Was ist dein Lebenslauff […]“ lapidar geantwortet wird: „ein Spiel“ (V. 1), so macht diese radikale Verknappung eine Gewissheit deutlich, die kaum Spielraum lässt für abweichende Überlegungen. Diese verstärkt sich durch die Parallelismen ebenso wie durch die nur zwei Mal (V. 2 und V. 15) unterbrochenen Alliterationen der W-Fragen an den Versanfängen. Besondere Prägnanz erhalten die Antworten in den Versen, in denen die syntaktische Zäsur, die durch die Abfolge von Frage und Antwort erzeugt wird, nicht mit der metrischen durch den Alexandriner korrespondiert. Das ist in den Versen 1, 3, 5, 12 und 13 der Fall. Dort erscheint die formulierte Einsicht des lyrischen Ichs in besonderer Weise als lapidar und geradezu selbstverständlich: „Was ist es vor ein Platz, darauff wir spieln? Die Erde.“ (V. 3)

Titel des Gedichts

Dass damit der Leser angehalten werden soll, sein eigenes Leben in einer bestimmten Weise auszurichten, macht schon der **Titel des Gedichts** unmissverständlich klar. „Spiele wohl!“ hat einen ausdrücklich appellativen Charakter. Begründet wird die Aufforderung im Untertitel mit dem elliptischen Verweis, das Leben sei ein „Schauspiel“. Diese schon im Untertitel in Erscheinung tretende Theatermetaphorik prägt das gesamte Gedicht und wird in jeder der vier Strophen in verschiedene Facetten, die ein Schauspiel ausmachen, aufgefächert.

Strophenanalyse
1. Strophe

Gleich zu Beginn wird der Leser mit der emphatischen Anrede „o Mensch“ (V. 1) darauf aufmerksam gemacht, wie gewichtig die folgenden Einsichten sind. Das lyrische Ich kennzeichnet den „Innhalt“ des Lebens als „Beschwerde“ (V. 2), also als eine Abfolge von Ereignissen und Entwicklungen einzig als **Lebenslasten**, denen eine positive und zuversichtliche Einschätzung versagt bleibt. So wie das lyrische Ich das ‚Spiel des Lebens‘ allein auf eine Abfolge von Belastungen reduziert, so reduziert es auch die Ursachen dafür auf drei Faktoren, die es in einer Klimax benennt als „Kinds, Weibs und Tods Beschwerden“ (V. 2). Die allgemeinmenschliche Perspektive, die im ersten Vers mit der Ansprache „o Mensch“ eingenommen wurde, wird hier implizit mit der des Mannes gleichgesetzt, dessen Leben durch Kind, Frau und Tod belastet wird. Auffallend ist in diesem Zusammenhang nicht nur, dass familiäre Entwicklungen und Strukturen offenbar mit der

Unausweichlichkeit des Todes gleichgesetzt werden, sondern darüber hinaus, dass andere Faktoren des Lebens als die aus dem privaten Bereich ausgeblendet bleiben. Das Gedicht berücksichtigt hier nicht explizit – wie es sonst für die Zeit des Barock kennzeichnend ist – die zeitgenössischen Wirren des politischen und sozialen Umbruchs in Europa in der ersten Hälfte des 17. Jahrhunderts und die Schrecknisse des Dreißigjährigen Krieges, die der Autor als Zeitgenosse erlebt haben müsste. Die Erwartung des Lesers, die damit in Zusammenhang stehenden ‚Beschwerden' des Lebens vorgeführt zu bekommen, wird so enttäuscht.

Das lyrische Ich metaphorisiert die Welt als **Theaterraum**, in dem sich das Leben abspielt. Zunächst benennt es als „Platz, darauff wir spielen" (V. 3), also als die Bühne, die gesamte „Erde" (V. 3). Damit wird dem **Spielcharakter des Lebens** erneut etwas **Unausweichliches** verliehen, dem der Mensch sich nicht entziehen kann. Denn ist die Erde die Bühne, so gibt es für den Menschen keinen Ort, an dem man dem Spiel ausweichen könnte. Zugleich weist das lyrische Ich einen Taktgeber aus, der dazu „schlägt und singt" (V. 4), also den Rhythmus vorzugeben scheint. Auch dieser Einflussfaktor wird skeptisch wahrgenommen, denn es ist die „Wollust ohne Ziel" (V. 4). Unausweichlichkeit und Begierde bilden die Grundkoordinaten, die das Leben als Schauspiel beeinflussen und im Folgenden durch weitere Einflussfaktoren ergänzt werden.

2. Strophe

In der zweiten Strophe werden **wesentliche Elemente, die ein Theater ausmachen**, angeführt, um auf dieser metaphorischen Ebene das Leben zu charakterisieren: Bühne, Zuschauer, Handlung und Masken. Die **Zeit** wird **als Initiator des Spiels** verstanden, der es beginnen und „auff das Gerüst' uns treten" (V. 5) lässt. Zugleich wird deutlich gemacht, dass die Spielhandlung und im übertragenen Sinne also der Verlauf des Lebens unter Beobachtung steht, und zwar beobachtet von jenen, die nicht eingreifen und die ‚Bühnenhandlung' „bloß" beobachtend begleiten, den „Schauer[n]" (V. 6). Weitere Erläuterung findet der Gedanke aber nicht. Vielmehr wird nun die Aufmerksamkeit auf die Handlung gelenkt, die auf dieser Bühne gezeigt wird. Dabei wird **das Leben auf vier Aktionen reduziert**, die im Kontrast aufgeführt werden. Sie markieren antithetisch die Pole Statik („stehn") und Bewegung („reisen") sowie Passivität („schlafen") und aktive Teilnahme am Leben („wachen", V. 7). Auch das wird ohne weitere Erläuterung nur lapidar festgehalten. Erneut eröffnet das lyrische Ich stattdessen einen weiteren Aspekt und weist darauf hin, dass eine der Hauptrequisiten des Theaters, die **Masken** („Gesichter"), „[a]llein die Eitelkeit" (V. 8) austeilen würde. Der Begriff der „Eitelkeit" meint zeitgenössisch nicht eine menschliche Charakterschwäche, sondern spielt auf das **Vanitas-Motiv** an. Man muss nur an Andreas Gryphius' bekanntes

Gedicht „Es ist alles eitel“ denken. Die Kombination dieses Motivs mit dem der Theatermasken könnte hier verdeutlichen, dass es letztlich egal ist, welche Rolle eingenommen wird – es scheint ohnehin vergeblich zu sein.

3. Strophe

Die Frage, mit der die dritte Strophe eingeleitet wird, ist eine variierende Wiederholung der Eingangsfrage zu Strophe 2. Denn ein inhaltlicher Unterschied ist zwischen den Fragen „Wer heißt auff das Gerüst’ uns treten?“ (V. 5) und „Wer macht den SchauPlatz auff?“ (V. 9) kaum auszumachen. Beide Fragen zielen darauf ab, das Augenmerk auf den Beginn des Spiels und dessen Impuls zu lenken. Abweichend ist nun aber die Antwort. In der dritten Strophe wird der „**wunderbare Gott**“ (V. 9) als derjenige ausgewiesen, der das ‚Schauspiel‘ in Gang setzt, während die Vorsehung, das „ewige Versehen“ (V. 10), Anfang und Ende der einzelnen Akte markiert, an denen der Vorhang fällt. Auch hieran zeigt sich, wie streng sich das Gedicht in der **Bildwelt des Dramas und Theaters** bewegt, um damit wesentliche Merkmale des Lebens zu veranschaulichen. Dies gilt auch für die inhaltliche Ausgestaltung der einzelnen Teile. Das lyrische Ich fragt, „wie“ das Schauspiel beziehungsweise das Leben inhaltlich „abgetheilt“ werde (V. 11), und antwortet mit einer assonierenden Klimax, die in ihrer Dreiteiligkeit an ein Akte-Schema erinnert: „Durch leben, sterben, flehen“ (V. 11). Auffallend ist, dass die beiden erstgenannten Aspekte durchaus noch als zeitlich wahrzunehmende Etappen eines Menschenlebens nachvollzogen werden können. Überraschend ist eher die letzte aufgeführte Phase. Denn „Flehen“ ist eine Tätigkeit, die man nur schwerlich als Lebensetappe bezeichnen kann. Außerdem hat sie immer einen Adressaten, mithin Gott. Doch das Gedicht bietet dem Leser für diese Unstimmigkeit keine Erläuterung an, die zum Verständnis beitragen könnte. Zu vermuten ist bloß, dass sich dahinter die Vorstellung verbirgt, der Mensch sei in einer Phase oder Etappe, in der ihm noch Gnade und Erlösung widerfahren muss, um die er fleht. Anstatt dem Leser diesbezüglich Verstehenshinweise zu geben, verbleibt das Gedicht in der Logik der Theatermetaphorik. Es weist in Korrespondenz zu V. 9, der die Spieleröffnung thematisierte, nun darauf hin, wer das Spiel beendet: „Der Tod“ (V. 12).

4. Strophe

Die letzte Strophe fragt nach dem Ende des Spiels in Hinblick auf den Ort, die „Grufft“ (V. 13), und auf die Instanz, die den Schluss vorgibt: „JESUS“ (V. 16). In den Binnenversen der vierten Strophe wirft das lyrische Ich hingegen die Frage auf, welche Qualität das Spiel ausmacht, und führt zwei wesentliche Aspekte an. Am besten spiele der, der „sein Ammt kan führen“ (V. 14), also derjenige, der die ihm zugeteilten Aufgaben erfüllen könne. Zugleich führt das lyrische Ich an, dass die Qualität ganz wesentlich bestimmt werde vom Ende, das es „zieren“ (V. 15) muss. Welchen Stellenwert dabei aber die Ausgestaltung des gesamten Lebens weit vor dem Ende hat, bleibt offen. Der letzte Vers nimmt die pathetische Anrede des Eingangsverses („o Mensch“, V. 16) wieder auf und verstärkt die Wirkung insofern, als es sich nun auch in direkter Anrede an ein Du wendet. Damit bekräftigt das lyrische Ich die Sonderstellung des Gottessohnes für das Leben des Einzelnen und markiert mit dem Possessivpronomen das Verhältnis zwischen dem angesprochenen Du und Jesus als persönliche Beziehung.

Zusammenführung und Deutung der Einzelaspekte

Czepkos Gedicht entwickelt damit ein Lebenskonzept, das stark von seinem Ende her geprägt ist. Ausgerichtet ist es auf das Jenseits, in dem die Begegnung mit Jesus Heil und Erlösung zu versprechen scheint. Dem gegenüber erscheint das **Leben im Diesseits als bloßer Durchgang**, dem das Eigentliche erst folgt. Lebenszusammenhänge werden auf wenige Elemente und Einflussfaktoren reduziert, die in einem konsequenten Rückgriff auf Theatermetaphorik das Dasein als Rollenspiel kennzeichnen. Der Mensch tritt in diesem Spiel aber nur insofern als Akteur auf, als er sich in den Räumen bewegen kann, die ihm äußere Faktoren wie Vorsehung, Tod oder Gott gewähren – mehr nicht. Czepko entwirft daher kein barockes „Carpe diem“, das den Menschen dazu auffordert, aktiv Lebenssituationen zu gestalten. Das Gedicht artikuliert vielmehr die Gewissheit, dass es ebenso unausweichlich wie notwendig ist, sich in die zugewiesene Rolle einzufinden. Sie ausgefüllt zu haben, entscheidet sich erst am Ende, das Erlösung verspricht, wenn Gott den Menschen zu sich ruft.

2. *Die zentralen Operatoren der zweiten Teilaufgabe lauten* ***Erschließen*** *und* ***Vergleichen****. Damit wird von Ihnen verlangt, dass Sie das Gedicht von Rose Ausländer untersuchen, um es auf dieser Grundlage zu dem Barockgedicht von Czepko in Beziehung zu setzen und so Gemeinsamkeiten und Unterscheide herausarbeiten zu können. Die Aufgabenstellung gibt als zentrales Kriterium die literarische Gestaltung von Konzepten menschlicher Lebensführung vor.*
Sinnvoll ist es, in den überleitenden Bemerkungen zunächst knapp die Gemeinsamkeiten zu benennen. Grundlage der weiteren Argumentation ist dann eine verknappte ***Analyse*** *des zweiten Gedichts, die* ***aspektorientiert*** *auf die Textstruktur und die Motive angelegt wird. Dabei bietet es sich an, das erste Gedicht immer als Referenztext im Hinterkopf zu behalten. Im Anschluss können Sie an konkreten Textbezügen* ***Vergleichsmomente in ihrer Gemeinsamkeit und Abweichung*** *aufzeigen. Die Einzelergebnisse des Analysevergleichs müssen in einer Schlussbetrachtung noch einmal zusammengefasst und auf eine allgemeinere,* ***abstraktere Ebene*** *gehoben werden, die deutlich macht, dass den beiden Texten* ***abweichende Vorstellungen und Denkwelten*** *zugrunde liegen.*

Rose Ausländers Gedicht „Noch bist du da" aus dem Jahr 1977 fragt ebenfalls nach dem **richtigen Umgang mit dem Leben im Bewusstsein der eigenen Vergänglichkeit**. In der spezifischen Beantwortung dieser Frage, die, wie zu zeigen sein wird, anders ausfällt als in Czepkos „Spiele wohl!", sind die beiden Texte miteinander vergleichbar.

Überleitung und thematische Anbindung

Ausländers Gedicht besitzt weder einen Reim noch ein gleichmäßiges Versmaß, erscheint aber nur auf den ersten Blick als weithin formlos. Es besteht aus insgesamt vier Versgruppen. Dabei bilden die erste und die letzte Versgruppe, die jeweils eine Aufforderung an das angesprochene Du in drei lapidar gehaltenen Imperativen artikulieren, einen Rahmen. Dem Gedicht ist also – durchaus vergleichbar mit dem barocken Vergleichstext – ein **appellativer Redegestus** eigen. Zugleich aber haben die beiden längeren Versgruppen von 7 bzw. 6 Versen einen eher beschreibenden Charakter. Durch die Temporaladverbien „bald" in der zweiten Versgruppe und „noch" in der dritten Versgruppe sind sie als gedankliche Kontraste angelegt, die zunächst zukunftsbezogen sind („bald"), dann aber im „noch" die Gegenwart als das Hier und Jetzt in den Blick nehmen. Die das gesamte Gedicht prägende Anrede an das Du kann dabei durchaus auch als **Selbstanrede** aufgefasst werden, mit der das lyrische Ich sich Mut macht, sein Leben nicht auf den Tod zu konzentrieren.

Erschließung des Gedichts von Rose Ausländer

Der Imperativ der ersten Versgruppe verweist implizit auch auf ein Spiel. Das Du wird ermuntert, die eigene Angst in die Luft zu werfen (vgl. V. 1 f.), sie also loszulassen. Damit bekommt diese Geste den Anschein einer Befreiung, die aber zunächst noch beherrscht wird vom Bewusstsein, dass die eigene Zeit eine vergängliche ist. Denn die zweite Versgruppe entwirft ein Zukunftsbild, das um den eigenen Tod kreist. Die Höhe, in der in der ersten Versgruppe noch die Angst geworfen wird, findet ihre Umkehrung in der Tiefe eines Grabes. Der Himmel wächst dort „unter dem Gras" (V. 7) und die Träume fallen „ins Nirgends" (V. 9). Aber dabei bleibt es nicht. Das Gedicht festigt nicht das „Memento mori", sondern hebt es auf in der **Gewissheit des Jetzt**. Die dreifache Verwendung des Adverbs „noch" (V. 10, 13 und 15) mutet wie ein Widerstand an gegen das „bald", das mit dem Tod einhergeht. Dem Motiv des Todes, das die zweite Versgruppe beherrscht, steht das Motiv des Lebens in der dritten Versgruppe gegenüber: Hier zeigt sich sowohl die Eingebundenheit in die Natur, deren Duft im Pars pro toto der Nelke (vgl. V. 11) ebenso wahrgenommen wird wie deren Geräusche im Gesang der Drossel (vgl. V. 12), als auch die Hinwendung zum anderen Menschen, an den man „Worte verschenken" (V. 14) und den man lieben darf (vgl. V. 13). Aus dieser **Erfüllung im Diesseits** leitet das lyrische Ich seinen Appell ab, authentisch zu sein

(„Sei was du bist“, V. 16) und sich zugleich der eigenen Umwelt durch ein soziales Handeln zu öffnen („Gib was du hast“, V. 17).

Vergleich der Gedichte

Vergleicht man die beiden Gedichte, so werden ihre Unterschiede vor dem Hintergrund der Analysen deutlich. Gemeinsam ist ihnen, dass sie auf **Metaphern und Bilder** zurückgreifen, um das Leben in seinen Merkmalen zu erfassen. Das Barock-Gedicht spielt dabei die Bildmetaphorik des Theaters konsequent, wohingegen das Gedicht von Rose Ausländer das Spielmotiv nur kurz anreißt, um dann in andere Bildbereiche auszugreifen. Gemeinsam ist den Gedichten auch die **appellative Kommunikationssituation**, die sie gestalten.

Gemeinsamkeiten

Unterschiede

Während aber das lyrische Ich in „Spiele wohl!“ in der dauerhaften Abfolge von Frage und Antwort einen belehrenden Redegestus erzeugt, ist die Rede des lyrischen Ichs in „Noch bist du da“ doch eher aufmunternd, mitfühlend und empathisch. Diese Differenz verdankt sich auch der verschiedenen Anlagen der Gedichte: Czepkos Gedicht liest sich als Darstellung eines Lebenskonzepts, das den Anspruch der Allgemeingültigkeit erhebt. Das Gedicht der Autorin hingegen bleibt in seinem Geltungsanspruch zurückhaltender – insbesondere wenn man die Anredeform als Selbstansprache versteht. Vor allem aber sind die **Lebenskonzepte**, wie sie die Gedichte entwerfen, geradezu gegensätzlich. Während das Leben bei Czepko als eine Abfolge von Mühsal und Beschwernissen dargestellt wird, blickt das lyrische Ich im Ausländer-Gedicht auf die Glücksmöglichkeiten, die das Leben selbst im Angesicht des baldigen Endes bietet. Im erstgenannten Gedicht bleibt das Leben auf den Tod ausgerichtet und dem **Jenseits** zugewendet; in „Noch bist du da“ wendet sich der Sprecher geradezu vom Tod ab und dem **Diesseits** zu. Mit diesem Unterschied korrespondieren die Auffassungen davon, wie das Leben geführt werden soll: Im Gedicht des Barockschriftstellers hat sich das Leben allein in einer **Rolle** zu entfalten, der alles vorbestimmt zu sein scheint und die kaum Möglichkeiten der individuellen Lebensgestaltung zulässt. Dem steht das beharrliche Bestehen auf **Individualität und Authentizität** in Ausländers Gedicht geradezu diametral gegenüber. Es ist daher nur konsequent, dass es in dem von diesem Gedicht gestalteten Lebenskonzept keinen Platz gibt für ein Nachdenken über religiöse Bindungen an einen Gott, der das Jenseits verheißen würde. Im „Spiele wohl“ von Czepko artikuliert sich somit ein zutiefst christliches Weltbild, das sich an den religiösen Verheißungen eines Jenseits hält und sich an Gott als Bezugs- und Endpunkt orientiert, während das Gedicht von Ausländer von einer modernen Diesseitigkeit zeugt, die dem Leben eine Qualität zuschreibt, welche die bewusste Hinwendung zum Hier und Jetzt als lohnenswert erscheinen lässt. Insofern variiert das moderne Gedicht von Rose Ausländer das barocktypische Motiv des „carpe diem“, das dem Czepkos Barockgedicht gerade fehlt.

Leistungskurs Deutsch (Nordrhein-Westfalen): Abiturprüfung 2010
Erörterung im Anschluss an die Analyse einer Textvorlage

Aufgaben:

1. Untersuchen Sie Fontanes Theaterkritik im Hinblick auf die Position des Verfassers und die Argumente, mit denen er sie vertritt.

2. Stellen Sie die Grundlagen und die Beschaffenheit der Ehe zwischen Effi und Innstetten dar und prüfen Sie kritisch, in welchem Maß deren Darstellung in Fontanes Roman „Effi Briest" mit der in Fontanes Ibsenkritik vertretenen Position übereinstimmt. Berücksichtigen Sie dabei die Funktion der Erzähltechnik im Roman.

Theodor Fontane
Theaterkritiken

Erläuterung: Der norwegische Dichter Henrik Ibsen (1828–1906) übt in seinen Dramen schonungslose Kritik an der Erstarrung der bürgerlichen Gesellschaft in Konventionen, besonders an der unwürdigen Rolle der Frau in der Ehe. Fontane schreibt anlässlich einer Aufführung von Ibsens Drama „Gespenster" am 13. Januar 1887 in der „Vossischen Zeitung":

[…] Was will Ibsen? Es sind zwei Sätze, die, wenn ich sein Stück recht verstanden habe, von ihm wie Thesen an seine neue Wittenberger Schloßkirche[1] geschlagen werden. *Erste These:* Wer sich verheiraten will, heirate nach Neigung, aber nicht nach Geld. *Zweite These:* Wer sich dennoch nach Geld verheiratet hat und seines Irrtums gewahr wird, ja wohl gar gewahr wird, sich an einen Träger äußerster Libertinage[2] gekettet zu haben, beeile sich, seinen faux pas[3] wieder gut zu machen, und wende sich, sobald ihm die Gelegenheit dazu wird, von dem Gegenstande seiner Mißverbindung ab und dem Gegenstande seiner Liebe zu. Bleiben diese Thesen unerfüllt, so haben wir eine hingeschleppte, jedem Glück und jeder Sittlichkeit hohnsprechende Ehe, darin im Laufe der Jahre nichts zu finden ist als Lüge, Degout[4] und Kretinschaft[5] der Kinder […]

So die Thesen, die das Ibsensche Drama, dessen Kunst und Technik ich rückhaltslos bewundere, zur Anschauung bringt.

Sind diese Thesen richtig?

Ich halte sie für falsch.

Solange die Welt steht oder solange wir Aufzeichnungen haben über das Gebaren der Menschen in ihr, ist immer nach den „Verhältnissen" und nur sehr ausnahmsweise nach Liebe geheiratet worden. Die vorchristliche Zeit kannte den Luxus des Nach-Liebe-Heiratens kaum, jedenfalls war es Ausnahme, nicht Regel. […] Ist anzunehmen, daß die Spartaner nach Liebe geheiratet haben? Vermählen sich die Fürsten, in der großen Mehrzahl der Fälle, nach Liebe? Heiratet man in den reichen Bauerndörfern aus purer Passion? Umgekehrt, alles ist Pakt und Übereinkommen. „Die Liebe findet sich“ und wenn sie sich nicht findet, so schadet es nicht. […] Beaconsfield[6], befragt, weshalb er nach Geld geheiratet habe, gab zur Antwort „um Ruh’ und Friedens, also um Glückes willen“, denn alle „aus Liebe“ geschlossenen Ehen habe er mit Tätlichkeiten oder Untreue enden sehn. Das ist scherzhaft zugespitzt aber sehr ernsthaft gemeint, und es verlohnt sich wohl, diesen Satz des berühmten englischen Staatsmanns dem Satze des berühmten norwegischen Dichters gegenüber zu stellen. […] [Es bleibt] mein Credo, daß, wenn von Uranfang an, statt aus Konvenienz[7] und Vorteils-Erwägung, lediglich aus Liebe geheiratet wäre, der Weltbestand um kein Haarbreit besser sein würde, als er ist.

Aber wie steht es mit These II? Ist Ehescheidung, Übertritt aus dem einen in das andre Lager ein für allemal unabweisliche Pflicht, wenn sich im weiteren auch noch die Zusatzbemerkung erfüllt und in der Ehe die Wahrnehmung gemacht wird „sich an einen Träger äußerster Libertinage“, ja geradezu an Laster und Sünde gekettet zu haben? […]

Habe ich [die These] richtig definiert, ist Trennung der Ehe, wo Laster und Sünde vorliegen, nicht bloß persönliches Recht, sondern unabweisliche Menschenpflicht, so kann, meines Erachtens, auch These II nicht bestehen. Das Hin und Her vom einen zum andern, das Lieben auf Abbruch, die souveräne Machtvollkommenheit ewig wechselnder Neigungen über das Stabile der Pflicht, über das Dauernde des Vertrages, all das würde die Welt in ein unendliches Wirrsal stürzen und eine Verschlimmbesserung ohne gleichen sein. Und wenn diesem Satze, der, wie zugestanden werden mag, über bis dahin Unerprobtes spricht, die Beweiskraft fehlen sollte, so läßt sich doch, retrospektiv[8] und historisch, mit aller Bestimmtheit *der* Beweis führen, daß trotz alles Sünden-Elends, das uns durch die Jahrhunderte hin begleitet und sich selbstverständlich auch in unsrem intimsten Leben in hundertgestaltiger Häßlichkeit betätigt hat, daß trotz all dieses Elends, trotz entnervter Männer und entarteter Frauen, trotz Schein, Komödie, Lüge die Welt nicht rückwärts sondern vorwärts gekommen ist. […] Alle die Millionen Ehen, die, von damals bis heute, auf nichts anderes als auf Gold und Glanz hin geschlossen wurden, alle die Wüstlinge, die von damals bis heute die Hoffnungen junger Herzen getäuscht und zur Elends- und Widerlichkeitsgeschichte der Menschheit ihr ehrlich Teil beigetragen haben, alle diese Geld-Ehen, alle diese trauermäßig auf Halbmast herabgelassenen Lebenskräfte haben weder die Verdummung der Generationen noch ihre physisch-moralische Versumpfung zur Folge gehabt. […] Ein frischer Zug geht durch die Welt, gerade auch jetzt wieder, und ein moderner Mensch sein, heißt ein Mensch sein voll Spannkraft und Nerv […], und wenn es sicherlich nicht wohlgetan wäre, den Blick gegen unsere Gebrechen und Schwachheit verschließen zu wollen, so verbietet es sich doch mehr noch, all das, was uns von Schuld und Sühne durchs Leben hin begleitet, unter ein vergrößerndes Zerrglas zu tun. All das, womit wir in diesen „Gespenstern“ geängstigt und zum Wechsel unserer sittlichen Anschauungen gedrängt werden sollen, ist uralten Datums. […] Alles ruht in einer ewigen, immer neue Lebensströme spendenden Erhaltungshand, der es ein leichtes ist, die Sünden eines norwegischen Kammerherrn, und noch vieler anderen Kammerherrn, aus ihrer Kraft- und Gnadenfülle wieder wettzumachen. Das alles ist nur der schwarze Fleck am Apfel, der in der Weltenwaage nicht aufwiegt. Unsere Zustände sind ein historisch Gewordenes, die wir als solche zu respektieren haben. Man modle[9] sie, wo sie der Modlung bedürfen, aber man stülpe sie nicht um. Die größte aller Revolutionen würde es sein, wenn die Welt, wie Ibsens Evangelium es predigt, übereinkäme, an Stelle der alten, nur scheinbar prosaischen[10] Ordnungsmächte die freie Herzensbestimmung zu setzen. Das wäre der Anfang vom Ende. Denn so groß und stark das menschliche Herz ist, eins ist noch größer: seine Gebrechlichkeit und seine wetterwendische Schwäche.

Aus: Theodor Fontane: Theaterkritiken, Vierter Band. 1884–1894. Hrsg. von Siegmar Gerndt. Frankfurt am Main; Berlin; Wien: Verlag Ullstein 1979, S. 95–98

Anmerkungen:
1 *Wittenberger Schloßkirche:* Der Legende nach hat Luther 1517 hier seine 95 Thesen angeschlagen.
2 *Libertinage:* Zügellosigkeit, Ausschweifung
3 *faux pas:* hier: Fehltritt gesellschaftlicher Art
4 *Degout:* Abscheu, Ekel
5 *Kretinschaft:* Schwachsinn
6 *Beaconsfield:* Benjamin Disraeli, Earl of Beaconsfield (1804–1881), zeitgenössischer englischer Staatsmann
7 *Konvenienz:* Übereinkunft im Sinne der Konventionen
8 *retrospektiv:* rückblickend
9 *modeln:* formen, verändern
10 *prosaisch:* nüchtern, fantasielos, trocken

Hinweise und Tipps

1. *Thematisch bezieht sich die vorliegende Aufgabe auf den verbindlichen Gegenstandsbereich des Zentralabiturs „Epochenumbruch 19./20. Jahrhundert – unter Berücksichtigung der Entwicklung von Erzählformen". Den Referenztext bildet dabei der obligatorisch vorgegebene Roman „Effi Briest" von Theodor Fontane. Die Aufgabenart fordert insgesamt einen* ***erörternden Schwerpunkt (Aufgabentyp III A)****. Deutlich wird das nicht zuletzt an dem Punkteschema, nach dem die Gesamtpunktzahl im Bereich der Verstehensleistung im Verhältnis von rund 3:4 verteilt wird. Für Ihr eigenes erfolgreiches methodisches Vorgehen ist es dennoch von zentraler Bedeutung, dass Sie sich sorgfältig mit der Theaterkritik auseinandersetzen.*
   Fontanes Stellungnahme zu Ibsens Theaterstück „Gespenster" soll in der ersten Aufgabe ***aspektgeleitet „untersucht"*** *werden. Dieser Operator fordert von Ihnen keine vollständige Analyse ein, sondern beschränkt die Untersuchung darauf, die Position des Autors zu klären, dabei die zentralen Thesen zu nennen und in ihrer argumentativen Verzahnung herauszuarbeiten. Am Ende Ihrer Darlegung muss dessen Sichtweise auf die angesprochene Problematik so deutlich geworden sein, dass Sie diese in der zweiten Aufgabe zur Darstellung der Eheproblematik im Roman „Effi Briest" in Beziehung setzen und in ihrer Unterschiedlichkeit oder in den Parallelen damit vergleichen können.*

Lösungsvorschlag

Einleitung
Primärinformationen

Am 13. Januar 1887 veröffentlichte die „Vossische Zeitung“ eine Theaterkritik Theodor Fontanes, in der er sich anlässlich einer Aufführung des Stücks „Gespenster“ des norwegischen Schriftstellers Henrik Ibsen (1828–1906) mit dessen Positionen auseinandersetzt. In den vorliegenden Textauszügen beschäftigt sich Fontane aber nicht konkret mit dem Inhalt oder der Handlung des Dramas, sondern unterzieht die Intention, die er dem Stück entnehmen zu können glaubt, einer ausgesprochen kritischen Betrachtung.

Hauptteil
Inhalt und Aufbau der Argumentation

Seine Argumentation folgt dabei einem klaren und leicht nachvollziehbaren Aufbau. Fontane nennt zunächst die beiden „Thesen“, die seines Erachtens dem Drama unterlegt sind (Z. 1–13). Nach seinem Verständnis postuliert Ibsen erstens, dass man „nach Neigung, aber nicht nach Geld“ (Z. 3 f.) heiraten solle. Daraus wiederum folge die zweite These: Man solle in dem Augenblick, in dem man seinen Fehler in der Partnerwahl bemerke, sich „beeile[n] […], seinen faux pas wieder gut zu machen“ (Z. 6), die Ehe scheiden und sich „dem Gegenstande seiner Liebe“ (Z. 8) zuwenden. Folge man dem nicht, so habe man, nach Ibsen, „eine hingeschleppte, jedem Glück und jeder Sittlichkeit hohnsprechende Ehe“ (Z. 9). Fontane vergleicht diese Postulate mit Luthers Thesenanschlag an die Wittenberger Schlosskirche im Jahr 1517 (vgl. Z. 2). Das verleiht ihnen zum einen etwas Plakatives, andererseits aber macht dieser Vergleich auch deutlich, welche Sprengkraft Fontane einer solchen Denkweise zugesteht, wenn man beachtet, dass mit dem Thesenanschlag landläufig der Beginn der Reformation angesetzt wird.

Nachdem Fontane die vermeintlichen Zentralaussagen des Stückes auf den Punkt gebracht hat, erklärt er knapp und lapidar die Thesen für „falsch“ (Z. 15). Damit wird dem Leser von vornherein und unmissverständlich klar gemacht, welche Absicht der Verfasser mit seinen folgenden Ausführungen verfolgt. Er hebt nun an, zuerst die erste These (Z. 16–31) und im Anschluss daran die Folgethese (Z. 32–73) zu widerlegen.

Widerlegung von These I

Fontane verweist zunächst darauf, dass es bisher die gängige Praxis sei, Ehen „nach den ‚Verhältnissen‘“ (Z. 17) zu schließen, und die Liebesheirat eine seltene Ausnahme darstelle. Er versucht, die Allgemeingültigkeit dieser Aussage mit einer menschheitsgeschichtlichen Beobachtung zu bekräftigen: „Solange die Welt“ (Z. 16) stehe, heirate man nach Übereinkunft. Zum Beleg führt er Beispiele an, die zeitlich von der Antike bis in seine aktuelle Gegenwart hineinreichen. Die „Spartaner“, die „Fürsten“ (Z. 18 ff.) und als Zeitgenosse der englische Staatsmann Benjamin Disraeli (vgl. Z. 23 f.) werden zu Gewährsleuten für die Richtigkeit seiner Behauptung. Disreali wird dabei als Erfahrungsautorität angerufen, um die Möglichkeit zu verdeutlichen, gerade im Verzicht auf eine Liebesheirat und durch Orientierung an Konvenienz und Geld das Glück in der Ehe erfahren zu können. Fontane beschließt den Gedankengang, indem er noch einmal sein „Credo“ (Z. 29) unterstreicht, dass „der Weltbestand um kein Haarbreit besser sein würde, als er ist“ (Z. 31 f.), wenn Ehen sich auf dem Grundsatz der gegenseitigen Liebe gründen würden.

Widerlegung von These II

Auf dieser Grundlage wendet sich Fontane nun der zweiten These zu. Um seine eigene Argumentation zuspitzen zu können, wiederholt er nicht nur noch einmal seine Ausgangsthese, sondern verschärft sie: Zu Beginn stellte sich ihm Ibsens Theaterstück noch als Appell dar, den Irrtum in der Partnerwahl zu korrigieren, wenn man irrtümlicherweise „nach Geld“ (Z. 4) geheiratet habe (vgl. Z. 4–7) – nun unterstellt er dem Drama implizit, es deute eine solche Korrektur sogar als „unabweisliche Pflicht“ (Z. 33). Fontane setzt sich mit dieser These jedoch nicht direkt auseinander, sondern konstruiert einen Umkehrschluss. Implizit stellt er die Frage, was denn passieren würde, wenn man in der Partnerwahl dem Liebesprinzip folgen würde. Daraus entwickelt er ein Szenario, an dem der Leser ablesen soll, dass dieses Prinzip untragbar wäre: Er konstatiert für einen solchen Fall das „Hin und Her vom einen zum andern, das Lieben auf Abbruch, die souveräne Machtvollkommenheit ewig wechselnder Neigungen über das Stabile der Pflicht, über das Dauernde des Vertrages“ (Z. 39–42). Offensichtlich traut Fontane der Liebe kein hohes Maß an Stabilität und Beständigkeit zu, sondern betrachtet sie eher als eine Gefahr, die „die Welt in ein unendliches Wirrsal stürzen“ (Z. 42) würde. Eine solche Entwicklung brandmarkt er mit einem Neologismus als „Verschlimmbesserung ohne gleichen“ (Z. 42 f.). Fontane gesteht zwar zu, „über bis dahin Unerprobtes“ (Z. 44) zu sprechen, also eine bloße Behauptung zu formulieren. Im selben Atemzug fügt er aber an, es lasse sich „retrospektiv und historisch, mit aller Bestimmtheit *der* Beweis führen“ (Z. 45), dass „die Welt nicht rückwärts“, „sondern vorwärts gekommen ist“ (Z. 49 f.). Einen solchen „Beweis“ führt er aber gerade nicht, sondern wiederholt hier nur in leichter Variation, was er schon gesagt hatte. Hielt er zuvor fest, die Welt wäre keinen Deut besser, wenn die Ehen dem Liebesprinzip folgen würden, so sagt er hier – eben im Umkehrschluss –, die Welt habe sich, egal wie die Ehen beschaffen gewesen seien, trotzdem weiterentwickelt. Er warnt zudem davor, angesichts einer sich zunehmend modernisierenden Welt, „all das, was uns von Schuld und Sühne durchs Leben hin begleitet, unter ein vergrößerndes Zerrglas zu tun“ (Z. 60 f.). Indirekt räumt er damit zwar ein, dass die Beschaffenheit herkömmlicher, durch Geld und Vereinbarung geschlossener Ehen, durchaus problematisch sein könne, misst dieser Frage aber einen marginalen Stellenwert zu. Er greift zum Bild vom „schwarze[n] Fleck am Apfel“ (Z. 66), der für dessen Qualität irrelevant sei. Für Fontane – so lässt sich dieses Bild lesen – entwickelt die in Ibsens Stück aufgeworfene Problematik eine Bedeutungsdimension, die faktisch nicht bestehe. Fontane gesteht zwar eine „Modlung“ (Z. 68), also eine Veränderung der Verhältnisse im Zweifelsfalle durchaus zu, fürchtet aber, dass eine Orientierung an „die freie Herzensbestimmung“ statt an „prosaischen Ordnungsmächte[n]“ (Z. 71) „der Anfang vom Ende“ sei (Z. 72). Dieser Befürchtung verleiht Fontane Nachdruck, indem er erneut auf die mangelnde Stabilität und Sicherheit des „menschliche[n] Herz[ens]“ (Z. 72) verweist, von dessen „Gebrechlichkeit“ und „wetterwendische[n] Schwäche“ (Z. 73) er überzeugt ist.

Zusammenfassung und Überleitung

Es sind vor allen Dingen zwei Aspekte, die an Fontanes Argumentation auffallen. Zum einen traut er dem menschlichen Charakter wenig zu. Er sieht Liebe offenbar nicht als ein auch soziales Phänomen, sondern allein als eine Wesensseite des Menschen, die durch Irrationalismen geprägt und deshalb als unkalkulierbare Kraft die stabile Bildung von Gemeinschaft gefährdet. Um dem etwas entgegenzuhalten, bedarf es nach Fontanes Vorstellung offenbar eines Korrektivs, das er im Vertraglichen von Eheverbindungen gewährleistet sieht. Sein Plädoyer für die Ehe nach Übereinkunft begründet er zum anderen mit einem raffinierten Relativismus. Wie ein leitmotivischer Argumentationsfaden zieht sich durch seinen Text der Hinweis, dass die Frage nach der Beschaffenheit der Ehe in Relation zur Beschaffenheit der Welt (vgl. Z. 16, 30, 49, 56, 66 f.) geradezu belanglos sei. Auf die Bedeutung der Ehe für den Einzelnen oder das jeweilige Paar – sei es nun in einer Verbindung aufgrund von Vereinbarung, sei es als Liebesbindung – geht er überhaupt nicht ein. Die Problematik aus dem Großen des Weltzusammenhangs herauszunehmen und in den Raum des Privaten und der überschaubaren sozialen Bindungen zu rücken, würde seine gesamte Argumentation aushebeln. Genau darauf aber richtet Fontane seinen Blick in den Gesellschaftsromanen und mithin auch in „Effi Briest“.

2. *In der zweiten Aufgabe gilt es zunächst die Grundlagen und die Beschaffenheit der Ehe Effis und Innstettens* ***darzustellen****. Dieser Operator fordert von Ihnen, den inhaltlichen Sachverhalt knapp, aber zugleich strukturiert darzulegen. Es geht also nicht darum, den Inhalt des Romans in aller Breite zu entfalten, sondern Zusammenhänge hervortreten zu lassen, die die Eheproblematik verdeutlichen. Der zweite Operator („****prüfen*** *Sie* ***kritisch****") verlangt nun in einem weiteren Arbeitsschritt, Ihre Ausführungen zum Roman zur Theaterkritik Fontanes in Beziehung zu setzen. Arbeiten Sie dabei heraus, inwiefern sich die Überlegungen, die Fontanes Position in seiner Auseinandersetzung mit Ibsen kennzeichnen, im Roman widerspiegeln. Die Aufgabe gibt Ihnen in diesem Zusammenhang den Untersuchungsaspekt der Erzähltechnik vor, der Ihnen dabei helfen kann, den Vergleich zwischen theoretischem Text und literarischem Werk zu meistern.*

Einleitung
Überleitung und thematische Anbindung

Da Fontane in seiner Theaterkritik zu Ibsens „Gespenster" sehr entschieden und ungeschminkt Stellung bezieht zur Problematik von Liebesheirat und Ehe aus Übereinkunft, drängt sich eine Bezugnahme auf seinen Roman „Effi Briest", der 1896, also knapp zehn Jahre nach der vorliegenden Stellungnahme erschien, geradezu auf. Denn hier im Roman zeigt Fontane ja das Scheitern einer Ehe, die sich letztlich nicht auf Liebe gründete, sondern auf eine Übereinkunft. Im Roman spitzt sich diese Problematik aber noch insofern zu, als die Übereinkunft nicht einmal zwischen den Eheleuten zustande gekommen ist, sondern bei Lichte besehen zwischen dem Ehegatten, Baron von Innstetten, und den Eltern von Effi Briest.

kurze Inhaltsskizze des Romans

Theodor Fontanes Roman schildert das **Leben dieser jungen Frau aus dem preußischen Landadel**. Sie heiratet jung den deutlich älteren Baron Geert von Innstetten, einen ehemaligen Freund der eigenen Mutter, dem jedoch damals seitens der Familie der schon gestandene Mann von Briest vorgezogen worden war. Effis Eltern verbinden mit der Heirat **Aufstieg und gesellschaftliche Anerkennung** und glauben an das Glück ihrer Tochter. Während Effi sich mit ihrem Ehemann zunehmend im gesellschaftlichen Leben des Landadels etabliert und Innstetten sich anschickt, Karriere zu machen, wird jedoch deutlich, dass die junge Frau in den **engen Grenzen der Kleinstadt** Kessin in Hinterpommern, wo Innstetten als Landrat tätig ist, und in den **Konventionen dieser Gesellschaft** immer unglücklicher wird. Bei ihrem eigenen Ehemann stößt sie auf weitgehendes Unverständnis. Trost und Verständnis findet sie hingegen bei Major von Crampas. Durch Zufall findet ihr Ehemann Jahre später – mittlerweile befindet sich die Familie in Berlin – Briefe von Crampas, die den Eindruck erwecken, zwischen den beiden sei es damals in Kessin zu einem **Liebesverhältnis** und zum **Ehebruch** gekommen. Innstetten trennt sich daraufhin von seiner Frau und tötet im **Duell** den Major von Crampas. Effi selbst kehrt nach einigen Jahren der Isolation ins Haus ihrer Eltern zurück und stirbt dort schließlich, während Innstetten in Berlin weiter die Karriereleiter aufsteigt.

Hauptteil

Ausgangslage der Ehe

Die knappe Skizze zeigt, dass die Ehe der Innstettens auf der Grundlage von Verabredungen und Konvenienz zustande gekommen war und **nicht Liebe der Ausgangspunkt dieser Verbindung** war. Die beiden gehen die Ehe nicht ein, weil sie sich zueinander hingezogen fühlen, sondern weil sie gesellschaftlich zueinander passen und der ökonomische Aufstieg gewährleistet zu sein scheint. Diese Ausgangsbedingungen **führen im Roman aber keineswegs zu dem Glück**, auf das Fontane in seiner Theaterkritik unter Bezugnahme auf den britischen Staatsmann Disraeli weist, sondern führen eine Konstellation herbei, die im Roman zum Unglück, das heißt mittelbar zum Scheitern der Ehe sowie zum Tod Effis führt. Aus diesem Umstand lässt sich jedoch nicht ableiten, dass Fontane einen Roman entworfen hätte, der seiner knapp zehn Jahre zuvor geäußerten Position geradezu entgegenlaufe.

Gefährdungsmomente der Ehe

Im von Fontane dargestellten Fall führt die Ehe zwar ins persönliche Unglück. Behauptet ist damit aber nicht, dies geschehe, weil Geld und Vereinbarung als Basis für eine Ehe nicht hinreichten. Im Gegenteil: Effis gelegentliche Äußerungen zu ihren Freundinnen noch vor der Ehe lassen eher erkennen, dass sie sich selbst in den herrschenden Konventionen bewegt, gerade weil sie dadurch die Möglichkeit zu haben glaubt, ihrem Sinn für das „Aparte" und ihrer Sehnsucht nach Glanz und Ehre folgen zu können. Als **problematisch** erweist sich im Roman eher der **konkrete Zustand der Ehe**. Und der wird von den Betroffenen offenbar **sehr unterschiedlich wahrgenommen**. Effi fühlt sich in der Ehe zunehmend vernachlässigt und allein gelassen. Sie lebt in Kessin nicht nur in einem Haus, das ihr Angst macht, sondern auch in einer Gesellschaft, von der sie sich eigentlich nicht akzeptiert sieht. Zugleich fühlt sie sich zunehmend von ihrem Mann vernachlässigt und unverstanden, der als Landrat ein besonderes Augenmerk auf gesellschaftliche Akzeptanz legt und beharrlich an seiner Karriere arbeitet. Während Effi immer wieder die wachsende Enttäuschung und Unzufriedenheit in ihrer Ehe auch artikuliert, erfährt der Leser über derlei Äußerungen seitens Innstettens nichts, zumindest nicht aus seinem eigenen Mund. Es sind eher geschilderte Verhaltensweisen und Äußerungen Dritter, die den Anschein erwecken, als sei er im Gegensatz zu seiner Frau doch mit dem Zustand der Ehe eher zufrieden. Außerdem erscheint im Roman der Altersunterschied zwischen den Eheleuten – immerhin hatte Innstetten schon um die Hand von Effis Mutter angehalten – als ein Problem, weil er das Verständnis des älteren Mannes für seine deutlich jüngere Frau erschwert. So vielschichtig das Kausalgefüge für das **Scheitern** der Ehe auch sein mag: deren **Verabredungscharakter wird als Grund jedenfalls nicht in die Waagschale geworfen**.

Ehe der Eltern

Einem solchen Eindruck wird auch dadurch entgegengewirkt, dass die **Ehe der Briests**, also Effis Eltern, als stabil und beständig dargestellt wird, obwohl gerade sie aus Konvenienz geschlossen worden war. Ob diese Ehe darüber hinaus glücklich ist, lässt sich am Erzählten nicht sicher überprüfen – Gegenteiliges allerdings auch nicht. Der Roman formuliert kein Plädoyer für die Vereinbarungsehe; er setzt diese Form der Paarbeziehung als gesellschaftlich akzeptierte Vorstellung von Ehe voraus. Gerade deshalb aber kann der Roman differenzierter sein als die plakativ formulierte Behauptung in der Theaterkritik, nur eine solche Ehe gewährleiste Stabilität.

Liebesheirat

Ebenso wenig ist der Roman ein **literarisches Plädoyer für die Liebesheirat**. Er lässt in seiner Anlage und Konstruktion letztlich offen, ob es tatsächlich zum Ehebruch gekommen ist oder ob das Ganze nur eine Schlussfolgerung Innstettens ist, die aus den aufgefundenen Briefen gezogen wird. Unstrittig ist aber die Anziehung, die Major von Crampas auf Effi ausübt – wie weit dies auch immer gegangen sein mag. Ebenso unzweifelhaft ist zugleich, dass Effis Gefühl der Hingezogenheit zu diesem Mann nicht auf Liebe basierte. Sie sagt selbst, auf ihre Lebenssituation zurückblickend, ausdrücklich, Crampas nicht einmal geliebt zu haben. Wichtig ist dabei der Zeitpunkt der Äußerung. Denn sie spricht es nicht gegenüber Dritten aus, auf die sie adressatenbezogen mit ihrer Aussage Rücksicht nehmen müsste, sondern in ihrem Wut-Monolog nach dem Zusammentreffen mit ihrer Tochter Annie und kurz vor ihrem Zusammenbruch, also in einer Situation, in der man als Leser von einem Höchstmaß an Authentizität der Aussage ausgehen kann. Die Affäre mit Crampas wird im Roman also zu keinem Zeitpunkt zu einer ernsthaften Alternative zur Ehe mit Innstetten.

Das Problem der Ehescheidung

Was im Roman jedoch durchaus sehr kritisch vorgeführt wird, ist die **Ehescheidung**, denn sie ist es, die das Unglück der Figuren beschleunigt – im Übrigen auch das Innstettens, der sich selbst als unglücklich bezeichnet. Auf den ersten Blick scheint es, als würde Fontane eine Erzählkonstruktion aufbauen, die seiner in der Theaterkritik geäußerten Ablehnung von Ehescheidung folgt. Aber auch hier erweist sich der Roman als ungleich differenzierter und komplexer. In der Auseinandersetzung mit Ibsen kritisierte Fontane die aus Ibsens Drama abgeleitete Forderung, man solle aus der Vereinbarungsehe austreten, wenn sie sich als Irrtum erweise, erst recht, wenn man bemerke, „sich an einen Träger äußerster Libertinage" (Z. 5) gebunden zu haben. Eine solche Figur, die sich den Ausschweifungen hingibt, gibt es aber in „Effi Briest" nicht! Dass sich Effi Crampas zuwendet, hat etwas mit der **Gefühlsarmut** in der eigenen Ehe zu tun, aber nicht mit einem ausschweifenden Lebenswandel des Ehegatten. Und aus dem gleichen Grund kann man auch Effis eigenes Verhalten kaum als „Libertinage“ bezeichnen, es ist vielmehr Ausdruck der eigenen Einsamkeit. In der Kritik an Ibsen geht Fontane indirekt von einer eindeutigen Schuldverteilung am Versagen der Ehe aus: hier der ausschweifende Lebenswandel des einen Partners, dem der andere Partner egal zu sein scheint, dort das Opfer, das nur hilflos dem Treiben des anderen zuschauen und es erdulden kann. Davon kann in der differenzierteren Darstellung im Roman keine Rede sein.

Differenzierung durch die Erzähltechnik

Dass Fontane in seinem Roman deutlich abwägender zu Werke geht als knapp zehn Jahre zuvor in seinem Zeitungsartikel, zeigt sich vor allem auch an der Kunstfertigkeit und Erzähltechnik des literarischen Werkes. Sie ist durch ein besonders hohes Maß an **Multiperspektivität** gekennzeichnet, die durch die direkten Aussagen der Figuren in Gesprächen, in Monologen oder aber auch durch briefliche Äußerungen gewährleistet wird. Sie artikulieren darin ihre ganz individuelle Sichtweise auf die Geschehnisse und Entwicklungen und bieten dem Leser Verstehensangebote, ohne dass sich der Erzähler durch auktoriale Kommentare wertend einmischen würde. Dieser lenkt den Blick so auf das Innere der Figuren, auf deren Wahrnehmung und deren Erleben. Aus der Gesamtheit der Perspektiven entsteht ein **Panorama gesellschaftlicher Denk- und Verhaltensweisen**, aber sicher keine intentionale Aussage des Romans, die sich auf ein oder zwei „Thesen“ reduzieren ließe.

Zusammenfassung

Greift man auf Fontanes eigene Metaphern zurück, so kann man festhalten, dass „Effi Briest“ genau den schwarzen Fleck am Apfel (vgl. Z. 66) in Augenschein nimmt, den Fontane in seiner Kritik an Ibsen für belanglos erklärte. Heraus kommt dabei eben nicht eine ziemlich flache Einsicht, die mit dem Verweis auf den Lauf der Welt, der davon unbeeindruckt bliebe, alles und zugleich nichts sagt. Im literarischen Werk entsteht vielmehr ein höchst komplexer Entwurf, in dem der Stellenwert der **Ehe in der Spannung von gesellschaftlich akzeptierten Verhaltensweisen und individuellen Sehnsüchten** in den Blick genommen wird, weit entfernt davon, den Leser auf vermeintlich einfache Wahrheiten einschwören zu wollen.

Leistungskurs Deutsch (Nordrhein-Westfalen): Abiturprüfung 2011
III A: Erörterung im Anschluss an die Analyse einer Textvorlage

Aufgaben: Punkte

1. Analysieren Sie den Textauszug aus dem Buch „Liebe. Ein unordentliches Gefühl" von Richard David Precht im Hinblick auf die darin entfalteten Vorstellungen von Selbstverwirklichung, Liebe und Glück. 24

2. Beschreiben Sie in Bezug auf den vorliegenden Romanauszug und aufgrund Ihrer Kenntnis von Koeppens Roman „Tauben im Gras" das Paar Carla und Washington sowie ihre Beziehung. Prüfen Sie, inwieweit Carla und Washington jeweils der von Precht dargestellten Liebesvorstellung entsprechen. Berücksichtigen Sie dabei auch den jeweiligen Zeithintergrund. 48

Richard David Precht
Liebe. Ein unordentliches Gefühl (Auszug)

Wir leben keine Normalbiografien mehr wie unsere Großeltern, wir haben Wahlbiografien, oder genauer „Bastelbiografien". Wir wählen aus einem immer größeren Sortiment an Lebensmöglichkeiten, und wir *müssen* wählen. Wir sind gezwungen, uns selbst zu verwirklichen, weil wir ohne diese „Selbstverwirklichung" augenscheinlich gar nichts sind. Und uns verwirklichen heißt nichts anderes als auswählen aus Möglichkeiten. Wer keine Wahl hat, kann sich gar nicht selbst verwirklichen. Wer sich dagegen verwirklichen muss, kann auf die Wahl nicht verzichten. Und die wundervolle Chance „Sei du selbst!" ist zugleich eine finstere Drohung. Was ist, wenn mir das nicht gelingt?

Auch in der Liebe erwarten wir heute so viel wie möglich – wir sind es uns wert. In unseren Beziehungen suchen wir vielleicht noch immer einen sozialen Halt. Mehr noch aber suchen wir eine Idealmöglichkeit zur Selbstverwirklichung – in der romantischen Liebe.

Romantik ist die Idee, das flüchtige Gespenst der Verliebtheit in den Rahmen der Liebe zu stecken und ihm in einem selbst gemalten Portrait ein ewiges Antlitz zu geben. Diese Vorstellung ist nicht neu. Vermutlich gab es sie in *ähnlicher* Form bei den alten Griechen sowie in der Renaissance und – zumindest als Idee – auch in der höfischen Kultur des Mittelalters. Diese Idee wurde, wie gesagt, nicht kontinuierlich freigesetzt, und selbst unsere Großeltern wussten nur selten davon. Kein Zweifel aber besteht daran, dass sie heute eine weit verbreitete Vorstellung in den Wohlstandsstaaten zumindest der westlichen Welt ist und dass sie auch in vielen anderen Ländern vorkommt. Das Einzigartige dabei ist ihr Massencharakter. Was auch immer Romantik in der Vorstellungswelt früherer Zeiten gewesen sein mag, unter keinen Umständen war sie etwas, was fürs Volk gedacht war. Romantik war keine realistische Erwartung von Normalsterblichen. Sie war die künstlerische Phantasie einer Oberschicht, eine Passion von Privilegierten.

Heute dagegen ist Romantik ein allgegenwärtiger Anspruch. Wer von geschlechtlicher Liebe redet, der redet in allen Bevölkerungsschichten von Leidenschaft *und* Verständnis, Aufregung *und* Geborgenheit. Und sei es auch nur, dass er das Fehlen des einen oder des anderen bei seinem Liebespartner seufzend bemängelt. Unsere Gesellschaft verfügt nicht nur über einen historisch beispiellosen Wohlstand und ein ebenso einzigartiges Bildungsniveau. Sie setzt auch einen beispiellosen Anspruch auf Glück und Wahl ins Recht. Und sie überbrückt dabei Räume und Zeit durch Autos, Züge, Flugzeuge, Internet und Mobiltelefon.

Selbst wenn der Wohlstand nicht gleichmäßig verteilt ist und die Kluft zwischen Arm und Reich größer wird, und selbst wenn im Hinblick auf unsere Unterschicht von einer „Bildungskatastrophe" die Rede ist, so ist zumindest der *Anspruch* auf Glück, auch in der Liebe, fast überall vorhanden. Dieser Anspruch mag sich auch heute noch unterscheiden. In den Glitzermetropolen der *Sex and the City*-Kultur ist er vermutlich ein anderer als in den ländlichen Regionen Frieslands und der Oberpfalz mit ihren *Bauer sucht Frau*-Problemen. Aber die Allgegenwärtigkeit des Glücksanspruchs in der Liebe steht damit nicht in Frage.

Verloren gegangen in diesem Massenanspruch ist die Rebellion. Romantische Liebe ist heute nicht mehr subversiv und kein Ausfall gegen die Konvention. Im Gegenteil ist sie deren Bestätigung. Im 18. und 19. Jahrhundert war die romantische Liebe oft revolutionär, indem sie die Leidenschaft über die Klassenfrage stellte. Nicht die Ordnung der Gesellschaft, sondern die Aufwallung der Gefühle sollte über die Liebe entscheiden. [...]

Die Beurteilungen dieser neuen Form von Liebesbeziehung gehen stark auseinander. Was den einen der Triumph der Freiheit ist, die höchste Stufe einer positiven „Individualisierung", ist anderen ein Gräuel.

Aus: Richard David Precht: Liebe. Ein unordentliches Gefühl.
München: Goldmann 2009, S. 293–295

Der Autor:
Richard David Precht, Philosoph, Publizist und Autor, geb. 1964 in Solingen

Wolfgang Koeppen
Tauben im Gras (Auszug)

Sie standen sich gegenüber, Freunde? Feinde? Gatten? sie standen sich in Carlas Zimmer gegenüber, in der Hurenwohnung der Frau Welz, in einer Welt der Unzucht und Verzweiflung, und da sie in einer Welt der Unzucht und Verzweiflung lebten, schrien sie einander an, und Frau Welz verließ die Hexenküche, den Herd mit den brodelnden Dämpfen, schlich durch den Korridor und zischte durch die spaltbreit geöffneten Türen der Mädchenzimmer, wo sie sich bereitmachten, nackend, in Höschen, in schmierigen Schlafmänteln, bei der Toilette aufgeschreckt, beim Anlegen der Schönheit für den Abend, nicht fertig geformte, erst halb gepuderte Gesichter, sie vernahmen das Wirtinnengezisch, den geilen Jubel in der Stimme, daß Böses geschah: „Jetzt prügelt er sie, der Nigger. Jetzt schlägt er sie. Jetzt zeigt er's ihr. Ich hab' mich schon lange gewundert, daß er's ihr nicht zeigt." Washington schlug sie nicht. Gegen seine Brust schlugen Teller und Tassen, zu seinen Füßen lagen die Scherben: die Scherben seines Glücks? Er dachte ‚ich kann gehen, wenn ich meine Mütze nehme und gehe wird das alles hinter mir liegen, vielleicht werde ich es vergessen, es wird gar nicht gewesen sein'. Carla schrie, ihr Gesicht war tränenverschwollen: „Du hast mir den Doktor vermiest. Du falscher Kerl! Du bist bei Frahm gewesen. Meinst, ich will deinen Bankert haben? Meinst, ich will ihn haben? Mit Fingern würden sie auf mich weisen. Ich pfeif' auf dein Amerika. Auf dein dreckiges schwarzes Amerika. Ich bleib' hier. Ich bleib' hier ohne deinen Bankert, und wenn ich bei draufgehe, ich bleib'!" Was hielt ihn zurück? Warum nahm er nicht seine Mütze? Warum ging er nicht? Vielleicht war es Trotz. Vielleicht war es Verblendung. Vielleicht war es Überzeugung, vielleicht Glaube an den Menschen. Washington hörte, was Carla schrie, aber er glaubte ihr nicht. Er wollte das Band, das nun zu reißen drohte, das Band zwischen Weiß und Schwarz, nicht lösen, er wollte es fester knüpfen durch ein Kind, er wollte ein Beispiel geben, er glaubte an die Möglichkeit dieses Beispiels, und vielleicht forderte auch sein Glaube Märtyrer. Für einen Augenblick dachte er wirklich daran, Carla zu schlagen. Es ist immer die Verzweiflung, die prügeln will, aber sein Glaube überwand die Verzweiflung. Washington nahm Carla in seine Arme. Er hielt sie fest in seinen kräftigen Armen. Carla zappelte in seinen Armen wie ein Fisch in der Hand des Fischers. Washington sagte: „Wir lieben uns doch, warum sollen wir's nicht durchstehen? Warum sollen wir's nicht schaffen? Wir müssen uns nur immer lieben. Wenn alle andern uns beschimpfen: wir müssen uns liebhaben. Noch als ganz alte Leute müssen wir uns lieben."

Aus: Wolfgang Koeppen: Tauben im Gras. 1. Auflage.
Frankfurt am Main: Suhrkamp 1980, S. 152–154

(Die Schreibweise entspricht dem Original.)

Hinweise und Tipps

1. *Die Teilaufgabe 1 geht mit einem Drittel der Punkte (24 von 72) in die Gesamtwertung der inhaltlichen Leistung ein. Halten Sie daher die Arbeitszeit entsprechend kurz und Ihre Ausführungen knapp. Die Textgrundlage ist ein (populär-) wissenschaftlich erklärender Text, kein – wie sonst üblich – argumentativer Text. Sie beginnen mit einer **aufgabenbezogenen Einleitung** (zu Autor, Titel, Textform, Entstehungszeit). Bei der **Analyse erläutern** Sie, was Precht unter den Schlüsselbegriffen „Selbstverwirklichung", „Liebe" und „Glück" versteht und welche Bedeutung er diesen Begriffen im modernen Leben beimisst. Da es sich bei diesem Aufgabentyp um eine **eingeschränkte Analyse** handelt, brauchen Sie keine weiteren Analyseaspekte zu berücksichtigen.*

Lösungsvorschlag

Aufgabenbezogene Einleitung
Publikationsdaten
Entstehungszeit

Der Text von Richard David Precht ist ein Auszug aus seinem Buch *Liebe. Ein unordentliches Gefühl*, das 2009 erschien. Der Autor ist bekannt für seine populärwissenschaftlichen Sachbücher, die er zu philosophischen Themen schreibt und die zu Bestsellern geworden sind, z. B. *Wer bin ich – und wenn ja, wie viele?*

Analyse
Methodisches Vorgehen

Im vorliegenden Textauszug befasst sich der Autor mit drei Begriffen: „Selbstverwirklichung", „Liebe" und „Glück". Diese Begriffe werde ich im Folgenden erläutern und in einen Zusammenhang bringen.

„Selbstverwirklichung"

„Selbstverwirklichung" hält Precht für einen allgemeinen Trend in der heutigen Zeit. Der Verfasser versteht unter „sich verwirklichen" „nichts anderes als aus[zu]wählen aus Möglichkeiten" (Z. 5 f.). Viele Menschen empfänden Selbstverwirklichung als Zwang (Z. 3: „wir *müssen* wählen"), der mit der Möglichkeit des Scheiterns verbunden sei (Z. 8 f.). Sie sind für Precht nicht zufrieden mit „Normalbiografien" (Z. 1), sondern streben nach „Wahlbiografien" (Z. 1 f.). Aus dem Angebot von Möglichkeiten, die sich ihnen in der heutigen Gesellschaft bieten, wollen sie nach Meinung des Verfassers ihre **individuellen Lebensentwürfe** selbst gestalten, als sogenannte „Bastelbiografien" (Z. 2). Vor allem in der westlichen Welt – so Precht – versprechen Bildung und Wohlstand historisch einzigartige Wahlmöglichkeiten (vgl. Z. 30–34).

„Liebe"

„Liebe" spielt nach Precht in solchen persönlichen Lebensentwürfen eine dominante Rolle. Sie soll Menschen auf dem Weg zu ihrer Selbstverwirklichung „einen sozialen Halt" (Z. 11) geben. Die sogenannte „romantische Liebe" bezeichnet er dabei als „Idealmöglichkeit zur Selbstverwirklichung" (Z. 12). Diese **Liebeskonzeption** zielt darauf ab, dem „flüchtige[n]" Gefühl der „Verliebtheit" Dauer zu verleihen (vgl. Z. 14 ff.). Anders als in der Vergangenheit wird die romantische Liebe – nach Prechts Auffassung – heute nicht mehr nur von gesellschaftlich „Privilegierten" (Z. 26) angestrebt, sondern hat „Massencharakter" (Z. 22) angenommen. So gesehen sei romantische Liebe im Sinne einer individualisierten Liebesauffassung gegenwärtig „in allen Bevölkerungsschichten" (Z. 28) zu finden, unabhängig von „Wohlstand" (Z. 31) und „Bildungsniveau" (Z. 32). Bezeichnenderweise fehlt für Precht dieser modernen Version der romantischen Liebe das revolutionäre Potenzial des 18. und 19. Jahrhunderts, Klassenschranken zwischen den Liebenden und „Konvention[en]" der Partnerwahl überwinden zu wollen (vgl. Z. 43–48). Insofern sei die romantische Liebe heutzutage nicht mehr „subversiv" (Z. 44) zu nennen. Denn die „Klassenfrage" (Z. 46) der Ständegesellschaft früherer Jahrhunderte stelle sich nicht mehr in der modernen bürgerlichen Gesellschaft.

„Glück", „auch in der Liebe" (Z. 38), ist in Prechts Ausführungen ein „*Anspruch*" (Z. 37), den das Individuum aus seinen Wahlmöglichkeiten im Leben ableitet. Dieser **Glücksanspruch** zieht sich – so der Verfasser – durch alle Gesellschaftsschichten. Dabei kann es nach Prechts Auffassung zu milieuabhängigen Ausformungen von Glück kommen (vgl. Z. 39–41).

„Glück"

Allgemein hat sich Precht zufolge die Vorstellung durchgesetzt, dass der Mensch die „Freiheit" (Z. 50) hat, seinen Partner nach seinen eigenen Vorstellungen wählen und die gemeinsame Lebensweise unkonventionell gestalten zu können, unabhängig von gesellschaftlichen Erwartungen.

Für jemanden, der sich in der heutigen Zeit selbstverwirklichen will, bedeutet nach Precht „der Anspruch auf Glück" (Z. 37 f.) in der Liebe „die höchste Stufe einer positiven ‚Individualisierung'" (Z. 50 f.). Ein solcher Lebensentwurf wird – so räumt Precht ein – jedoch kontrovers beurteilt: „Individualisierung" kann für manche Menschen auch ein „Gräuel" (Z. 51) sein.

Zusammenhang zwischen den drei Begriffen

2. *Die Teilaufgabe 2 geht mit zwei Drittel der Punkte (48 von 72) in die Gesamtwertung der inhaltlichen Leistung ein. Auf dieser* ***Erörterungsaufgabe*** *liegt das Hauptgewicht Ihrer eigenständigen gedanklichen Leistung. Richten Sie Ihre Arbeitszeit entsprechend darauf ein. Beim ersten Schreibauftrag sollten Sie die Figuren und ihre Beziehung nicht zu ausführlich und zeitaufwändig beschreiben. Beginnen Sie mit einer* ***aufgabenbezogenen Überleitung****, in der Sie z. B. auf Autor, Titel, Gattung und Entstehungszeit des Werks „Tauben im Gras" eingehen und das verbindende Thema („Liebeskonzeption") zwischen Sachtext und Romanauszug nennen.*

   Die Aufgabe enthält zwei Aufträge:
   - *eine* ***Beschreibung*** *der* ***Figuren Carla Behrend*** *und* ***Washington Price*** *sowie ihrer* ***Beziehung*** *in Koeppens Roman, speziell in der vorliegenden Szene; beschränken Sie sich dabei auf knappe Informationen aus dem Roman zu ihren Lebensumständen und stellen Sie eingehender die Entwicklung ihrer Beziehung dar. Eine* ***Analyse*** *der Textstelle wird* ***nicht erwartet****.*
   - *eine* ***Überprüfung*** *der von Precht beschriebenen Liebeskonzeption am Beispiel des fiktionalen Liebespaars.* ***Erörtern*** *Sie – im Sinne von Übereinstimmung und Abweichung –, inwiefern die erläuterten Begriffe aus Teilaufgabe 1 auf die Beziehung von Carla und Washington zutreffen; beziehen Sie sich dabei auf den vorgelegten Romanauszug und den Roman insgesamt.*

   Vergessen Sie nicht, den in der Aufgabenstellung genannten Aspekt des „Zeithintergrundes" zu berücksichtigen. Hierauf können Sie beispielsweise in der ***reflektierten Schlussbetrachtung*** *eingehen, indem Sie die unterschiedlichen* ***gesellschaftlichen Entstehungskontexte*** *des Romans und des Sachbuchs anführen.*

Aus der Sicht eines Philosophen des 21. Jahrhunderts werfen Prechts Ausführungen über Liebe in der modernen Wohlstandsgesellschaft ein interessantes Licht auf das Liebespaar Carla und Washington in Wolfgang Koeppens Roman von 1951.

Aufgabenbezogene Überleitung

Publikationsdaten und Entstehungszeit

Zunächst stelle ich kurz die beiden Romanfiguren in ihren Lebensumständen dar und erkläre dann die Entwicklung ihrer Liebesbeziehung im Roman, bevor ich überprüfe, inwiefern die von Precht beschriebene Liebeskonzeption auf das literarische Liebespaar zutrifft.

Methodisches Vorgehen

Carla Behrend, eine 30-jährige Kriegerwitwe, lebt mit ihrem 11-jährigen Sohn in einem Mietshaus, das von Prostituierten als Bordell genutzt wird (vgl. Koeppen, Z. 2). In der typischen **Frauenrolle der Nachkriegszeit** träumt sie von einem besseren Leben mit materieller Sicherheit und gesellschaftlicher Anerkennung. Um ihren Lebensunterhalt zu bestreiten, hat sie eine Stellung in der US-Transportkaserne ihrer Heimatstadt angenommen. Sie ist liiert mit dem US-Sergeant Washington Price, von dem sie ein Kind erwartet.

Darstellung der Romanfiguren

Lebensumstände

Washington Price, Afro-Amerikaner aus Louisiana, war in seiner Heimat ein bekannter Baseballspieler und ist nach Kriegsende mit der US-Army nach Deutschland gekommen. Aufgrund seiner Stellung beim Militär hat er Zugang zu Konsumgütern, die er großzügig an Carla und andere Deutsche verteilt, wobei er aber auch ausgenutzt wird. Auch er träumt von einer aussichtsreichen Zukunft.

Die **Liebesbeziehung** zwischen Carla und Washington entwickelt sich ernsthaft, trotz der Bedenken Carlas, ihre Verbindung mit einem Schwarzen könne ihr **rassistische Anfeindungen** einbringen. Sie ist bereit, mit Washington in die USA auszuwandern. Denn er scheint ihr den erhofften Lebensstandard garantieren zu können. Washington kommt in seiner fürsorglichen Art für Carla und ihren Sohn auf und will sie heiraten. Die ungewollte Schwangerschaft Carlas führt jedoch zur Krise des Paares. Aus Angst vor gesellschaftlicher Ächtung angesichts eines „Mischlingskindes" (vgl. auch Koeppen, Z. 17 f.) entscheidet sich Carla für eine **Abtreibung**. Washington ist nicht einverstanden und interveniert bei dem Arzt, den Carla wegen des geplanten Schwangerschaftsabbruchs aufgesucht hat (vgl. Koeppen, Z. 16 f.). Washington entwirft eine gemeinsame Zukunft als Familie ohne rassistische Vorurteile und Diskriminierung: im „Washington's Inn", ihrem eigenen Lokal in Paris. Sein **unerschütterlicher Glaube** an ihre Liebe und ein menschenwürdiges **Zusammenleben von Schwarz und Weiß** zeigt sich auch im vorliegenden Textauszug: Dem rassistischen Umfeld zum Trotz will Washington das „Band zwischen Schwarz und Weiß" (Koeppen, Z. 24 f.) nicht lösen. Statt Carla,

Entwicklung der Liebesbeziehung

wie es die Wirtin unterstellt, zu schlagen (vgl. Koeppen, Z. 10 f.), nimmt er sie in den Arm (vgl. Koeppen, Z. 29 f.). Letztlich kann Washington seine Freundin davon überzeugen, ihre gesellschaftlichen Zweifel zu überwinden, ihr Kind zu behalten und in eine gemeinsame Zukunft einzuwilligen. Ihre **Liebe** ist für ihn der Wert, der alle Anfeindungen ihrer Mitmenschen überwinden kann.

Überprüfung der von Precht dargestellen Liebesauffassung

Prechts Auffassungen von „Liebe" und „Glück" als der „höchste[n] Stufe einer positiven ‚Individualisierung'" (Z. 50 f.) lassen sich für ein vertieftes Verständnis des Liebespaares in Koeppens Roman heranziehen. Dabei werden sowohl **übereinstimmende** als auch **nicht zutreffende Bedeutungsaspekte** zutage treten.

„Liebe"

Sozialer Halt

Die Liebesbeziehung zwischen Carla und Washington beginnt – ganz im prechtschen Sinne – mit „Leidenschaft *und* Verständnis" (Precht, Z. 28 f.). Carla gibt der Werbung des US-Sergeant nach, weil auch sie sich erotisch von ihm angezogen fühlt. Die Liebe, die sich zwischen ihnen entwickelt, kann ihnen „einen sozialen Halt" (Precht, Z. 11) geben. Als Kriegerwitwe mit einem kleinen Sohn ersehnt sich Carla durch den beruflichen Status ihres Liebhabers eine höhere Lebensqualität jenseits „der Hurenwohnung der Frau Welz" (Koeppen, Z. 2). Washington hat in Carla eine Frau gefunden, für die er verantwortlich sorgen will. Mit ihr glaubt er – wenn nicht im Nachkriegsdeutschland mit seinen Rassenvorurteilen, so doch im liberalen Paris – **seine gesellschaftliche Idealvorstellung von Freiheit und Gleichheit** verwirklichen zu können.

Romantische Liebe

Prechts Definition von „romantischer Liebe" trifft nur in Grenzen auf das Liebespaar in Koeppens Roman zu. Die **moderne, klassenlose Variante dieser Liebesauffassung**, wie sie nach Precht für das 21. Jahrhundert gilt, lässt sich zwar auch in der Beziehung zwischen Carla und Washington feststellen. Denn beide Partner gehören nicht den privilegierten Bevölkerungsschichten an. Sie streben beide danach, ihre Verliebtheit in eine dauerhafte Liebe zu überführen. Washington will mit Carla und ihrem ungeborenen Kind eine Familie gründen. Mit dem gemeinsamen sozialen Projekt in Paris, „Washington's Inn", entwirft er eine langfristige Lebensperspektive: eine Lebensform, in der sich die Liebenden selbstverwirklichen können. Ebenso trifft auf das literarische Liebespaar Prechts zentrales Kennzeichen der romantischen Liebe zu, nämlich „Leidenschaft *und* Verständnis" (Precht, Z. 28 f.). Leidenschaft führt zur Zeugung des gemeinsamen Kindes, Verständnis zeigt Washington z. B. in der vorliegenden Szene, wenn er die verzweifelte Carla trotz ihrer verbalen und körperlichen Angriffe auf ihn (vgl. Koeppen, Z. 12 f., 15–20) in den Arm nimmt.

Subversives Potenzial

Dennoch trägt die „romantische Liebe" der Romanfiguren auch Züge, die an das **subversive Potenzial** Liebender im 18. und 19. Jahrhundert erinnern und damit der von Precht erläuterten modernen Liebesauffassung widersprechen. Carla als Weiße und Washington als Afro-Amerikaner sind mit rassistischen Vorurteilen ihrer Mitbürger in der deutschen Nachkriegsgesellschaft konfrontiert. So ist das Bild, das Carlas Vermieterin von Schwarzen hat, vom **Stereotyp** des brutalen, frauenfeindlichen „Nigger[s]" (Koeppen, Z. 10 f.) geprägt. Carla selbst zweifelt daran, dass sie als Mutter eines Mischlingskindes ihren Lebenstraum von einer gesellschaftlich angesehenen Existenz verwirklichen kann – in ihrem eigenen Land ebenso wenig wie in Washingtons Heimatland, das sie, die sich hier selbst als vorurteilsbefangen zeigt, stereotyp als „dreckiges schwarzes Amerika" (Koeppen, Z. 18 f.) bezeichnet. Carlas eigene Mutter wirft ihr vor, den Ariernachweis der Familie aus nationalsozialistischer Vergangenheit zu beschmutzen.

Washingtons Kampf gegen Diskriminierung

Gegen die akute Diskriminierung und drohende gesellschaftliche Isolation kämpft Washington mit all seinen Kräften an (vgl. Koeppen, Z. 21 f.): mit „Trotz" gegenüber einer fremdenfeindlichen Bevölkerung; mit „Verblendung" gegenüber einer scheinbar starren konservativen Nationalgesinnung; und mit der „Überzeugung", Rassenschranken durch seine unerschütterliche Liebe zu Carla (vgl. Koeppen, Z. 30–33) überwinden zu können. Ein Kind soll dabei das „Band zwischen Schwarz und Weiß", das „zu reißen droht[]" (Koeppen, Z. 24), festigen helfen. Sein „Glaube an den Menschen" (Koeppen, Z. 22) scheint auch darauf zu vertrauen, dass Menschen generell fähig sind zu lernen, **tolerant** gegenüber Minderheiten und Andersdenkenden zu sein. In der deutschen Nachkriegsgesellschaft, in der Beziehungen zwischen deutschen Frauen und US-amerikanischen Militärangehörigen verbreitet sind, kann Washington als **mutiger Vorreiter** verstanden werden, der dem „Band zwischen Schwarz und Weiß" gesellschaftliche Anerkennung verschaffen will.

Die von Koeppen gestaltete Liebesbeziehung ist also insofern „subversiv" im prechtschen Sinne, als sich seine zentralen Romanfiguren für eine **Veränderung der gesellschaftlichen Konventionen** bei der Partnerwahl einsetzen, und zwar hin zu mehr Toleranz auch für Partner unterschiedlicher ethnischer Herkunft.

„Glück"

„Glück" nach Prechts Auffassung können Carla und Washington erst empfinden, als sie ihre Lebenskrise, verursacht durch den Streit über die ungewollte Schwangerschaft, überwinden. Ihr Lebensglück findet Carla nicht, bevor es ihr gelingt, ihre Ängste vor gesellschaftlicher Ächtung abzubauen und sich in **„Freiheit"** (Precht, Z. 50) für Washington und ihr Kind zu entscheiden. Gegen Ende der Romanhandlung zeigt sie sich selbstbewusst mit Washington in der Öffentlichkeit, hat den Mut, im „Negerclub" ihren schwarzen Freund ihrem Vater vorzustellen, auch auf die Gefahr hin, auf rassistische Bedenken zu stoßen. Carla entwickelt sich zu einer

Romanfigur, die an den gesellschaftlichen Konflikten ihrer Zeit reift: Sie nimmt allmählich ihre Möglichkeiten wahr, ihre **Lebensweise selbstbestimmt** zu gestalten. Dazu gehört auch, dass sie sich freimacht von ihren materiell geprägten Glücksvorstellungen und dem **Klischee** eines reichen Amerikas. Carlas Lebensglück ist hart erkämpft – bildlich gesprochen: Sie schmiedet ihr Glück selbst. Dank Washingtons Denkanstößen und seiner Liebe lernt sie, gesellschaftlich umzudenken. Damit entspricht ihre Haltung gegen Ende des Romans nicht mehr dem eingeforderten „Anspruch auf Glück" (Precht, Z. 37 f.), den sie zuvor noch erhoben hat und den Precht bei Liebenden in modernen Wohlstandsstaaten vielfach feststellt.

„Selbstverwirklichung" in der Liebe

Wahlmöglichkeiten

„Freiheit" in der „Liebe" bedeutet nach Precht die höchste Stufe der Selbstverwirklichung. Entscheidend für sein Konzept der „Selbstverwirklichung" sind dabei die **Wahlmöglichkeiten**, aus denen der Einzelne im Sinne einer „Bastelbiografie" (Precht, Z. 2) seine individuelle Lebensform zusammensetzt.

Zwangslagen

In der deutschen Nachkriegsgesellschaft, in der Koeppens Roman spielt, sind Wahlmöglichkeiten jedoch begrenzt. Besonders trifft dies auf die **Partnerwahl** zu. Es fehlen heiratsfähige Männer, da über fünf Millionen deutsche Soldaten im Krieg gefallen sind. In ihrer wirtschaftlichen Zwangslage sucht Carla als Kriegerwitwe einen Partner aus **gesicherten materiellen Verhältnissen**. Dabei nimmt sie erstens in Kauf, dass er Amerikaner ist, der erwartungsgemäß nach seinem Einsatz in Deutschland wieder zurück in die USA gehen wird – es sei denn, sie ist bereit, mit ihm auszuwandern; zweitens nimmt sie hin, dass er Schwarzer ist, mit dem sie sich kaum in der Öffentlichkeit als Paar zeigen kann. Dabei überschätzt sie, wie es dem **Klischeedenken in der Nachkriegszeit** entspricht, den Reichtum Amerikas bzw. eines amerikanischen Soldaten. Auch Washington scheint bei seiner Entscheidung, nach Deutschland zu kommen, **keine echte Wahl** gehabt zu haben. Von Afro-Amerikanern seiner Zeit ist bekannt, dass sie weniger aus beruflichen als aus gesellschaftlichen Gründen den damals bereits weitgehend rassenneutralen US-Militärdienst wählten, um Gleichstellung in der weißen Mehrheitsgesellschaft ihres Landes zu erfahren. Freier entscheidet Washington dagegen, wenn er sich – stärker als Carla – über rassistische Ressentiments in der deutschen Gesellschaft hinwegsetzen will.

Carlas Lernprozess

Im Nachkriegsdeutschland, das die **Rassendiskriminierung der NS-Zeit** noch nicht überwunden hat, ist es für Carla schwer, sich frei zu ihrem Kind zu bekennen, das einen schwarzen Vater hat. Ihre Entscheidung für eine Abtreibung unterliegt der Zwangsvorstellung, gesellschaftliche Rollenerwartungen erfüllen zu müssen. Erst als sie mit Washingtons Reflexionshilfe erkennt, dass die **Personenliebe** zu einem schwarzen Mann mehr wiegt als gesellschaft-

liche Normen und materieller Wohlstand, kann sie ihre **individuelle Wahl** aus ihren „Lebensmöglichkeiten“ (Precht, Z. 3) im Sinne einer Selbstverwirklichung treffen.
Da die Wahlmöglichkeiten nach Kriegsende insgesamt jedoch begrenzt sind und der Glücksanspruch nicht selbstverständlich ist, entfällt aber auch die negative Seite der Wahlmöglichkeiten: der Zwang zur Wahl und die damit einhergehenden „Gräuel“ (Precht, Z. 51).

Reflektierte Schlussbetrachtung

Entstehungszeit

Der Vergleich der Liebeskonzeption, die Precht in seinem Sachbuch von 2009 erläutert, mit dem Liebespaar im deutschen Nachkriegsroman *Tauben im Gras* von 1951 hat einen wesentlichen Unterschied ergeben: Historisch bedingt, kennt das Liebespaar Carla und Washington in der unmittelbaren Zeit nach dem Krieg **nicht die umfassende Wahlfreiheit**, die sich Liebenden eröffnet, die später geboren sind. Sie können nicht die Vorzüge der **Bildungs- und Wohlstandsgesellschaft** genießen, die sich Menschen bieten, die sich zu Beginn des 21. Jahrhunderts selbstverwirklichen wollen. Den wirtschaftlichen Zwängen, die Frauen nach dem Krieg empfanden, auch aufgrund geringer Bildungschancen, steht die heutige weitgehende **Gleichstellung der Geschlechter in Bildung und Beruf** gegenüber. Und Partner mit unterschiedlichen ethnischen Hintergründen sind heute in der **multikulturellen Gesellschaft** weniger starkem sozialen Druck ausgesetzt als das ungleiche Paar Carla und Washington nach Kriegsende.

Leistungskurs Deutsch (Nordrhein-Westfalen): Abiturprüfung 2011
Analyse eines literarischen Textes mit weiterführendem Schreibauftrag

Aufgaben: Punkte

1. Stellen Sie kurz den Inhalt der vorliegenden Szenen aus Büchners „Woyzeck" dar und untersuchen Sie, wie Büchner die Figur der Marie in den drei Szenen gestaltet. Erläutern Sie abschließend den Stellenwert dieser Szenen für den Handlungsverlauf des Theaterstücks. 42

2. Der Literaturwissenschaftler Peter von Matt ist der Auffassung, dass in Büchners Stück das „alte Recht des Mannes", seine Frau „als Besitz" zu betrachten und „zu töten, wenn er sie mit einem andern erwischt", nicht mehr gelte. Vielmehr zeige die Figur der Marie im Drama, „wie sehr hier die Frau, die Treulose, […] das Recht der Anhörung* eingeräumt bekommt". Sie werde zwar „nicht kurzerhand gerechtfertigt", aber „in ein paar wenigen, winzigen Szenen gewinnt sie eine Tiefe" als individuelles Wesen.
   - Erläutern Sie – auch unter Rückgriff auf Ihre Ergebnisse aus Teilaufgabe 1 –, inwiefern die Auffassung von Matts in Büchners Stück gestützt wird.
   - Prüfen Sie anschließend, inwieweit die These vom „Recht der Anhörung" auch auf Woyzeck zutreffen könnte und der Intention Büchners gerecht wird. 30

* hier im Sinne von: Marie eine Chance auf Rechtfertigung geben und ihr eine Stimme verleihen.

Anmerkung: Peter von Matts Aussagen stammen aus: Peter von Matt: Liebesverrat. Die Treulosen in der Literatur. München: Dt. Taschenbuchverlag 1991, S. 166 f.

Georg Büchner
Woyzeck (Auszug)

(4) KAMMER

Marie sitzt, ihr Kind auf dem Schoß, ein Stückchen Spiegel in der Hand.

MARIE *(bespiegelt sich).* Was die Steine glänze! Was sind's für? Was hat er gesagt? – Schlaf Bub! Drück die Auge zu, fest, *(das Kind versteckt die Augen hinter den Händen)* noch fester, bleib so, still oder er holt dich.

(Singt.) Mädel mach's Ladel zu,
s' kommt e Zigeunerbu,
Führt dich an deiner Hand
Fort in's Zigeunerland.

(Spiegelt sich wieder.) s' ist gewiß Gold! Unsereins hat nur ein Eckchen in der Welt und ein Stückchen Spiegel, und doch hab' ich einen so roten Mund als die großen

Madamen mit ihren Spiegeln von oben bis unten und ihren schönen Herrn, die ihnen die Händ küssen; ich bin nur ein arm Weibsbild. – *(Das Kind richtet sich auf.)* Still Bub, die Auge zu, das Schlafengelchen[1]! wie's an der Wand läuft, *(sie blinkt mit dem Glas)* die Auge zu, oder es sieht dir hinein, daß du blind wirst.

Woyzeck tritt herein, hinter sie.
Sie fährt auf mit den Händen nach den Ohren.

WOYZECK. Was hast du?
MARIE. Nix.
WOYZECK. Unter deinen Fingern glänzt's ja.
MARIE. Ein Ohrringlein; hab's gefunden.
WOYZECK. Ich hab so noch nix gefunden. Zwei auf einmal.
MARIE. Bin ich ein Mensch[2]?
WOYZECK. s' ist gut, Marie. – Was der Bub schläft. Greif ihm unter's Ärmchen, der Stuhl drückt ihn. Die hellen Tropfen stehn ihm auf der Stirn; alles Arbeit unter der Sonn, sogar Schweiß im Schlaf. Wir arme Leut! Das is wieder Geld Marie, die Löhnung und was von mein'm Hauptmann.
MARIE. Gott vergelt's Franz.
WOYZECK. Ich muß fort. Heut Abend, Marie. Adies.
MARIE *(allein, nach einer Pause).* Ich bin doch ein schlecht Mensch. Ich könnt mich erstechen. – Ach! Was Welt? Geht doch Alles zum Teufel, Mann und Weib.

(6) KAMMER

Marie. Tambourmajor.

TAMBOURMAJOR. Marie!
MARIE *(ihn ansehend, mit Ausdruck).* Geh einmal vor dich hin. – Über die Brust wie ein Stier und ein Bart wie ein Löw. So ist keiner. – Ich bin stolz vor allen Weibern.
TAMBOURMAJOR. Wenn ich am Sonntag erst den großen Federbusch hab und die weiße Handschuh, Donnerwetter, Marie, der Prinz sagt immer: Mensch, Er ist ein Kerl.
MARIE *(spöttisch).* Ach was! *(Tritt vor ihn hin.)* Mann!
TAMBOURMAJOR. Und du bist auch ein Weibsbild, Sapperment, wir wollen eine Zucht von Tambourmajors anlegen. He? *(Er umfaßt sie.)*
MARIE *(verstimmt).* Laß mich!
TAMBOURMAJOR. Wild Tier.
MARIE *(heftig).* Rühr mich an!
TAMBOURMAJOR. Sieht dir der Teufel aus den Augen?
MARIE. Meinetwegen. Es ist Alles eins.

(16) MARIE. DAS KIND. DER IDIOT

MARIE *(blättert in der Bibel).* „Und ist kein Betrug in seinem Munde erfunden …" Herrgott, Herrgott! Sieh mich nicht an. *(Blättert weiter.)* „… aber die Pharisäer brachten ein Weib zu ihm, im Ehebruche begriffen und stelleten sie ins Mittel dar[3]. –

Jesus aber sprach: so verdamme ich dich auch nicht. Geh hin und sündige hinfort nicht mehr." *(Schlägt die Hände zusammen.)* Herrgott! Herrgott! Ich kann nicht. Herrgott gib mir nur soviel, daß ich beten kann. *(Das Kind drängt sich an sie.)* Das Kind, gibt mir einen Stich ins Herz. Fort! Das brüht sich in der Sonne!

KARL *(liegt und erzählt sich Märchen an den Fingern).* Der hat die golden Kron, der Herr König. Morgen hol ich der Frau Königin ihr Kind. Blutwurst sagt: komm Leberwurst. *(Er nimmt das Kind und wird still.)*

MARIE. Der Franz ist nit gekomm, gestern nit, heut nit, es wird heiß hier. *(Sie macht das Fenster auf.)* „... Und trat hinein zu seinen Füßen und weinete und fing an seine Füße zu netzen mit Tränen und mit den Haaren ihres Hauptes zu trocknen und küssete seine Füße und salbete sie mit Salben." *(Schlägt sich auf die Brust.)* Alles tot! Heiland, Heiland ich möchte dir die Füße salben.

Aus: Georg Büchner: Woyzeck. In: Ders.: Werke und Briefe. Münchner Ausgabe. 13. Auflage. München: Dt. Taschenbuch Verlag 2009, S. 239, 241, 249 f.

Anmerkungen:
1 *Schlafengelchen:* Fantasiegestalt
2 *Mensch:* hier im Sinne von Hure
3 Anspielung auf eine Textstelle im Johannes-Evangelium, in der geschildert wird, dass die Schriftgelehrten und Pharisäer eine Frau zu Christus bringen, die Ehebruch begangen hat

---

Hinweise und Tipps

1. *Die Teilaufgabe 1 hat den größeren Anteil an der Gesamtwertung der inhaltlichen Leistung (42 von 72 Punkten). Sie beginnen mit einer* ***aufgabenbezogenen Einleitung*** *(zu Autor, Titel, Gattung und Entstehungszeit des Textes).*
   Anschließend bearbeiten Sie drei ***Schreibaufträge:***
   - ***Inhaltsangabe:*** *Es ist sinnvoll, zunächst einen Überblickssatz zu der* ***Hauptfigur Marie*** *zu schreiben, um sich dann den einzelnen Szenen zusammenfassend zuzuwenden. Gehen Sie hierfür knapp auf die Personen, das zentrale Gesprächsthema und die Handlung in den einzelnen Szenen ein.*
   - ***Textanalyse:*** *Der Schwerpunkt ist die Gestaltung der* ***Dramenfigur Marie****. Folgende Untersuchungsaspekte sind z. B. denkbar:*
     - *Szene 4: Maries Rollenverständnis als Mutter, ihr gesellschaftliches Selbstverständnis und ihre Einstellung gegenüber Woyzeck als Vater ihres Kindes*
     - *Szene 6: Maries Reaktionen gegenüber den Annäherungsversuchen des Tambourmajors*
     - *Szene 14: Maries seelische Verfassung nach ihrem Ehebruch.*

     Schließen Sie Ihre Untersuchung mit einer ***Schlussfolgerung*** *zu Maries Charakterbild ab, das Sie aus der Szenenfolge ermittelt haben.*
   - ***Erläuterung:*** *Nennen und begründen Sie mithilfe Ihrer Analyseergebnisse die Funktion, die die Szenen für das Drama haben – es bietet sich an, sowohl auf die Eifersuchts- als auch auf die sozialkritische Thematik einzugehen.*

Lösungsvorschlag

Die drei Szenen sind Georg Büchners Stück „Woyzeck" entnommen, das der Autor 1836 schrieb. Das Dramenfragment ist in seiner offenen Form und in seiner Anlage ohne klassischen Helden eines der ersten modernen Dramen. Mit seiner sozialkritischen Thematik gehört es zur **Epoche des Vormärz**, in der Dichter sich gegen überlieferte literarische Traditionen wenden und **sozialkritisch** für eine liberale Gesellschaftsordnung eintreten.

Aufgabenbezogene Einleitung
Entstehungszeit

Die drei Szenen zeigen Marie vor, zu Beginn und nach ihrem Verhältnis mit dem Tambourmajor. Sie hält, während sie sich mit ihrem Kind beschäftigt, **Monologe**, in denen sie offenbart, wie sehr sie durch materielle Güter wie Schmuck, den sie vom Tambourmajor als Werbegeschenk angenommen hat, verführbar ist (Szene 4). In einer späteren Szene mit ihrem Kind (Szene 16) liest sie in der Bibel und stellt sich als Sünderin dar, die **Vergebung** erhofft. Im **Dialog** mit Woyzeck (Szene 4), der seinen Sold bei ihr abliefert, will sie die Herkunft der Ohrringe verbergen und wehrt sich gegen seinen indirekten Vorwurf, diese nicht auf ehrliche Weise erworben zu haben. Sie erkennt Woyzecks treue **Fürsorge** für seine Familie an, während sie selbst zu einem Seitensprung bereit ist. Dies verursacht ihr Gewissensbisse, die sie jedoch schnell wieder unterdrückt. Auch im Gespräch mit dem Tambourmajor (Szene 6), der Marie zu **verführen** versucht, reagiert Marie zwiespältig: Zunächst weist sie ihn ab, gibt sich ihm dann aber doch hin.

Zusammenfassung

In Szene 4 wird Maries **zwiespältige Einstellung** zu ihrer Lebenssituation deutlich. Dass sie so sehr von den Ohrringen, einem Geschenk ihres Verehrers, angetan ist, zeigt symbolhaft, dass sie auf äußeren Glanz leicht anspricht (vgl. Z. 3: „Was die Steine glänze!"). Der Schmuck als **Statussymbol**, mit dem sie sich im Spiegel betrachtet, sowie ihre körperliche **Attraktivität** (Z. 11: „roten Mund") spiegeln ihr vor, sich mit den „großen Madamen" (Z. 11 f.) der gehobenen Gesellschaft vergleichen zu können. Die hier deutlich werdende **Sehnsucht nach gesellschaftlichem Aufstieg** kontrastiert jedoch mit Maries Bewusstsein, **sozial unterprivilegiert** zu sein: „[I]ch bin nur ein arm Weibsbild." (Z. 13)

Analyse
Szene 4
Sehnsucht nach einer besseren sozialen Stellung

Einen höheren sozialen Rang verspricht sich Marie durch eine Verbindung mit dem Tambourmajor. Diesen gesellschaftlichen Aufstieg spiegelt sie sich für einen Moment regelrecht vor. Darauf verweist ihre wiederholte Handlung des Sich-Bespiegelns (vgl. Z. 3, 10). Maries Stückchen Spiegel ist aber hier nicht nur ein Symbol für die Vorspiegelung eines besseren Lebens, sondern auch Zeichen für ihre Armut. Denn sie hat nur ein Bruchstück eines Spiegels zur Verfügung, während in der ersehnten gesellschaftlichen Schicht die Spiegel „von oben bis unten" (Z. 12) reichen.

Mit der Leichtigkeit einer **Volksliedstrophe** (Z. 6–9) malt sich Marie einen Ausbruch aus ihrer sozialen Misere aus. Dabei stehen die **Stereotype** „Zigeunerbub" und „Zigeunerland" für das **ungebundene Leben** eines Liebesabenteuers. Im Gegensatz zu diesen Trugbildern einer alternativen, sorglosen Existenz steht jedoch ihre realistische und resignierende Selbsteinschätzung als Frau aus bescheidenen Verhältnissen (vgl. Z. 13).

Sehnsucht nach Ausbruch aus der Misere

Wechselhaft verhält sich Marie auch, wenn sie bei aller Hingabe an den schönen Schein einer besseren Existenz dennoch die **Fürsorge für ihr Kind** nicht vergisst. Sie sorgt sich um den gesunden Schlaf ihres kleinen Sohns (Z. 4, 13 f.) und versucht ihre erzieherische Aufgabe spielerisch (Z. 14: „das Schlafengelchen! wie's an der Wand läuft") und mit Drohungen zu erfüllen (Z. 5: „bleib so, still oder er holt dich"). In ihrer wiederholten elliptischen Aufforderung, die „Auge zu" (Z. 4, 15), lässt sich erneut Maries **Verantwortung als Mutter** erkennen, die ihr Kind davor bewahren will, sich vom Glanz materieller Güter verführen zu lassen, wie es ihr selbst widerfährt. Darauf verweist auch das Motiv der Verblendung in Z. 15: „daß du blind wirst".

Mutterrolle

Im Gespräch mit Woyzeck verbirgt Marie ihre heimlichen Sehnsüchte nach gesellschaftlichem Glanz und liebender Anerkennung durch einen anderen Mann. Einerseits verhält sie sich Woyzeck gegenüber abweisend. So versucht sie, seinen impliziten Verdacht, sie könne die Aufmerksamkeit eines anderen Mannes auf sich gezogen haben, zunächst mit einer **Notlüge** (Z. 21: „hab's gefunden") zu entkräften. Als Woyzeck sich nicht überzeugen lässt (Z. 22: „Zwei auf einmal"), formuliert sie eine **rhetorische Frage** (Z. 23: „Bin ich ein Mensch?" [hier im Sinne von „Hure"]) als **Vorwärtsverteidigung**. Andererseits rechnet Marie Woyzeck hoch an, dass er seinen Sold regelmäßig (Z. 26: „Das is wieder Geld Marie") zum Lebensunterhalt seiner Geliebten und seines unehelichen Sohnes beisteuert. Mit der christlichen **Dankesformel** „Gott vergelt's Franz" (Z. 28) erkennt sie seinen Einsatz für die Familie an.

Woyzecks Verdacht der Untreue

Im Vergleich zu Woyzecks selbstloser Treue beurteilt Marie sich in ihrem egoistischen Glücksstreben selbstkritisch als „ein schlecht Mensch" (Z. 30), der es nicht wert sei zu leben (Z. 30 f.: „Ich könnt mich erstechen"). In ihrer **charakteristischen Wankelmütigkeit** verneint sie resignierend im gleichen Atemzug jedoch, dass für die Beziehung von „Mann und Weib" überhaupt moralische Werte gelten sollten: „Ach! Was Welt? Geht doch alles zum Teufel […]." (Z. 31)

Maries moralisches Urteilsvermögen

In der Verführungsszene (Szene 6) lässt Marie ebenfalls die für sie typische Sprunghaftigkeit erkennen. Sie schwankt zwischen Verweigerung und Begehren. Durch Vergleiche aus dem Tierreich drückt sie **stereotyp** und unmissverständlich ihre Bewunderung der Attraktivität ihres möglichen Liebespartners aus. Seine „Brust wie ein Stier“ (Z. 35 f.) und seinen „Bart wie ein Löw“ (Z. 36) bestaunt sie unverhohlen als Merkmale seiner Männlichkeit. Mit ihrer Wortwahl von „Stier“ und „Löw“ gibt sie dem Tambourmajor zu verstehen, dass sie sich von seiner sexuellen Potenz angezogen fühlt. Es schmeichelt ihr, sich einzubilden, er habe sie anderen Frauen vorgezogen (Z. 36: „Ich bin stolz vor allen Weibern“). Ebenso beeindruckt scheint sie von seiner prunkvollen Uniform zu sein, die er sonntags trägt: von dem „großen Federbusch“ und den „weiße[n] Handschuh[en]“ (Z. 37 f.). Hier verfällt Marie dem schönen Schein, den eine Uniform ausmacht. Denn gesellschaftlich steht ihr Verehrer als Tambourmajor in der sozialen Hierarchie auf einem ähnlich niedrigen Niveau wie Woyzeck.

Szene 6
Verführungsszene

Marie fühlt sich von der **animalischen Fortpflanzungs-Metaphorik**, mit der ihr Verehrer um ihre körperliche Hingabe wirbt (Z. 41 f.: „wir wollen eine Zucht von Tambourmajors anlegen“), zunächst nicht angesprochen (Z. 43: „Laß mich!“). Ihre abweisende Reaktion (Z. 45: „Rühr mich an!“) auf die derbe **erotische Metaphorik** des Mannes (Z. 44: „Wild Tier“) lässt sich jedoch auch als gespielte Abwehr verstehen. Seine anschließende Frage, „Sieht dir der Teufel aus den Augen?“ (Z. 46), klingt wie ein Appell an Marie, ihre moralischen Bedenken auszuschalten. Dass sie dazu bereit ist, wird bereits in ihrer **Teufels-Metaphorik** in Szene 4 deutlich. Marie willigt schließlich resignierend in eine rein triebgelenkte Beziehung ein: „Meinetwegen. Es ist Alles eins.“ (Z. 47)

Ausschalten der moralischen Bedenken

In Szene 16 blättert Marie nach ihrem Treuebruch in der Bibel. Im biblischen Gleichnis „ein[es] Weib[es]“, „im Ehebruche begriffen“ (Z. 51), erkennt sie wohl ein **Identifikationsmuster**. Doch die christliche Botschaft, dass Ehebrecherinnen vergeben werden kann (vgl. Z. 52), scheint sie für sich nicht annehmen zu können. Denn die Bedingung dafür, dass Sünden erlassen werden, ist, sein Fehlverhalten zu bekennen und sich ändern zu wollen (Z. 5: „Geh hin und sündige hinfort nicht mehr“). In diesem Zusammenhang verbindet Marie ihre Gottesanrufung, „Herrgott! Herrgott!“ (Z. 53), mit dem Eingeständnis, diese Bedingung der Sündenvergebung nicht erfüllen zu können: „Ich kann nicht.“ (Z. 53) Sie ist offenbar der Meinung, dass sie sich nicht ändern kann, d. h. ihre Triebnatur und ihren gesellschaftlichen Ehrgeiz nicht kontrollieren kann. Im **Ritual der Fußsalbung**, das eine reuige Sünderin in der Bibel als Zeichen ihrer Liebe an Jesus vornimmt, sieht Marie offensichtlich eine symbolische Form, um ihre eigene Reue auszudrücken: „Hei-

Szene 16
Bibel als Deutungsmuster und Hoffnung auf Vergebung

land, Heiland ich möchte dir die Füße salben." (Z. 63) Gleichzeitig aber fühlt sie, dass die Bibel ihr keine Orientierung geben kann: „*[Schlägt sich auf die Brust.]* Alles tot!" (Z. 62 f.) Denn sie hat nicht den Mut, Woyzeck ihren Fehltritt zu gestehen. Mit den **christlichen Werten von Liebe und Verzeihung** hätte Marie versuchen können, ihre Beziehung zu Woyzeck retten.

Schlussfolgerung

Die Szenenfolge zeigt, wie Marie sich im Verlauf des Geschehens verändert: von einer jungen Frau, die einerseits ihre Mutterrolle ernst nimmt und andererseits sich nach einem besseren Leben sehnt, zu einer moralisch leichtfertigen, verführbaren Frau und schließlich zu einer reumütigen Partnerin, die ihren Treuebruch verurteilt, aber dennoch ihre gestörte Beziehung zu Woyzeck nicht retten kann. Marie reflektiert also ihr Handeln zunehmend selbstkritisch. Am Ende hilft ihr jedoch die Selbstreflexion nicht, eine Orientierung in ihrem Leben zu finden. Sie kann ihren inneren Konflikt zwischen Trieb und Treue nicht lösen.

Erläuterung der Frauenfigur im Dramenkontext

Die Marie-Szenen spielen innerhalb der beiden **Handlungsstränge** des Stücks, der sozialkritischen Thematik wie der Eifersuchtsthematik, eine tragende Rolle.

Sozialkritische Thematik

Im ersten Handlungsstrang, der sozialkritischen Thematik, stellt sich Marie als eine Figur dar, die sich ihrer **sozialen Misere** bewusst ist. Doch anders als Woyzeck, der seine Lebenssituation akzeptiert, scheint sie sich nicht damit abfinden zu wollen. Maries sozialkritische Einsicht führt jedoch keineswegs dazu, zusammen mit Woyzeck einen Ausweg aus ihrer Not zu finden. Im Gegenteil: Die Unzufriedenheit mit ihrer Lebenssituation macht Marie anfällig für Verführungen durch materiell oder sozial bessergestellte Männer. Damit erweist sich **Armut** als eine treibende Kraft in Büchners Drama: Sie zerstört Maries Verhältnis zu Woyzeck. Ihr Trugbild eines sozialen Aufstiegs mithilfe eines verantwortungslosen Frauenhelden trägt zum katastrophalen Ausgang der Handlung bei.

Eifersuchtsthematik

Auch im zweiten Handlungsstrang, der Eifersuchtsthematik, treiben die Szenen 4, 6 und 16 mit Maries fortschreitender Veränderung den Konflikt zwischen beiden Figuren voran. Maries Heimlichtuerei (Szene 4) lässt einen ersten Verdacht in Woyzeck aufkommen, Anzeichen für ihre Untreue (Szene 6) schüren seine Eifersucht, ihr Schuldbewusstsein (Szene 16) führt aber letztlich nicht zu einer klärenden Aussprache mit dem betrogenen Partner. Allein gelassen mit seiner Eifersucht, beschließt Woyzeck am Ende in einer Mischung aus Vermutungen, Verdächtigungen und irrational abgeleitetem Tötungsauftrag, Marie zu ermorden.

2. *Die Teilaufgabe 2 hat gegenüber der Analyseaufgabe nur einen etwas geringeren Anteil an der Gesamtwertung der inhaltlichen Leistung (30 von 72 Punkten). Denn hier ist Ihr Wissen zum Gesamtdrama gefragt und wird entsprechend honoriert.*
   Beginnen Sie mit einer ***aufgabenbezogenen Überleitung****, in der Sie z. B. den Bezug von Peter von Matts Überlegungen zur Frauenrolle in Büchners Drama herstellen.*
   Die Aufgabe enthält zwei ***Schreibaufträge:***
   - *eine* ***Erläuterung****, inwiefern Peter von Matt die Frauenfigur Marie zutreffend kennzeichnet. Nutzen Sie hierbei Ihre Ergebnisse aus Teilaufgabe 1 und Ihre Kenntnisse des Gesamtdramas.*
   - *eine* ***Prüfung*** *der These, dass auch Woyzeck im Drama das „Recht auf Anhörung" zugestanden werde und dies Büchners Intention entspreche; auch hier ist Ihr Dramenverständnis insgesamt wichtig.*

Aufgabenbezogene Überleitung
Frauenfigur

Der Literaturwissenschaftler Peter von Matt beschäftigt sich in seiner Abhandlung „Liebesverrat. Die Treulosen in der Literatur" von 1991 u. a. mit Marie, der Frauenfigur, die in Büchners Drama eine zentrale Rolle einnimmt.

Erläuterung
„das alte Recht des Mannes"

Von Matt behauptet, dass Büchner in seinem Stück die **Frauenrolle** nicht traditionell gestaltet hat. Er hebt hervor, dass „das alte Recht des Mannes", seine Frau als seinen Besitz anzusehen und bei Treuebruch zu töten, in Büchners Drama nicht mehr bestehe.

Diese Auffassung entspricht der Figurenzeichnung in Büchners Stück. Woyzeck sieht Marie nicht als seinen Besitz an. Für eine rechtlich verbindliche Ehe, so gibt er in einem Gespräch mit dem Hauptmann über „Moral" zu verstehen (Szene 5), fehlen ihm ohnehin die erforderlichen finanziellen Mittel. Woyzeck ermordet Marie vielmehr, weil ihre Untreue den einzigen **sinngebenden Bezugspunkt** in seinem Leben zerstört, das von **Ausbeutung und Unterdrückung** durch Vertreter der höheren Gesellschaftsschichten bestimmt ist. Zudem ist Woyzecks Entscheidung, Marie zu töten, nicht in erster Linie rational begründet, sondern vor allem auch Ausdruck seiner fortschreitenden psychischen Verwirrung.

Maries „Recht auf Anhörung"

Als weitere Abweichung von traditionellen weiblichen Dramenfiguren führt von Matt an, dass Marie als „Treulose" „das Recht auf Anhörung eingeräumt bekommt". Dies trifft weniger zu in den Dialogen mit Woyzeck, in denen Marie von ihrem Treuebruch ablenkt und es zu keiner offenen Aussprache kommt (vgl. Szene 4 und 7). Doch in ihren **Monologen** erhält der Leser Einblick in ihre **seelische Verfassung**. Hier bekennt Marie, dass ihre Beziehung zum Tambourmajor Unrecht ist. Ihre moralischen Skrupel betreffen Woyzeck als treusorgenden Vater ihres gemeinsamen Kindes (Szene 4) und gründen auf **christlichen Werten** wie Liebe, Treue und Verzeihung (Szene 16). In diesen reflektierenden Selbstgesprächen wird klar, dass Marie den Konflikt zwischen Trieb und Treue nicht lösen kann. In ihrem ambivalenten Charakterbild bleibt die Spannung zwischen dem Streben nach **gesellschaftlicher Anerkennung** auf der einen Seite und **moralischen Bedenken** auf der anderen Seite erhalten. Gerade aber diese Widersprüche und Schwächen machen Marie zu einer individuellen Figur mit Eigenleben. Nicht ohne Grund trägt sie wie Woyzeck einen **Individualnamen**.

Marie wird „nicht kurzerhand gerechtfertigt"

Allerdings nutzt Büchner die individuelle Gestaltung der Figur keineswegs zur Beschönigung ihres Handelns. Ihre Lügen und ihre Treulosigkeit werden – wie Peter von Matt richtig feststellt – „nicht kurzerhand gerechtfertigt". Sie werden als **menschlich mögliche und verständliche Verhaltensweisen** in einer **schwierigen existenziellen Lage** dargestellt.

„Tiefe" der Figur

Wie die Untersuchung der Szenen 4, 6 und 16 gezeigt hat, verleiht Büchner seiner Frauenfigur Marie tatsächlich die von Peter von Matt bescheinigte „Tiefe". Die Individualisierung dieser Figur beruht auf Maries Zerrissenheit. Dies macht sie zu einem **komplexen lebendigen und lebensnahen Menschen**, für den der Betrachter Mitgefühl empfinden kann. Maries Handeln soll sich offenbar einem vorschnellen Urteil durch Dritte entzieht. Auf diese Weise wirkt Marie als literarische **Elendsfigur** im sozialen Milieu des frühen 19. Jahrhunderts bis heute nachhaltig auf Theaterbesucher.

Woyzecks „Recht auf Anhörung"

Die Frage, ob das „Recht auf Anhörung" in Büchners Stück auch auf Woyzeck zutreffen und der Intention des Autors gerecht werden könnte, lässt sich mit Ja beantworten. Auch diese Dramenfigur hat Büchner **komplex** angelegt und er verschafft ihr in verschiedenen Szenen Gehör, sodass ihre äußerst schwierige Lebenslage sichtbar wird. In Woyzecks Verhalten und Sprache werden immer wieder seine **ökonomische Misere**, seine **psychische Belastung** durch Maries Treuebruch und die daraus resultierende geistige Verwirrung deutlich. Er kann sich aus seiner existenziellen Not, die ihn schließlich zum Mord an Marie treibt, nicht befreien, auch wenn er seine Lage durchschaut: Vor dem Hauptmann argumentiert er (Szene 5), dass seine unkonventionelle Lebensweise mit seiner Geliebten und ihrem unehelichen Kind keine Frage der bürgerlichen Moral, sondern der fehlenden wirtschaftlichen Mittel ist. Dem Doktor gegenüber bekennt er (Szene 8), dass er unter Halluzinationen leidet und nicht entscheidungsfähig ist, was dieser aus einem vordergründigen wissenschaftlichen Interesse als „interessante[n] Kasus" einordnet. Auch wenn Woyzeck in diesen Szenen um Sprache ringt, weil ihm die intellektuellen Möglichkeiten fehlen, sich verständlich zu machen, wird seine Notlage als **wehrlose und sprachlose Kreatur** für mitfühlende Beobachter hörbar.

Woyzecks „Recht auf Anhörung" wird vor allem dann deutlich, wenn die Zuschauer bzw. die Leser die Gelegenheit erhalten, „mitzuhören“, wie sich in ihm die Absicht entwickelt, Marie zu töten. In solchen Szenen gibt Büchner seiner Figur die Möglichkeit, eine so verwerfliche Tat wie die Vernichtung menschlichen Lebens wenn nicht zu rechtfertigen, so doch zu begründen: als unkontrollierbare Folge seiner **gesellschaftlichen Unterdrückung**, seines **persönlichen Sinnverlustes** und seines Krankheitsbildes. Theaterbesucher und Leser werden auch für die Tat dieser Dramenfigur kein leichtes Urteil finden, selbst wenn sie weder rational schlüssig noch moralisch verantwortlich ist.

So verstanden, wird von Matts These vom „Recht auf Anhörung“ durchaus Büchners **sozialkritischer** Intention mit seiner Woyzeck-Figur gerecht. Wie Marie ist Woyzeck als **Elendsfigur** konzipiert, deren Aufschrei Zuhörer dazu anhalten soll, über die gesellschaftlichen Ursachen seiner Not nachzudenken.

Leistungskurs Deutsch (Nordrhein-Westfalen): Abiturprüfung 2011
Analyse eines literarischen Textes mit weiterführendem Schreibauftrag

Aufgaben: Punkte

1. Analysieren Sie Rose Ausländers Gedicht unter besonderer Berücksichtigung der Beziehung des lyrischen Sprechers zur Sprache und der sprachlich formalen Gestaltung dieser Beziehung. 42

2. Stellen Sie zentrale Gedanken des Chandos-Briefes von Hugo von Hofmannsthal dar. Vergleichen Sie anschließend das in Rose Ausländers Gedicht zum Ausdruck kommende Verhältnis zur Sprache mit dem im Chandos-Brief formulierten Sprachverständnis. 30

Rose Ausländer
Sprache (1976)

Halte mich in deinem Dienst
lebenslang
in dir will ich atmen

Ich dürste nach dir
trinke dich Wort für Wort
mein Quell

Dein zorniges Funkeln
Winterwort

Fliederfein
blühst du in mir
Frühlingswort

Ich folge dir
bis in den Schlaf
buchstabiere deine Träume

Wir verstehn uns aufs Wort
wir lieben einander

Rose Ausländer: Sprache. In: Dies.: Im Aschenregen die Spur deines Namens. Gedichte und Prosa 1976. Frankfurt am Main: S. Fischer 1984, S. 16

Die Autorin: **Rose Ausländer**, * 11. Mai 1901 in Cernowitz, Österreich-Ungarn, † 3. Januar 1988 in Düsseldorf, geborene Rosalie Beatrice Scherzer, war eine aus der Bukowina (Rumänien) stammende deutschsprachige Lyrikerin jüdischen Glaubens. Zwischen 1941 und 1944 Zwangsarbeit und Ghettoisierung. Sie überlebte in einem Kellerversteck ihrer Heimatstadt und entkam so der Deportation in die Vernichtungslager. Nach dem 2. Weltkrieg emigrierte die Dichterin in die USA. 1964 kehrte sie nach Europa zurück – zunächst nach Wien. 1965 zog sie nach Düsseldorf und war dort Mitglied der jüdischen Gemeinde.

Hinweise und Tipps

1. *Die Teilaufgabe 1 hat den größeren Anteil an der Gesamtwertung der inhaltlichen Leistung (42 von 72 Punkten). Sie beginnen mit einer* ***aufgabenbezogenen Einleitung*** *(zu Autorin, Titel, Gattung, Entstehungszeit und Thema des Textes). Die Aufgabe enthält einen* ***Analyseauftrag*** *mit einer thematischen Schwerpunktsetzung: der Beziehung des lyrischen Ich zur Sprache. Damit werden Sie aufgefordert, entsprechende sprachliche und formale Mittel zu untersuchen, mit der Sie diese Thematik erschließen können. Hierzu gehören v. a.:*
   - *Verben der Lebensfunktionen (z. B. „atmen“, „trinken“)*
   - *Pronomina („ich“/„du “, „mein“/„dein“, „du in mir“, „wir“ etc.)*
   - *Sachfeld „Sprache“ („Wort für Wort“, „buchstabieren“ etc.)*
   - *Sachfeld „Jahreszeiten“*
   - *„Dienst“-/„Liebes“-Metaphorik*

   Diese Schwerpunktsetzung bedeutet nicht, dass nicht auch andere Aspekte wie z. B. die Sprecherrolle oder der Aufbau (z. B.: Symmetrie der Versgruppen, unterschiedliche Verslänge, Reimlosigkeit, freie Rhythmen) zu berücksichtigen sind. Sie können bei Ihrer Untersuchung ***linear*** *vorgehen, d. h. sich an den einzelnen Versgruppen orientieren, oder* ***aspektorientiert*** *arbeiten, d. h. einzelne Themenaspekte im Längsschnitt durch den Text verfolgen (z. B. „Sprache als Lebensnotwendigkeit“, „Die wechselseitige Beziehung zwischen Mensch und Sprache“ etc.). Beenden Sie Ihre Analyse mit einer* ***reflektierten Schlussbetrachtung****, in der Sie z. B. darauf eingehen, dass in diesem Gedicht mithilfe einer Natur- und Liebes-Metaphorik eine intensive Beziehung des Ichs zur Sprache ausgedrückt wird. Hierbei können Sie auch auf die poetologischen Dimensionen des Gedichts verweisen.*

Lösungsvorschlag

Einleitung
Publikationsdaten
Entstehungszeit
Thematik

In dem Gedicht „Sprache“ von 1976 thematisiert Rose Ausländer die außerordentliche Bedeutung, die Sprache für den Menschen haben kann. Für das lyrische Ich ist Sprache geradezu von existenzieller Wichtigkeit.

Aspektorientierte Textuntersuchung
(1) Sprache als Lebensnotwendigkeit

Sprache ist aus der Sicht des Sprechers lebensnotwendig. Darauf verweisen Verben der elementaren Lebensfunktionen wie „atmen“ (V. 3) und „trinken“ (V. 5). Das sprachliche Bild „in Sprache atmen“ bedeutet konkret, dass das lyrische Ich die Sprache braucht wie die Luft zum Leben. Überträgt man diese **Atem-Metapher** auf die Sachebene, könnte man weiterführend sagen, dass der Mensch über Sprache überhaupt erst die Welt, in der er lebt, in sich aufnehmen und verstehen und seine Erfahrungen in der Welt anderen mitteilen kann. Diese Abhängigkeit von Sprache besteht „lebenslang“ (V. 2) und wird vom lyrischen Ich als „Dienst“-Verhältnis aufgefasst (vgl. Z. 1). Damit wird die Sprache, die sonst meist als bloßes Werkzeug der Verständigung begriffen wird, – metaphorisch gesprochen – zum „Herrn“ aufgewertet. Diese **Dienst-Metapher** könnte man so deuten, dass der Mensch für die Sprache da ist, etwas für sie tun muss – und nicht umgekehrt. Er muss sich z. B. um den Erwerb von Sprache bemühen, sie pflegen, sodass ihm die Sprache als Erkenntnis- und Mitteilungsmedium zur Verfügung steht. Dieses Dienstverhältnis geht der Sprecher freiwillig ein, wie er durch den Imperativ „Halte mich in deinem Dienst“ (V. 1) und seine Willensbekundung (V. 3: „in dir will ich atmen“) zu verstehen gibt. Damit bringt der Sprecher zum Ausdruck, dass das Dienstverhältnis nicht auf Unterdrückung basiert, sondern auf gegenseitiger **Treue** beruht.

Die existenzielle Bedeutung der Sprache für das lyrische Ich wird durch die **Trink-Metaphorik** unterstrichen (vgl. V. 1–6): Wie der Mensch das Wasser zum Leben braucht, benötigt das lyrische Ich – so lässt sich die Metapher auslegen – die Sprache zum Überleben. Statt der üblichen Formulierung „mich dürstet nach etwas“ verwendet der Sprecher hier jedoch eine sprachliche Variante (V. 4: „Ich dürste nach dir“), die sein Ich als Akteur in die Subjektstelle setzt, nicht als Empfänger in die Objektstelle des Satzes. Damit will er andeuten, dass die Triebkraft für seinen Wissensdurst in ihm selbst liegt und Sprache ihm das Material dazu liefert (V. 6: „mein Quell“).

(2) Die wechselseitige Beziehung zwischen Mensch und Sprache

Die Beziehung des Menschen zur Sprache sieht der Sprecher als eine notwendige und zugleich freiwillig und freudig eingegangene Abhängigkeit an (Versgruppe 1). Seine Begeisterungsfähigkeit für den Umgang mit Sprache (Versgruppe 2) steigert sich im Verlauf des Gedichts soweit, dass er sich zunehmend in einer **wechselseitig anregenden Beziehung zur Sprache** sieht (Versgruppe 3–5), die in seinem Liebesbekenntnis zur Sprache gipfelt (Versgruppe 6). Diese Wechselbeziehung lässt sich an der syntaktischen Stellung der **Personalpronomen** „ich“ und „du“ ablesen. Zunächst stellt sich das lyrische Ich selbst in den „Dienst“ der Sprache (V. 1: „mich in deinem Dienst“, V. 3: „in dir will ich“, V. 4: „Ich dürste nach dir“). Die präpositionale Formulierung „ich in dir“ lässt sich vielleicht so deuten, dass das lyrische Ich als Sprechender es schätzt, dass es aus der Fülle des Wortbestands seiner Sprache schöpfen kann. Dann kehrt er diese Beziehung zwischen Ich und Sprache um (V. 10: „blühst du in mir“). Die präpositionale Wendung „du in mir“ und die **Wachstums-Metapher** „blühen“ legen die Deutung nahe, dass das lyrische Ich sich als kreativer Sprecher versteht, dessen Freude am sprachlichen Gestalten Sprache zur weiteren Entfaltung bringt. Seine Sprachkompetenz reicht bis in den Bereich der unterbewussten Traumerlebnisse hinein, wenn er versucht, die flüchtigen, wortlosen Traumbilder zu „buchstabieren" (V. 14). Hier zeigt sich in der erneuten „ich-dir"-Wendung (V. 12: „ich folge dir"), dass der Mensch mithilfe von Sprache auch Unterbewusstes zum Ausdruck bringen und damit verstehen kann. Mit der **Liebes-Metaphorik**, dem Personalpronomen „wir" und in dem reziproken Pronomen „einander" (V. 16: „wir lieben einander") zieht der Sprecher ein Resümee: Mensch und Sprache bilden eine Einheit („wir") und bereichern sich wechselseitig.

(3) Die schöpferische Kraft der Sprache

Der Sprecher versteht sich – so lassen sich die bisherigen Untersuchungen zusammenfassen – als **Rezipient** von Sprache. Darauf verweisen verschiedene sprachliche Mittel: das Ich in der Objektstelle (z. B. „du in mir"), die Trink-Metaphorik (vgl. V. 4 f.) und die Wachstums-Metapher „blühen" (vgl. V. 10). Darüber hinaus stellt sich das lyrische Ich in diesem Gedicht aber auch als **Produzent** von Sprache dar. Zu seinen **Wortschöpfungen** gehören etwa „Winterwort" (V. 8), „Fliederfein" (V. 9) und „Frühlingswort" (V. 11). Mit dieser schöpferischen **Jahreszeiten-Metaphorik** gelingt es ihm, seine subjektive Wahrnehmung der Natur in ihrer jahreszeitlichen Erscheinung sprachkreativ zum Ausdruck zu bringen: Metaphern **neuzubilden** („Winterwort", „Fliederfein", „Frühlingswort"), Klänge beim Sehen und Hören („zorniges Funkeln / Winterwort") bzw. Gerüche beim Sehen und Hören („Fliederfein / blühst du in mir / Frühlingswort") **synästhetisch** zu verbinden. Auf diese **sprachschöpferische** Weise vermittelt der Sprecher seine persönliche **Jahreszeitenerfahrung** in lyrisch verdichteter, auch **hermetisch** anmutender Sprache. Und dennoch kann ein Leser dieser Zeilen erkennen, dass das lyrische Ich in eigenwilligen Metaphern durchaus über eine wahrnehmbare Wirklichkeit spricht: etwa über den Winter als eine Jahreszeit der menschenfeindlichen Wetterlagen, über das Frühjahr als eine alle Sinne des Menschen belebende Jahreszeit. Auf die poetologische Bedeutung dieser Naturbilder komme ich gleich noch zu sprechen.

Das Gedicht selbst ist der beste Beweis für die ästhetischen Möglichkeiten von lyrischer Sprache: Auf traditionelle Formelemente wie **Reimbindung**, **gleichbleibende Verslänge** und **Verszahl** pro Versgruppe wird verzichtet und dennoch wird ein ästhetisch ansprechendes Gedicht zustande gebracht. Die unterschiedlich langen Verse setzen durch **Kürzest- und Einwortverse** (V. 2, 6, 8, 9, 11) Bedeutungsakzente und zugleich Ruhepunkte im Fluss seiner Gedanken. Entsprechend wird im gesamten Gedicht auf Interpunktionszeichen verzichtet. Statt Reimbindung werden Zusammenhänge durch Wortfelder hergestellt. **Freie Rhythmen** wie in der Sprechsprache verschaffen der konzentriert verwendeten Metaphorik und den Wortneubildungen einen leichten, natürlichen Klang. Und trotz des auf den ersten Blick unregelmäßigen **Gedichtauf-**

baus von Drei- und Zweizeilern entsteht im Gesamtaufbau des Gedichts Symmetrie (3/3/2 – 3/3/2).

(4) Die Sprachreflexionen des Sprechers

In diesem Gedicht stellt der Sprecher auch seine **Reflexionen über Sprache** dar. Um seine Erkenntnis über die Macht und Schönheit der Sprache auszudrücken, nutzt er jedoch keine vorgegebene Begriffssprache, etwa jene der Sprachwissenschaft, sondern lyrische Ausdrucksmittel: neben der bereits erläuterten Liebes-Metaphorik vor allem Natur-Metaphorik. In diesem Zusammenhang erschließen sich dem Leser die oben gedeuteten **Naturbilder** noch in einer weiteren, nämlich **poetologischen** Bedeutung. Die **Substantiv-Komposita** „Winterwort" (V. 8) und „Frühlingswort" (V. 11) bestehen jeweils aus derselben **Grundform** („-wort") und verschiedenen **Bestimmungformen** („Winter-", „Frühlings-"). Die Grundform deutet auf den Sachbereich „Sprache" hin, über den das lyrische Ich spricht. Die Bestimmungsformen geben an, wie er über Sprache reflektiert. Die Naturbilder lassen sich demnach als **Bildspender** verstehen. In anderen Worten: „Winter" und „Frühling" gehören zu dem Bildbereich, der auf den Sachbereich „Sprache" übertragen werden muss. Man könnte dies so auslegen, dass nach der Auffassung des lyrischen Ich Sprache vielfältig genutzt werden kann: als „zorniges Funkeln", etwa im Sinne von kritisch-engagierten Bemerkungen zu strittigen Sachverhalten in hitzigen Auseinandersetzungen; oder als ‚fliederfeines Blühen', etwa im Sinne von vorsichtigen, feinfühligen Formulierungsversuchen.

Darüber hinaus formuliert der Sprecher seine Sprachreflexionen mit verschiedenen Ausdrücken aus dem Sachfeld „Sprache", das mit „Wort"-Wiederholungen (V. 5: „Wort für Wort", V. 8: „Winterwort", V. 11: „Frühlingswort", V. 15: „Wir verstehn uns aufs Wort") sowie dem Titel „Sprache" und dem Verb „buchstabieren" vertreten ist. Seine hohe Wertschätzung der Sprache (vgl. sein Liebensbekenntnis), seine schöpferische Begabung bei der Formulierung ungewöhnlicher Metaphern und Synästhesien sowie bei Wortneubildungen legen die Vermutung nahe, dass der Sprecher in der **Rolle eines Schriftstellers** spricht. In der hier **doppeldeutig verwendeten Redensart** „Wir verstehn uns aufs Wort" (V. 15) klingt seine Dankbarkeit an, dass zwischen ihm und seiner Sprache Einklang herrscht, aber auch sein Stolz, dass er fähig ist, Sprache als Werkzeug für seine jeweiligen Mitteilungsabsichten wie ein Experte zu beherrschen.

Reflektierte Schlussfolgerung

Insgesamt betrachtet, besteht das Besondere in diesem Gedicht darin, dass mit Begriffen der Natur- und Liebeslyrik **poetologische Überlegungen** ausgedrückt werden. Mit anderen Worten: Im Medium der lyrischen Ausdrucksmittel reflektiert das Sprecher-Ich in der Rolle eines sprachbegeisterten Schriftstellers über das Medium Sprache. Dabei erinnert das lyrische Ich in seiner Rolle als

Schriftsteller an die Lyrikerin Rose Ausländer. Beide verbindet eine Freude an der Sprache als Medium der Ich-Aussprache und der Gestaltung von Wirklichkeitserfahrungen. Darauf ist in Teilaufgabe 2 noch näher einzugehen.

2. *Die Teilaufgabe 2 hat einen geringeren Anteil an der Gesamtwertung der inhaltlichen Leistung (30 von 72 Punkten). Beginnen Sie mit einer* ***aufgabenbezogenen Überleitung****, in der Sie z. B. auf das gemeinsame Thema „Sprache“ in beiden Texten eingehen, ferner auf die unterschiedliche Einstellung der Sprecher zur Thematik, die verschiedenen literarischen Gattungen und Entstehungszeiten.*
   Zwei ***Schreibleistungen*** *werden im* ***Hauptteil*** *verlangt:*
   - *eine knappe* ***Darstellung*** *der zentralen Gedanken des literarischen Briefs. Hierbei ist es sinnvoll, sowohl auf die* ***Sprachkritik*** *des Verfassers als auch auf seine Ansätze, die* ***Sprachkrise*** *zu* ***überwinden****, hinzuweisen.*
   - *ein strukturierter* ***Vergleich*** *des jeweiligen Verhältnisses zur Sprache in beiden Texten. Hier gilt es Gemeinsamkeiten und Unterschiede herauszuarbeiten.*

   In der ***reflektierten Schlussbetrachtung*** *können Sie sich fragen, inwiefern die verschiedenen Auffassungen von Sprache durch die unterschiedlichen Autorenbiografien und Zeitkontexte begründet sein können.*

Aufgabenbezogene Überleitung
Thema, Entstehungszeit, Gattung, Sprecherrollen

Der Chandos-Brief von Hugo von Hofmannsthal und das Gedicht „Sprache“ von Rose Ausländer bieten sich für einen interessanten Vergleich an. Denn die beiden epochal deutlich auseinanderliegenden Texte – im Epochenumbruch 19./20. Jahrhundert bzw. in den 1970er-Jahren – behandeln das Thema „Sprache“ in so unterschiedlichen Gattungen wie Lyrik und literarischer Brieferzählung. Die verschiedenen Sprachauffassungen werden dabei jeweils in Sprecherrollen dargeboten: durch den fiktiven Briefschreiber Lord Chandos bei Hofmannsthal und durch das lyrische Ich bei Ausländer.

Zentrale Gedanken des Chandos-Brief

Hugo von Hofmannsthal übt in der literarischen Figur eines humanistischen Intellektuellen des frühen 17. Jahrhunderts Kritik an der Sprachpraxis seiner eigenen Zeit um 1900. Der Brief des (fiktiven) Lord Chandos von 1603 ist an einen (realen) Adressaten, den Naturwissenschaftler Francis Bacon, gerichtet. Hierin schildert Chandos seine **Sprach- und Identitätskrise**.

Teil 1: Sprach- und Schaffenskrise

Der Brief ist zweigeteilt. Im ersten, längeren Teil des Briefes beklagt Chandos seine Schaffenskrise als Schriftsteller. Gründe für seine Sprachnot sieht er in zwei Tendenzen der zeitgenössischen Sprachverwendung. Einerseits wird in der Renaissance im Sinne der humanistischen Bildung nach wiederbelebten antiken Vorbildern gedichtet. Diese **rhetorisch kunstvolle Sprache** ist ästhetisch geschliffen, bleibt aber für Chandos oberflächlich. Andererseits hat sich mit Beginn der Neuzeit eine wissenschaftliche Erklärungsweise der Welt durchgesetzt, in der eine **begrifflich-rationale Sprache** gebraucht wird. Durch sie wird jedoch das Leben als Sinnkosmos –

wie Chandos kritisiert – in zusammenhanglose Einzelteile zerlegt. Beide Sprachstile hat Chandos in seinen früheren Werken verwendet, in seiner produktiven Zeit als Schriftsteller: z. B. in seiner Schäferdichtung nach antiker Tradition oder in philosophisch gelehrten Traktaten nach wissenschaftlichem Vorbild.

Die Sprachskepsis des Briefschreibers verbindet sich mit einem tiefgreifenden **Erkenntniszweifel**. Denn – so stellt Chandos mit Bedauern fest – der Wortgebrauch in den Sprachgepflogenheiten seiner Zeit ist nicht geeignet, zu Erkenntnissen über die Welt zu gelangen oder selbst in Alltagssituationen treffsichere Urteile zu bilden. Mit dem Verlust von Sprache als leistungsfähigem **Erkenntnis- und Kommunikationsmedium** geht für den Schriftsteller auch ein Teil seines **Selbstverständnisses verloren**. **Sprache und Ich** bilden für ihn **keine Einheit** mehr.

Teil 2: Auswege aus der Krise

Im zweiten, kürzeren Teil des Briefes entwirft Chandos – wenn auch nur in Ansätzen und in fortgesetzter Sorge, weiterhin als Schriftsteller scheitern zu können – **Auswege aus der Sprachkrise**. Zentral für eine Neubestimmung sind dabei sein Begriff „Leben" und seine neue Weltsicht, die weder naturwissenschaftlich noch religiös begründet ist und als „Mystik" bezeichnet werden kann. Für ihn gewinnen die Nichtigkeiten im Leben zunehmend Bedeutung. Erfahrungen mit sonst als nichtig erachteten Elementen des **einfachen Lebens** werden für den Schriftsteller zu „Offenbarungen", in denen er glaubt, die verlorene Einheit von Ich und Welt zurückgewinnen zu können, allerdings nur – wie Chandos sinngemäß sagt – in „guten Augenblicken". Solche **mystischen Augenblickserleuchtungen** sind kreative Chancen für einen Schriftsteller, der keine Verankerung in der Religion mehr hat. Dennoch beklagt Chandos weiterhin seine Sprachlosigkeit. Er schließt seinen Brief mit dem Ausblick ab, dass er keine Bücher in den überlieferten Sprachstilen mehr schreiben, sondern sich auf jene „Augenblicke" beschränken werde, in denen „die stummen Dinge" des einfachen Lebens zu ihm sprächen.

Vergleich

Der Vergleich zwischen den hier skizzierten Gedanken des Chandos-Briefs und dem Gedicht „Sprache" von Rose Ausländer lässt einige Gemeinsamkeiten, aber auch viele Unterschiede erkennen.

Gemeinsamkeiten

Existenzielle Bedeutung der Sprache

Gemeinsam ist beiden Texten der intensive Blick auf die **Beziehung des Ichs zur Sprache**. Beide Verfasser teilen die Auffassung, dass Sprache für den Menschen, speziell für den Schriftsteller, von **existenzieller Bedeutung** ist. Sprache wird zunächst als Medium verstanden, mit dem der Mensch seine Lebenswirklichkeit wahrnimmt. Diese **rezeptive Haltung** gegenüber der Sprache drückt das lyrische Ich in seiner „Dienst"-Metaphorik aus. Lord Chandos meint, dass er mit geeigneter Sprache imstande wäre, „ins Innere der Dinge zu dringen".

Weiterhin erfährt man in beiden Quellen, dass der Mensch mit Sprache auch seine **Wirklichkeit produktiv gestalten** kann. Ein Beispiel im Gedicht ist die Jahreszeitenerfahrung, die der Sprecher mit individueller Metaphorik sprachschöpferisch gestaltet. Ebenso kreativ verfährt er, wenn er mithilfe von Naturbildern sprachreflektorische Überlegungen anstellt. Im Chandos-Brief vermittelt der Briefschreiber etwa durch das Gleichnis der Ratten und ihren Todeskampf eine Vorstellung davon, wie ein Dichter auch in alltäglichen Dingen mit bildhafter Sprache tiefere Bedeutung zu Tage fördern kann.

Sprachverwendung

Darüber hinaus wird in beiden Texten deutlich, dass es einen Zusammenhang zwischen **Sprache und der Persönlichkeit** eines Menschen gibt. So trägt im Gedicht der Umgang mit Sprache zur **Identitätsbildung** bei bzw. führt im Brief der Verlust von Sprache zur **Identitätskrise** des Dichters.

Sprache und Identität

Der wesentliche Unterschied zwischen dem lyrischen Sprecher und dem Briefschreiber liegt in ihrer **wertenden Einstellung** zur Sprache. Der **Sprachskepsis** in Hofmannsthals literarischem Brief steht die **Sprachbegeisterung** in Ausländers Gedicht gegenüber. Dieser Unterschied lässt sich in einer Reihe von Gegenüberstellungen veranschaulichen:

Unterschiede

Sprachskepsis vs. Sprachbegeisterung

- **Sprache und Ich** bilden nach Chandos' Einschätzung **keine Einheit** mehr. Er klagt z. B. sinngemäß, dass die Worte ihn im Stich ließen. Die ihm zur Verfügung stehenden Worte aus der literarischen wie Gelehrtensprache transportieren nicht den Sinn, den er mitteilen will. Sie sind zu oberflächlich oder zu abstrakt. **Sprache und Kommunikation** versagen also aus seiner Sicht. Ganz anders beurteilt das lyrische Ich die Sprache: Es kann seine Lebenserfahrungen angemessen mit dem vorhandenen Sprachschatz bzw. mit Wortneuschöpfungen ausdrücken und potenziellen Lesern mitteilen. Diese Nähe wird schon dadurch deutlich, dass das Ich die Sprache direkt anspricht, während Chandos distanziert über die Sprache spricht. Und im Unterschied zum Briefschreiber, der sich von der Sprache verlassen fühlt, steht die Beziehung des Ichs zur Sprache bei Rose Ausländer im Zeichen dauerhafter Treue.
- **Sprache und Leben** haben für den Briefschreiber keinen Zusammenhang mehr. Die ihm zur Verfügung stehenden sprachlichen Ausdrucksformen eignen sich nicht zur Wahrheitsfindung und Urteilsbildung. Nur in seinen sprachlosen, mystischen Erfahrungen erschließt sich Chandos noch Lebenssinn. Der lyrische Sprecher hingegen lebt in der Sprache: Er nimmt die Welt durch den Filter der Sprache wahr und formuliert seine Lebenserfahrungen in Begriffen und Bildern seiner Sprache.

– Lord Chandos ist verzweifelt darüber, dass er nicht mehr über ein Ausdrucksmedium verfügt, mit dem er als Schriftsteller tätig sein kann. Seine **Sprachkrise** ist zugleich eine **Identitätskrise**. Demgegenüber fühlt sich der lyrische Sprecher in seiner Sprache sicher und geborgen, nutzt seine schöpferischen Möglichkeiten. Mit Sprache – so lässt sich schließen – ist ihm **Identitätsfindung** möglich.

Reflektierte Schlussbetrachtung

Hugo von Hofmannsthal: Epochenumbruch

Die polaren Sprachauffassungen „Sprachskepsis" bzw. „Sprachbegeisterung" scheinen in den jeweiligen **Zeitkontexten** ihrer Autoren verankert zu sein. Im historischen Kostüm einer Figur der englischen Renaissance kritisiert Hugo von Hofmannsthal verschiedene **Strömungen der Jahrhundertwende**: die Sprachskepsis im literarischen Wien, den Ästhetizismus des Fin de Siècle mit seinem L'art pour l'art-Gebot vor allem für Lyrik sowie die Wissenschaftsgläubigkeit, die sich angesichts bahnbrechender naturwissenschaftlicher Fortschritte in Physik und Chemie entwickelte. Nicht ohne Grund gilt Hofmannsthals Chandos-Brief als ein wegweisendes Dokument für die **Sprachkrise der Jahrhundertwende**, die im Laufe des 20. Jahrhunderts nicht nur die Literatur, sondern auch die Sprachphilosophie und das Wissenschaftsverständnis verändern sollte.

Rose Ausländer: Emigrantenschicksal

Die **Sprachbegeisterung** des lyrischen Ich in Rose Ausländers Gedicht scheint eher **autobiografisch** begründet zu sein. Aufgrund ihres jüdischen Glaubens erlitt die Lyrikerin im Zweiten Weltkrieg Verfolgung, Ghettoisierung und Zwangsarbeit. Nach ihren bedrückenden Erfahrungen der Massenvernichtung ihres Volkes und während ihres Exils in den USA bot ihr offensichtlich lange Zeit nur die deutsche Sprache einen sicheren Raum, in dem sie angstfrei und in vertrauter geistiger Umgebung sich heimisch fühlen und (über-)leben konnte.

Leistungskurs Deutsch (Nordrhein-Westfalen): Abiturprüfung 2012
I A: Analyse eines Sachtextes mit weiterführendem Schreibauftrag

Aufgaben

		Punkte
1.	Analysieren Sie den Textauszug aus Dieter E. Zimmers Buch „So kommt der Mensch zur Sprache" im Hinblick auf den Aufbau, die Ausführungen zum kindlichen Spracherwerb und die Leserführung.	42
2.	Stellen Sie die Fragestellung und die Grundgedanken von Herders „Abhandlung über den Ursprung der Sprache" dar. Erläutern Sie Gemeinsamkeiten und Unterschiede von Zimmers Überlegungen zum Spracherwerb und Herders Theorie zur Sprachentstehung. Berücksichtigen Sie dabei auch die Funktionen, die beide Autoren den „Merkmalen" zuschreiben. (Als Erinnerungsstütze ist ein Abschnitt aus Herders Abhandlung beigefügt.)	30

Dieter E. Zimmer: So kommt der Mensch zur Sprache (Auszug)

Wovon sprechen Kinder? Was sie als erstes benennen, ist nicht das Große, vermeintlich Wichtige, Statische. Sie benennen, was sich bewegt oder verändert, die Socke und nicht den Mantel, den Ball und nicht den Schrank, die Katze und nicht den Gummibaum. Eingebaut in unseren Geist, schon in unsere Wahrnehmungen ist die Tendenz, Veränderungen „interessanter" zu finden als alles Gleichbleibende – ein gesundes Überlebensprinzip, denn vom Statischen droht normalerweise keinerlei Gefahr, und Vorteile bringt es auch nicht. [...]

Wenn aber ein Kind Wörter wie *Auto, Ball, Keks* gebraucht, so ist keineswegs gewiß, daß es damit das gleiche meint wie ein Erwachsener. Das Kind muß erst allmählich herausfinden, wo die Grenzen eines Begriffs verlaufen. Bis das erreicht ist, mißt es ihm, vom Standpunkt der Erwachsenensprache aus gesehen, oft falsche Ausdehnungen zu. Entweder überdehnt es ihn: indem es zum Beispiel den Begriff *Wauwau* nicht nur für alle Hunde, sondern für alle Felltiere oder überhaupt für alles Weiche, Fellige gebraucht, vielleicht auch für ein Plüschkissen. Oder es „unterdehnt" ihn: indem es *Wauwau* nicht für alle Hunde, sondern nur für einen bestimmten Hund verwendet oder vielleicht noch für jene, die ihm besonders ähnlich sehen. Oder es überträgt einen Begriff auf analoge Situationen, für die die Erwachsenensprache eigene Begriffe bereithält: indem es etwa, in Analogie zum Anschalten des Lichts, zu jedem Ingangsetzen *an* sagt, auch zum Aufdrehen des Wasserhahns, zum Starten eines Autos, zum Einschalten des Radios. Der häufigste Fall aber ist wohl die Überdehnung.

Wie es zu ihr kommt, dazu hat Eve Clark, Psycholinguistin an der Stanford-Universität, 1973 eine interessante Hypothese entworfen. Nach altehrwürdiger Auffassung setzt sich die Bedeutung eines Begriffs aus einer Reihe von semantischen Merkmalen zusammen. Was etwa ist ein *Mädchen?* Was die Merkmale „lebend", „menschlich", „weiblich" und „jung" besitzt. Das Kind erfaßt anfangs nur ein oder zwei dieser Merkmale – mit der Folge, daß es die Bedeutung des Begriffs notwendig überdehnt. Verleibt es seinem jungen Wortschatz etwa das Wort *Wauwau* ein, so mag es aus all den Merkmalen, die für den Erwachsenen die Bedeutung von „Hund" ausmachen („lebt", „ist Tier", „hat Fell", „lebt im Haushalt", „bellt"), nur das Merkmal „hat Fell" herausgreifen und folgerichtig das Wort *Wauwau* auf alle Felltiere, vielleicht aber auch auf Stofftiere oder Pelzmantel oder Hausschuhe anwenden. Erst wenn es weitere Wörter lernt, deren Bedeutung vorher unter *Wauwau* mit subsumiert war, werden weitere Merkmale hinzugefügt. So mag mit dem Hinzukommen von *Hottehü* („hat Fell", „ist groß") dem Wauwau ein zweites Merkmal zugeteilt werden, nämlich „ist klein"; mit dem Hinzukommen von *Miez* („hat Fell", „ist klein", „macht miau") ein drittes, „bellt". Auf diese Weise erwirbt der *Wauwau* mit der Zeit immer mehr semantische Merkmale, bis der Begriff die gleiche Ausdehnung hat wie der *Hund* der Erwachsenensprache. Dem anfangs überdehnten Begriff werden also nach und nach immer mehr Definitionsmerkmale zugeteilt. Dadurch geht die Überdehnung zurück. Ein oder mehrere zusätzliche Merkmale erhält ein Begriff immer dann, wenn ein neues Wort für eine benachbarte Klasse aufgenommen wird. Anders gesagt: Der Wortschatz des Kindes wächst in dem Maß, in dem ihm Unterschiede zwischen den Dingen auffallen, über die es auch sprachlich nicht länger hinweggehen will. Dann differenziert es eine zu weite Klasse, und jede ihrer neuen Unterklassen ist feiner, nämlich mit mehr Merkmalen definiert. War das Wort für die zu weit abgesteckte Klasse ein künstliches Kinderwort, das später ganz fallengelassen wird (zum Beispiel *Bubu* für alle Felltiere), so behobelt[1] dieser Prozeß kein Wort der Erwachsenensprache, bis es dessen Bedeutungsinhalt annimmt. Aber wo immer die zu weite Klasse mit einem Wort bezeichnet worden war, das in der Erwachsenensprache eine engere Bedeutung hat, ist jeder solche Differenzierungsschritt gleichzeitig ein Schritt zur „Normalisierung" einer Wortbedeutung.

[…]

Welche Arten von Merkmalen zu Überdehnungen Anlaß geben, war eine Weile strittig. Eve Clark meinte: das Aussehen; Katherine Nelson widersprach: die Funktion. Bei Überdehnungen auf Grund des Aussehens müßte das Kind beispielsweise sein Wort für *Ball* auf Dinge anwenden, die rund sind wie ein Ball. Überdehnte es den Begriff jedoch aufgrund der Funktion, so müßte es alles, was rollt oder fliegt oder springt, einen *Ball* nennen. Die Kontroverse ist inzwischen beigelegt: Die Funktion (rollen, fliegen, brennen, lärmen, schmecken) lenkt die Aufmerksamkeit des Kindes auf einen Begriff, bewirkt, daß er in seinen Wortschatz aufgenommen wird. Das Aussehen, und da die Form vor Größe, Materialbeschaffenheit oder Farbe, ist dagegen meist die Grundlage der Überdehnung. Wenn das Kind alle kleinen Felltiere *Miez* nennt, so darum, weil ihm die Funktionen der Katze – „bewegt sich", „macht miez" – besonders interessant erschienen sind. Aber das neuerworbene Wort *Miez* wendet es nicht etwa auf alles an, was „miez"-ähnliche Laute hervorbringt, auch auf quietschende Türen, sondern auf das, was einer Katze ähnlich sieht.

Aus: Dieter E. Zimmer: So kommt der Mensch zur Sprache. Über Spracherwerb, Sprachentstehung und Sprache & Denken. Zürich: Haffmans 1986, S. 36–39

Anmerkungen:

1 *behobeln, hobeln:* eigentlich die Oberfläche von Holz bearbeiten, um sie zu glätten, indem mit dem Werkzeug Hobel Späne vom Material abgetragen werden; hier im übertragenen Sinne

Johann Gottfr. Herder: Abhandlung über den Ursprung der Sprache (Auszug)

(Text ohne konkreten Analyseauftrag, lediglich als Erinnerungsstütze zu Herders Umgang mit Merkmalen)

Der Mensch beweiset Reflexion, wenn die Kraft seiner Seele so frei würket, daß sie in dem ganzen Ozean von Empfindungen, der sie durch alle Sinnen durchrauschet, *eine* Welle, wenn ich so sagen darf, absondern, sie anhalten, die Aufmerksamkeit auf sie richten und sich bewußt sein kann, daß sie aufmerke. Er beweiset Reflexion, wenn er aus dem ganzen schwebenden Traum der Bilder, die seine Sinne vorbeistreichen, sich in ein Moment des Wachens sammlen, auf *einem* Bilde freiwillig verweilen, es in helle ruhigere Obacht nehmen und sich Merkmale absondern kann, daß dies der Gegenstand und kein andrer sei. Er beweiset also Reflexion, wenn er nicht bloß alle Eigenschaften lebhaft oder klar erkennen, sondern eine oder mehrere als unterscheidende Eigenschaften bei sich *anerkennen* kann: der erste Aktus dieser Anerkenntnis gibt deutlichen Begriff; es ist das erste Urteil der Seele – und –

Wodurch geschahe die Anerkennung? Durch ein Merkmal, was er absondern mußte und was, als Merkmal der Besinnung, deutlich in ihn fiel. Wohlan! lasset uns ihm das *heureka*[1] zurufen! Dies *erste Merkmal der Besinnung war Wort der Seele! Mit ihm ist die menschliche Sprache erfunden!*

Lasset jenes Lamm, als Bild, sein Auge vorbeigehn: ihm wie keinem andern Tiere. Nicht wie dem hungrigen, witternden Wolfe! nicht wie dem blutleckenden Löwen – die wittern und schmecken schon im Geiste! die Sinnlichkeit hat sie überwältigt! der Instinkt wirft sie darüber her! – Nicht wie dem brünstigen Schafmanne, der es nur als den Gegenstand seines Genusses fühlt, den also wieder die Sinnlichkeit überwältigt und der Instinkt darüber herwirft. Nicht wie jedem andern Tier, dem das Schaf gleichgültig ist, das es also klardunkel vorbeistreichen läßt, weil ihn sein Instinkt auf etwas anders wendet. – Nicht so dem Menschen! Sobald er in die Bedürfnis kommt, das Schaf kennenzulernen, so störet ihn kein Instinkt, so reißt ihn kein Sinn auf dasselbe zu nahe hin oder davon ab: es steht da, ganz wie es sich seinen Sinnen äußert. Weiß, sanft, wollicht – seine besonnen sich übende Seele sucht ein Merkmal – das Schaf *blöket!* sie hat Merkmal gefunden. Der innere Sinn würket. Dies Blöken, das ihr am stärksten Eindruck macht, das sich von allen andern Eigenschaften des Beschauens und Betastens losriß, hervorsprang, am tiefsten eindrang, bleibt ihr. Das Schaf kommt wieder. Weiß, sanft, wollicht – sie sieht, tastet, besinnet sich, sucht Merkmal – es blökt, und nun erkennet sies wieder! „Ha! du bist das Blökende!“ fühlt sie innerlich, sie hat es menschlich erkannt, da sies deutlich, das ist mit einem Merkmal, erkennet und nennet. [...] Er [der Mensch] erkannte das Schaf am Blöken: es war gefaßtes Zeichen, bei welchem sich die Seele an eine Idee deutlich besann – was ist das anders als Wort? Und was ist die ganze menschliche Sprache als eine Sammlung solcher Worte? Käme er also auch nie in den Fall, einem andern Geschöpf diese Idee zu geben, und also dies Merkmal der Besinnung ihm mit den Lippen vorblöken zu wollen oder zu können, seine Seele hat gleichsam in ihrem Inwendigen geblökt, da sie diesen Schall zum Erinnerungszeichen wählte, und wiedergeblökt, da sie ihn daran erkannte – *die Sprache ist erfunden! ebenso natürlich und dem Menschen notwendig erfunden, als der Mensch ein Mensch war.*

Aus: Johann Gottfried Herder: Abhandlung über den Ursprung der Sprache. Stuttgart: Reclam 2001, S. 32–34

Anmerkungen:
1 *heureka:* griechisch: Ich hab's gefunden; freudiger Ausruf nach Lösung einer schwierigen Aufgabe (im Original griechische Schrift)

Hinweise und Tipps

*Der vorliegende Textauszug und die darauf bezogene Aufgabenstellung nehmen inhaltlich Bezug auf die Vorgaben zum Bereich „**Reflexion über Sprache**" und sind angebunden an die Thematik „Spracherwerb und Sprachentwicklung". Dabei bezieht sich die Aufgabe im zweiten Teil auf die obligatorische unterrichtliche Auseinandersetzung mit Johann Gottfried Herders „Abhandlung über den Ursprung der Sprache" im Unterricht. Der Sachtextbezug der Aufgabe markiert den Vorschlag als Aufgabentyp I A.*

1. *In der ersten Aufgabe wird von Ihnen erwartet, dass Sie den Textauszug aus Dieter E. Zimmers Monografie zum Spracherwerb hinsichtlich dreier Schwerpunkte analysieren – hinsichtlich des Aufbaus, der Ausführungen zum Spracherwerb und der Leserführung. Es gilt also in der Analyse zum einen darzulegen, welche **inhaltlichen Aussagen** zum Thema der Verfasser hier entfaltet. Zum anderen aber hat Ihre Analyse auch den **argumentativen Aufbau** des Textes und die **Argumentationsstrategie** Zimmers in den Blick zu nehmen, um deutlich werden zu lassen, in welcher Weise Zimmer seine Leser an seinem Gedankengang teilhaben lässt.*

Lösungsvorschlag

Aufgabenbezogene Einleitung
Primärinformationen, Thematik

Der vorliegende Textauszug ist Dieter E. Zimmers Monografie „So kommt der Mensch zur Sprache" entnommen, die erstmals 1988 veröffentlicht wurde. In diesem Sachtext beschäftigt sich der Autor mit der Frage, wie ein **Kleinkind sprechen lernt** und wie sich seine **Sprache weiterentwickelt**.

Hauptteil: Analyse
Argumentationsaufbau

Der Argumentationsgang seiner Ausführungen weist eine **klare Gliederung** auf, die sich weithin an den einzelnen Textabschnitten orientiert. Seine Ausgangsfrage richtet sich darauf, was Kinder benennen, wenn sie zu sprechen beginnen (Z. 1–7). Anschließend erläutert er, auf welche Art und Weise Kinder Phänomene der sie umgebenden Wirklichkeit benennen (Z. 8–20). Mit Bezug auf Forschungsergebnisse geht er dann auf die Frage ein, warum Kinder auf diese Art und Weise ihre Umgebung benennen (Z. 21–51). Vertiefend skizziert er anschließend die inzwischen beigelegte wissenschaftliche Kontroverse um die Frage, was die Kinder genauer zu ihrer Begriffsbildung veranlasst, und gibt schließlich den Forschungsstand zu dieser Frage des kindlichen Spracherwerbs wieder (Z. 53–66).

Zimmer geht von der Annahme aus, dass Kinder zuerst Dinge benennen, die sich bewegen oder verändern (vgl. Z. 2). Zur Veranschaulichung führt er einige **Beispiele** an und verweist darauf, dass etwa ein Ball oder eine Katze der Kategorie der ‚bewegten Objekte' zugehöre, ein Schrank oder ein Gummibaum eben nicht (vgl. Z. 3 f.). Seine Annahme unterlegt Zimmer mit einer Anspielung auf **evolutionsgeschichtliche Zusammenhänge**, indem er behauptet, es seien Veränderungen, von denen tendenziell Gefahr ausgehe oder die nutzbringend sein könnten, und nicht das Statische und Unbewegte. Deshalb werde auch das, was sich bewegt, zuerst begrifflich erfasst. Diese Aufmerksamkeitssteuerung, die für Zimmer offenbar auch den Spracherwerb beeinflusst, bezeichnet er als „gesundes Überlebensprinzip" (Z. 5 f.).

Grundannahme zur Frage, was Kinder benennen

Ausgehend von dieser Hypothese **verneint** Zimmer die Annahme, dass das Kind mit den Begriffen, die es entwickelt, **das Gleiche meine wie ein Erwachsener**. Er erläutert, dass das Kind die „Grenzen eines Begriffs" (Z. 10) noch nicht kenne und sie erst ausloten müsse. Die Vorstellungen und Kategorien, mit denen ein Kind einen Begriff inhaltlich fülle, seien verschieden von denen, die in der Sprache der Erwachsenen klar umrissen seien. Das **zentrale Merkmal der kindlichen Begriffsbildung** sei das der „falsche[n] Ausdehnungen" (Z. 11 f.). Den Begriff der **Ausdehnung** verwendet Zimmer metaphorisch, um auf diese Weise den Umfang der kindlichen Begriffsbildung deutlich zu machen. Er unterscheidet in diesem Zusammenhang zwischen zwei Phänomenen, dem der **Überdehnung** und dem der **Unterdehnung**. Unter der Überdehnung versteht er die Anwendung eines Begriffs auf eine zu große Menge an Objekten. Anschaulich macht er dieses Phänomen am Begriff „Wauwau", der dann, wenn das Kind ihn mit der Vorstellung von Felligem verbindet, auf andere Felltiere angewendet wird (vgl. Z. 12–14). Eine Unterdehnung sei dann zu beobachten, wenn das Kind einen Begriff nur für einen Teil der Objekte verwendet, die mit diesem Begriff eigentlich gemeint sind – wenn es beispielsweise mit dem „Wauwau" nur einen bestimmten und oder bestimmte Hunde meine (vgl. Z. 14–16). Ein drittes Phänomen, das wie die Unterdehnung im Vergleich zur Überdehnung eher selten sei, ist nach Zimmer die Analogiebildung: Das Kind überträgt dabei einen Begriff auf „analoge Situationen" (Z. 17). Dies sei dann der Fall, wenn es unterschiedliche Vorgänge, die in der Sprache der Erwachsenen auch unterschiedlich bezeichnet würden, in gleicher Weise benennen würde. Auch hierfür gibt Zimmer ein **Beispiel**: Eine

Grundannahme zur Frage, wie Kinder benennen

solche falsche Übertragung finde statt, wenn ein Kind den Begriff „an“ von der Situation des Lichtanschaltens auf andere Situationen wie das Aufdrehen des Wasserhahns übertrage (vgl. Z. 18–20).

Darstellung der Ursachen der Überdehnung unter Einbeziehung wissenschaftlicher Forschung

Daran anknüpfend wendet sich Zimmer der Frage zu, wie es zu **Überdehnungen** kommt, und referiert dazu aus den **Forschungsergebnissen** der amerikanischen Psycholinguistin **Eve Clark**. Clark habe darauf hingewiesen, dass sich „die Bedeutung eines Begriffs aus einer Reihe von semantischen Merkmalen“ (Z. 23 f.) zusammensetze. Das Kleinkind beachte aber zunächst nur ein Merkmal oder wenige Merkmale. Zimmer erläutert es am **Beispiel** des vorher schon herangezogenen Begriffs „Wauwau“. Der Erwachsene assoziiere mit diesem Wort den „Hund“, das Kleinkind aber alle „Felltiere“, weil es aus einem Pool von Merkmalen, die einen „Hund“ ausmachten, nur das Merkmal „hat Fell“ berücksichtige und den Begriff deshalb auf alle anderen Felltiere – aufgeführt werden als Beispiele Pferd und Katze – ausdehne (vgl. Z. 34 ff.). Das Lernen weiterer Wörter führe zur Beachtung weiterer Merkmale und zu einer Eingrenzung der Bedeutungsweite eines Begriffs. So differenziere sich die Begriffssemantik beständig aus. Worauf Zimmer in Anlehnung an Eve Clark also verweist, ist der Umstand, dass das **Lernen neuer Wörter Auswirkungen** hat auf die **semantische Fülle** der schon **bekannten Wörter**: „Ein oder mehrere zusätzliche Merkmale erhält der Begriff immer dann, wenn ein neues Wort für eine benachbarte Klasse aufgenommen wird.“ (Z. 40 f.) Dieser Prozess setze sich so lange fort, bis das Wort des Kindes „die gleiche Ausdehnung“ (Z. 37) habe wie der Begriff in der Erwachsenensprache. Zimmer verwendet die **Metapher** des ‚Behobelns‘ (vgl. Z. 47), also ein Bild aus dem Schreinerwesen, und bezeichnet diesen Prozess als „‚Normalisierung‘ einer Wortbedeutung“ (Z. 51). Damit rückt er den kindlichen Spracherwerb zugleich in die Nähe eines Glättungs- und Anpassungsprozesses an die sprachlichen Verhältnisse, die das Kind umgeben.

Vertiefende Differenzierung der Ursachen-Darstellung

Abschließend wendet sich der Verfasser der – den skizzierten Zusammenhang vertiefenden – Frage zu, welche „Arten von Merkmalen zu Überdehnungen Anlass geben“ (Z. 53). Dabei rekapituliert er eine **Forschungskontroverse**, die mittlerweile aber geklärt sei. Sie besteht in der unterschiedlichen Einschätzung der genannten Ausgangsfrage. Während Eve Clark davon ausgegangen sei, dass das **Aussehen eines Objekts** Anlass dafür gebe, Begriffe zu überdehnen, sah Katherine Nelson – offensichtlich ebenfalls eine Psycholinguistin, die in dem Textausschnitt aber nicht näher eingeführt wird – die **Funktion, die ein Objekt habe**, als Überdehnungsgrund an (vgl. Z. 54 f.). Mittlerweile bestünde jedoch Einigkeit darüber, dass die Funktion eines Objekts die Aufmerksamkeit des Kindes auf den Begriff lenke, also dazu führe, dass das Kind den Begriff in sein Sprachrepertoire integriere. Das Aussehen aber sei dann die Grundlage für die Überdehnung des Begriffs (vgl. Z. 58–62). Diesen Zusammenhang von Funktion und Aussehen eines Objekts für die Sprachentwicklung beim Kind erläutert Zimmer abschließend am **Beispiel** des kindlichen Wortes für Katze. „Miez" nenne es eine Katze, weil ihm dessen Funktion interessant erscheine, zum Beispiel die Bewegung oder der Laut, den die Katze von sich gebe. Die Überdehnung bezieht sich nach Zimmer aber eben nicht auf Objekte, die sich ebenfalls bewegen oder vergleichbare Geräusche erzeugen – wie etwa eine quietschende Tür –, sondern auf das, was der Katze ähnlich sehe (vgl. Z. 62–66).

Untersuchung der Leserführung

Das letztgenannte Beispiel illustriert sehr schön, auf welche Weise Zimmer seine Leser an seinen Gedanken teilhaben lässt. Er bemüht sich in seinem Text durchgängig um **Anschaulichkeit** und **Nachvollziehbarkeit**, indem er auf **Beispiele** zurückgreift, die eine große Alltagsnähe aufweisen. Die Beispiele sind außerdem zahlreich und stammen vor allem aus der Tierwelt. Hund und Katze sind in ihrem Verhalten und ihrem Aussehen nicht nur allen Lesern geläufig; sie eignen sich auch deshalb als Beispiel, weil gerade diese Tiere bei Kindern in der Spracherwerbsphase ein hohes Maß an Aufmerksamkeit gewinnen. Die Beispiele sind also nicht aus der Luft gegriffen, sondern haben einen **hohen Realitätsbezug**.

Verständlich wird Zimmers Darstellung auch dadurch, dass er **nur wenige Fachtermini** benutzt, des Weiteren **diese aber auch stets erläutert**. Ein zentraler Aspekt seiner Darstellung ist ja die semantische Überdehnung von Begriffen. Der Fachbegriff „Semantik" taucht aber nur dort auf, wo Zimmer wissenschaftliche Forschungsergebnisse referiert; und der Fachterminus der Überdehnung wird ausführlich erläutert. Die Anschaulichkeit und die fachbegriffliche Zurückhaltung machen deutlich, dass sich Zimmer **nicht an ein Fachpublikum**, sondern **an den interessierten Laien** richtet. Dazu gehört auch, dass er seinen gesamten **Gedankengang und Argumentationsaufbau auf Fragen aufbaut**. So ist es sicher kein Zufall, dass drei der insgesamt vier vorliegenden Textabschnitte mit Fragewörtern beginnen (vgl. Z. 1, 21, 53), die die Perspektive eröffnen und eine Antwort auf die darin anklingende Frage erwarten lassen.

Reflektierte Schlussfolgerung

Einschätzung zur Reichweite von Zimmers Ausführungen

Dieser Aufbau führt auch dazu, dass der Text insgesamt **schlüssig** wirkt. Allerdings muss festgehalten werden, dass seine Ausführungen **nur einen Teil des Spracherwerbs** erklären. Zimmers Darstellung weckt beim Leser durchaus die Vorstellung, wie das Kind Begriffe lernt. Diese Begriffe aber sind – bis auf den nur angerissenen Begriff „an" (Z. 19) – ausschließlich Nomen: Wauwau, Miez etc. Wie das Kind aber Verben lernt, wie es letztlich Sätze bildet – das erläutert der vorliegende Textausschnitt aus der Monografie nicht.

Betrachtet man den vorliegenden Textauszug vor dem Hintergrund der Monografie, so wird deutlich, dass ein weiterer Aspekt hier ebenfalls keine Berücksichtigung findet. Zimmer legt sein Augenmerk auf die **Sprachentstehung und Sprachentwicklung beim Kleinkind**, also beim jeweils Einzelnen. Der Frage, wie „der Mensch zur Sprache" komme, wie also die **Gattung Mensch** Sprache entwickelt habe, stellt er sich hier nicht. Vor allem die Anschaulichkeit und die Verständlichkeit des Textauszugs regen aber dazu an, nachzulesen, ob hierauf in anderen Teilen des Buches näher eingegangen wird.

2. *Der **weiterführende Schreibauftrag** enthält eine **zweiteilige Aufgabenstellung**. In einem ersten Darstellungsteil ist es Ihre Aufgabe, Herders Grundgedanken, die er in der „Abhandlung über den Ursprung der Sprache" entfaltet, darzulegen. Greifen Sie hierfür auf die Kenntnisse zurück, die Sie im Unterricht zu diesem Text erworben haben. Der beigefügte Textauszug dient hier **nicht** der **Textanalyse**, sondern ist lediglich als eine Hilfestellung gedacht. Sie können daraus zitieren, müssen es aber nicht.*
In einem zweiten Schritt gilt es dann, Gemeinsamkeiten und Unterschiede zu Dieter E. Zimmers Überlegungen zu erläutern. Achten Sie darauf, dass Sie die dazugehörigen Aspekte nicht nur benennen oder aufzählen, sondern in ihrem Zusammenhang erklären, um auf diese Weise die gemeinsamen oder unterschiedlichen Positionen der Verfasser deutlich machen zu können. Die ergänzende Fokussierung in der Aufgabenstellung, die jeweilige Funktion der „Merkmale" zu berücksichtigen, hilft Ihnen, thematische Schwerpunkte zu setzen.

Aufgabenbezogene Überleitung
Bezug zwischen den beiden Texten, Primärinformationen, Thematik

Johann Gottfried Herders „Abhandlung über den Ursprung der Sprache" (1772) beschäftigt sich genau mit der Frage, die Zimmers Monografie implizit im Titel trägt. Er schaut über die Frage, wie sich bei jedem Einzelnen Spracherwerb vollzieht, hinaus und nimmt die Sprachentstehung, vielleicht kann man sogar sagen: die **Sprachwerdung des Menschen** als Gattung in den Blick.

Hauptteil
Darstellung von Herders Fragestellung und Grundgedanken
Entwicklung der Sprachursprungsfrage

In seiner von der Preußischen Akademie der Wissenschaften preisgekrönten Abhandlung vertritt er die Meinung, dass die Sprache **kein Geschenk Gottes** an den Menschen sei, sondern auf dessen geistiger Natur basiere. Während die Annahme, Gott habe dem Menschen die Sprache gegeben, die Frage nach deren Ursprung überflüssig macht, erzwingt die **anthropologische Begründung** der Sprache eine differenzierte Herleitung der Antwort auf die Frage nach ihrem Woher.

Grundgedanken:
Anthropologische Begründung der Sprache

Nach Herders Ansicht **gründet sie** in der **Fähigkeit des Menschen zur Reflexion**, die er auch als Besonnenheit bezeichnet. Sie eignet nach Herder einzig dem Menschen und unterscheidet ihn vom instinktgeleiteten Tier. Unter Reflexionsfähigkeit versteht er in diesem Zusammenhang das menschliche Vermögen, „auf *einem* Bilde freiwillig [zu] verweilen, es in helle ruhigere Obacht [zu] nehmen und sich Merkmale ab[zu]sondern“ (Z. 6 f.). Die **Merkmale** haben bei ihm einen besonderen Stellenwert. Die Fähigkeit, Merkmale eines Objekts zu identifizieren und zu isolieren, machen nach Herder den Menschen unabhängig von Instinkten und erlauben ihm erst, Dinge wiederzuerkennen, die ihm schon einmal begegnet sind. Dieses Wiedererkennen wiederum verdeutlicht, dass es eine gedankliche Verarbeitung gegeben hat. Hieran knüpft Herder den Ursprung der Sprache: „Dies *erste Merkmal der Besinnung war Wort der Seele!*“ (Z. 14) Im vorliegenden Textauszug erläutert Herder diesen Ansatz am Beispiel eines Menschen, der ein blökendes Schaf wahrnimmt. Dessen Blöken wird zum Merkmal des Tieres, an dem der Mensch es identifiziert. Nach Herder erzeugt das **Merkmal eine Vorstellung**, und diese Vorstellung ist **begrifflich**, mithin Sprache. Demnach ist **Erkenntnis ohne Sprache nicht möglich und umgekehrt:** Erkenntnis erzeugt zwangsläufig Sprache: „Er […] erkannte das Schaf am Blöken: es war gefaßtes Zeichen, bei welchem sich die Seele an eine Idee deutlich besann – was ist das anders als Wort?“ (Z. 33–35) Dass Herder den auditiven Reiz des Blökens als Merkmal wählt, ist kein Zufall. Für ihn ist der Ursprung der Sprache stark an die lautlichen Erscheinungen der Umwelt gebunden; auch seine Annahme, dass die **Ursprache** des Menschen die **Poesie** sei, lässt sich auf diese Gebundenheit an den Klang zurückführen.

Funktion der Merkmale bei Herder

Wenn Dieter E. Zimmer bei seiner Betrachtung der Sprachentstehung beim Kleinkind einen Zusammenhang herstellt zwischen dem Interesse an Merkmalen und der Ausdifferenzierung und Erweiterung des Wortschatzes, so ähnelt dies insofern den Überlegungen Herders, als dieser die Fähigkeit, Merkmale zu erkennen, in den Mittelpunkt seiner Ausführungen stellt. Auch bei Zimmer scheint dabei die Grundannahme durch, dass **Erkenntnis und Sprache nicht voneinander zu trennen** sind. Sucht man bei Zimmer nach weiteren Aspekten, die den Grundgedanken der rund 220 Jahre zuvor veröffentlichten „Abhandlung über den Ursprung der Sprache“ vergleichbar sind, so ist es das Interesse des Individuums, das die Entwicklung der Sprache und deren Gebrauch leitet: Die Benennung der umgebenden Welt ist ein Zeichen von Teilnahme an dieser Welt.

Vergleich der Überlegungen

Gemeinsamkeiten zwischen Herder und Zimmer

Herder akzentuiert jedoch stärker als Zimmer, dass Wahrnehmung und Sprachbildung auch immer etwas mit **Selbstwahrnehmung** zu tun hat. In Herders Begriff der Reflexion, den er auch im vorliegenden Textauszug verwendet (vgl. Z. 8 f.), scheint mehr als bei jenem die Vorstellung durch, Spracherwerb sei sowohl Aneignung von Welt wie auch zugleich die Grenzziehung zwischen dem Sprechenden, der sich dadurch als Ich wahrnimmt, und dieser Welt der ihn

Unterschiede zwischen Herder und Zimmer

umgebenden Objekte. Insofern ist Herders Frage nach der **anthropologischen Bedeutung des Sprachursprungs und der Sprachentwicklung** eine viel entschiedenere als die Zimmers. Letzterer konzentriert sich daher auch darauf, die Entwicklung des **Sprachgebrauchs beim Kleinkind** zu betrachten, den er in seinem Ursprung zunächst als defizitär begreift, sich dann aber ausdifferenzieren sieht. Herder blickt auf den Ursprung der Sprache überhaupt, so dass seine Perspektive geradezu zwangsläufig auf die gelingende Entwicklung von Begriffen fokussiert. Während in Herders Überlegungen die Sprache insgesamt ein Teil der Kompensation der menschlichen Mängelnatur ist, die in seiner dürftigen Instinktausstattung liegt, fehlt bei Zimmer eine solche anthropologische Perspektive. In ganz anderem Sinne als Herder könnte Zimmer den Menschen als ein Mängelwesen bezeichnen: Die Entwicklung der Sprache des Kindes beruht auf der mangelnden Passung zwischen Begriff und Objekt – diese Mängel werden beim Spracherwerb zunehmend ausgeglichen, bis der Mensch die Erwachsenensprache beherrscht. Dementsprechend legt Herder den Fokus auch nicht auf den Anpassungsprozess an vorhandene Sprachnormen und -muster; sein weiter reichendes Interesse gilt vielmehr dem Prozess, in dem sich der **Mensch mittels Sprache zum Subjekt seiner Wirklichkeit** entwickelt.

Reflektierte Schlussfolgerung

Der Unterschied lässt sich sicherlich mit der historischen Distanz der beiden Texte erklären. Dies wäre aber bloß äußerlich. Vielmehr manifestiert sich darin ein Unterschied in den Vorstellungen von Wissenschaft – hier bei Herder die **philosophisch geleitete Reflexion**, die den Dingen durch Denken auf den Grund geht; dort bei Zimmer die **empirische**, an den Fakten des klar Beobachtbaren orientierte **Erfahrungswissenschaft**, die nach der Belegbarkeit ihrer Hypothesen strebt.

Leistungskurs Deutsch (Nordrhein-Westfalen): Abiturprüfung 2012
II C: Vergleichende Analyse von literarischen Texten

Aufgaben

Punkte

1. Analysieren Sie das Gedicht „Die verworffene Liebe“ von Johann Christian Günther. Berücksichtigen Sie dabei die Haltung des lyrischen Ich zu Liebe und Leidenschaft. Erläutern Sie, inwiefern es sich um ein Barockgedicht handelt. 39

2. Erschließen Sie vergleichend das Gedicht Nr. XVIII aus dem „Lyrischen Intermezzo“ von Heinrich Heine und deuten Sie Ihre Ergebnisse vor dem literaturhistorischen Hintergrund der beiden Gedichte. 33

Johann Christian Günther (1695–1723)
Die verworffene[1] Liebe

JCh[2] habe genug!
Lust, Flammen und Küsse
Sind gifftig und süsse
Und machen nicht klug:
Komm seelige Freyheit und dämpffe den Brand,
Der meinem Gemüthe die Weisheit entwandt!

Was hab ich gethan!
Jetzt seh ich die Triebe
Der thörichten Liebe
Vernünfftiger an:
Jch breche die Fessel, ich löse mein Hertz,
Und hasse mit Vorsatz den zärtlichen Schmertz.

Was quält mich vor Reu!
Was stöhrt mir vor Kummer
Den nächtlichen Schlummer!
Die Zeit ist vorbey,
O köstliches Kleinod! o theurer Verlust!
O hätt ich die Falschheit nur eher gewust!

Geh Schönheit und fleuch[3]!
Die artigsten Blicke
Sind schmertzliche Stricke:
Jch mercke den Streich.
Es lodern die Brieffe, der Ring bricht entzwey,
Und zeigt meiner Schönen: Nun leb ich recht frey.

Nun leb ich recht frey,
Und schwöre von Hertzen,
Daß Küssen und Schertzen
Ein Narren-Spiel sey,
Denn wer sich verliebet der ist wohl nicht klug,
Geh! falsche Sirene![4] ich habe genug.

(entstanden ca. 1719)

Quelle: Johann Christian Günther: „Die verworffene Liebe". In: Ders.: Werke. Hrsg. von Reiner Bölhoff. Frankfurt am Main: Deutscher Klassiker-Verlag 1998, S. 809 f.

Anmerkungen:
1 *verworffen:* hier im Sinne von zurückgewiesen, abgelehnt
2 *JCh:* Schreibweise im Original
3 *fleuch:* fliehe
4 *Sirene:* pl. Sirenen: dämonische Wesen des Mythos, die Seefahrer mit ihrem Gesang in den Tod locken

Heinrich Heine
Lyrisches Intermezzo XVIII

Ich grolle nicht, und wenn das Herz auch bricht,
Ewig verlor'nes Lieb! ich grolle nicht.
Wie du auch strahlst in Diamantenpracht,
Es fällt kein Strahl in deines Herzens Nacht.

Das weiß ich längst. Ich sah dich ja im Traum,
Und sah die Nacht in deines Herzens Raum,
Und sah die Schlang'[1], die dir am Herzen frißt,
Ich sah, mein Lieb, wie sehr du elend bist.

(zuerst publiziert 1821)

Quelle: Heinrich Heine: „Lyrisches Intermezzo XVIII". In: Ders.: Gedichte 1812–1827. Redaktionell bearb. von Fritz Mende. Berlin: Akademie-Verlag, 1979, S. 70.

Anmerkung:
1 *Schlang:* Symbol der Versuchung und der Falschheit

Hinweise und Tipps

Die vorliegende Aufgabe nimmt Bezug auf die Vorgaben zum Lernbereich „Umgang mit Texten", in dem ***Liebesgedichte*** *mit den Schwerpunkten in den Epochen Barock, Romantik und der zweiten Hälfte des 20. Jahrhunderts obligatorisch zu behandeln sind. Darüber hinaus helfen bei der angemessenen Bewältigung der Aufgabe Kenntnisse zum Epochenumbruch 18./19. Jahrhundert weiter. Die Aufgabe erfordert einen Gedichtvergleich, entspricht also dem Aufgabentyp II C.*

1. *Teilaufgabe 1 erfordert eine* ***Analyse*** *des Gedichts „Die verworffene Liebe" von Johann Christian Günther, die die Grundlage bildet für den* ***Vergleich*** *mit Heines Gedicht in Teilaufgabe 2. Die Analyse soll zwei Schwerpunkte ausweisen: Zum einen ist sie daraufhin anzulegen, dass die* ***Haltung des lyrischen Ichs zu Liebe und Leidenschaft*** *deutlich wird. Dazu gehört auch die Analyse der formalen und ästhetischen Vermittlung dieser Haltung. Zum anderen ist die literaturgeschichtliche Nähe des Gedichts zum Barock herauszuarbeiten. Es bietet sich an, den Vergleich mit dem Heine-Gedicht schon in der Bearbeitung der Teilaufgabe 1 vorzubereiten, indem Sie in einer zusammenfassenden und zugleich überleitenden Auswertung wesentliche Ergebnisse noch einmal fokussiert herausstellen.*

Lösungsvorschlag

Aufgabenbezogene Einleitung

Primärinformationen und erste Verstehensaspekte

Johann Christian Günther, der von 1695 bis 1723 lebte, also nur 28 Jahre alt wurde, verfasste das Gedicht „Die verworffene Liebe" um 1719. Darin reflektiert ein lyrisches Ich seine **Abkehr von der Liebe** und den **radikalen Verzicht auf eine zukünftige Liebesbeziehung**. Dabei überrascht ein solch grundsätzlicher Liebesverzicht aus der Feder eines 24-Jährigen. Ob sich hier im Gedicht eine konkrete biographische Erfahrung Bahn bricht, kann jedoch nicht eindeutig behauptet werden. Allerdings lässt sich der Beginn des Gedichts als Selbstbezug deuten, da er in seiner eigentümlichen Schreibweise durchaus als Akrostichon auf den Vornamen des Verfassers gelesen werden kann (JCh = Johann Christian). Außerdem benennt das Gedicht in V. 24 eine ‚Schöne' und durchbricht damit an dieser einzigen Stelle die ansonsten allgemein gehaltenen Vorwürfe gegen die Liebe, sodass auch hier für einen Moment zumindest der Vermutung zugearbeitet wird, dass der **Grundsätzlichkeit der Liebesabkehr** eine konkrete Enttäuschung zugrunde liegt.

Hauptteil: Analyse

Formale Aspekte

Strophen, Reim und Versmaß

Das Gedicht ist ausgesprochen **regelmäßig aufgebaut**. Es besteht aus fünf Strophen, die wiederum aus sechs Versen bestehen. Auch die Binnenstruktur jeder Strophe ist identisch. Die ersten vier Verse bilden einen umarmenden Reim. Die eingeschlossenen Verse innerhalb des umarmenden Reims enden auf weibliche, die umschließenden Verse auf männliche Kadenzen. Letztere weisen zum Teil unreine Reime auf (vgl. z. B. V. 19/22: „fleuch"/ „Streich"). Die längeren Verse 5 und 6 bilden jeweils einen Paarreim mit männlicher Kadenz und sind hinsichtlich der Verteilung von Hebungen und Senkungen gleich gebaut. Als **Metrum** lässt sich ein vierhebiger Amphibrachys (unbetont–betont–unbetont) feststellen, ein äußerst seltenes Versmaß, das hier um die letzte Senkung verkürzt ist und das auf den ersten Blick wie ein Daktylus mit Auftakt erscheint. Die anderen kürzeren Verse lassen sich als zweihebige Amphibrachys lesen, wobei diese in den Versen 2 und 3 vollständig und in den Versen 1 und 4 erneut um die letzte Senkung verkürzt sind.

Regelmäßigkeit der Strophen 1–4

Auch die **syntaktische Struktur** ist in hohem Maße gleichmäßig: Die ersten vier Strophen beginnen mit einem Ausruf, der stets einen konstatierenden Redegestus erzeugt: „ICh habe genug!" (V. 1); „Was hab ich gethan!" (V. 7); „Was quält mich vor Reu!" (V. 13); „Geh Schönheit und fleuch!" (V. 19). Dem folgen in den nächsten drei Versen Konkretisierungen und Erläuterungen der jeweiligen Eingangsbehauptungen, die nahezu durchgehend eine syntaktische Einheit bilden. Die fünften und sechsten Verse bilden ebenfalls ein syntaktisches Ganzes und formulieren eine Art Schlussfolgerung aus dem zuvor Gesagten.

Sonderfall 5. Strophe

Eine **Ausnahme** stellt **die letzte Strophe** dar. Ihr einleitendes „Nun" (V. 25) weist darauf hin, dass aus den in den vorangehenden Strophen entfalteten Einsichten ein Fazit gezogen werden wird. Außerdem wiederholt der letzte Vers den Eingangsvers: „ich habe genug" (V. 30). Er verleiht dem Gedicht einen **Rahmen** und bekräftigt den Ausruf des Gedichtbeginns.

Detailanalyse

1. Strophe

Dieser Ausruf ist **Erfahrung und Wunsch** zugleich. Er artikuliert einen Zustand, der für das lyrische Ich aktuell ist, den es zugleich aber aufzuheben wünscht. Erläutert wird er durch die sentenzenhaften Aussagen der Verse 2–4 in Strophe 1. Hierin beklagt das lyrische Ich den ambivalenten Charakter der Leidenschaften, den es in der antithetischen Fügung „gifftig und süsse" (V. 3) verdeutlicht. Ihnen setzt er als Antipoden den Begriff „Freyheit" (V. 5) entgegen, der hier wie eine Art Gegenmittel gegen die Leidenschaften erscheint. Sie ruft er in einer Apostrophe als Hilfe an, um den „Brand" der Leidenschaften zu ‚dämpfen' (vgl. V. 5) und dem „Gemüthe die Weisheit" (V. 6) zurückzugeben. Sowohl die letztzitierte Wendung als auch Vers 4 belegen, dass die Liebe, deren Gefährlichkeit durch die verwendete **Feuermetaphorik** unterstrichen wird, der Vernunft entgegensteht.

2. Strophe

Die deutlich zutage tretende **Gegensätzlichkeit von Leidenschaft und Vernunft**, die das lyrische Ich in der Eingangsstrophe aufbaut, wird in der zweiten Strophe noch verstärkt. Der erneute **Ausruf** „Was hab ich gethan!" (V. 7) verstärkt die Abwehrhaltung gegenüber den Leidenschaften und leitet als **Selbstvorwurf** die anschließend geschilderte Veränderung ein: Den „Triebe[n]" der „Liebe" will das lyrische Ich nun „[v]ernünfftiger" (V. 8 ff.) begegnen und versucht sie durch den verstandesgeleiteten Blick (vgl. „seh", V. 8) zu bannen. Das Adjektivattribut „thöricht[]" (V. 9) bringt das Urteil des lyrischen Ichs über die Liebe unmissverständlich zum Ausdruck. Die in Strophe 1 explizit genannte Freiheit klingt in der **Bildlichkeit** des Folgeverses nach: Das Brechen der Fessel (vgl. V. 11) ist ein Akt der Befreiung. Der Liebesschmerz wird bewusst abgewehrt und diese Abwehr wird als Auflösen einer inneren Spannung empfunden: „ich löse mein Hertz" (V. 11). Dass das Ich allerdings „den zärtlichen Schmertz" „mit Vorsatz" (V. 12) hasst, deutet darauf hin, dass es die Ablösung von der Liebe **noch nicht vollzogen** hat, sondern sich noch wünscht.

Strophe 3 steht im Zeichen des **Bedauerns** und der **Reue**. Jede einzelne Aussage dieser Strophe wird durch die Satzzeichen als Ausruf markiert. Die als **Anaphern** gesetzten **Interjektionen** der Verse 17 und 18 intensivieren zudem den **Klagegestus** der Rede. Was das lyrische Ich „quält [...] vor Reu" (V. 13), ist offenbar das Gefühl der Zeitverschwendung und des Verlusts an Lebenszeit, den die Liebeserfahrung gebracht hat. Zeit wird metaphorisch zum „köstliche[n] Kleinod" aufgewertet und als „theurer Verlust" (V. 17) erfahren. Dass das lyrische Ich seine vergangene Liebe bereut, bringt auch der Wunschsatz im letzten Vers zum Ausdruck: „O hätt ich die Falschheit nur eher gewust!" (V. 18) Das Wortfeld des Wissens spielt hierbei wieder auf den Mangel an Erkenntnisfähigkeit in der Liebesbeziehung an, der schon in Strophe 1 anklingt. 3. Strophe

Aus der Klage heraus erhebt sich in der vierten Strophe ein erneutes und sich im Vergleich zur zweiten Strophe verstärkendes **Abwehrverhalten**. In einer personifizierenden direkten **Ansprache** fordert das Ich die „Schönheit" auf, zu verschwinden (vgl. V. 19), so wie es zuvor die „seelige Freiheit" kommen hieß (vgl. V. 5). Implizit begründet es diese Aufforderung mit dem Doppelcharakter der Schönheit, den es erneut in eine **antithetische** Fügung fasst: Dem lyrischen Ich sind die „artigsten Blicke [...] schmertzliche Stricke" (V. 20 f.). Die Reimbindung der entgegengesetzten Wendungen stellt die Gegensätzlichkeit noch stärker heraus. Es versichert sich jetzt aber nicht nur erneut des erlittenen Schmerzes („Ich mercke den Streich", V. 22), sondern richtet sein Handeln nach außen, wird also aktiv. Denn das lyrische Ich hält das Verbrennen der Briefe und das Zerbrechen eines Rings fest, um damit deutlich zu machen, dass es nun nach der totalen Abkehr von der Liebe „recht frey" sei (V. 24). Von diesem nach außen gewendeten Akt verspricht sich das lyrische Ich eine **Demonstration** des eigenen Entschlusses, die „meiner Schönen" (V. 24) zeigen soll, wie ernsthaft es ihm damit ist, der Liebe zu ihr abzuschwören. Wie ein- 4. Strophe gangs schon erwähnt, wird in keiner anderen Strophe so stark angedeutet, dass dem Liebesverzicht eine **konkrete Enttäuschungserfahrung** zugrunde liegt.

5. Strophe

Die letzte Strophe des Gedichts **wiederholt** zunächst zum Zwecke der Bekräftigung und Verstärkung die zuletzt gewonnene Einsicht: „Nun leb ich recht frey […].“ (V. 25) **Emphatisch** „schwör[t]“ (V. 26) das lyrische Ich, dass das gesamte Liebesgebaren ein „Narren-Spiel sey“ (V. 28), und wertet es so stark ab. Dabei **generalisiert** es seine negative Liebeserfahrung mit großer Heftigkeit zur Einsicht, dass jeder, der sich verliebe, „wohl nicht klug“ (V. 29) sei. Beim Leser erweckt dies den Eindruck, hier müsse sich jemand gegen eine schwere Liebesenttäuschung wappnen. In einer erneuten Ansprache bemüht das lyrische Ich abschließend die mythologische Anspielung auf die verführerischen Sirenen (vgl. V. 30), um die eigene Abkehr von der Liebe zu einem heroischen Akt zu stilisieren.

Zusammenfassung der Analyse-Ergebnisse

Das lyrische Ich spricht mit einer solchen Entschlossenheit gegen die Liebe, weil eine weniger radikale Haltung den offensichtlich erlittenen Liebesschmerz **nicht aushaltbar** machen würde. Dabei bringt das lyrische Ich durchgängig die Vernunft in Position, um die an Liebe und Leidenschaft gebundenen Emotionen in den Griff zu bekommen und zu beherrschen. Ihm geht es nicht um die Aufhebung eines Gegensatzes von Vernunft und Gefühl, sondern um dessen Festigung.

Einordnung in die Epoche

Dabei greift Günther auf **literarische Traditionen und Denkweisen** zurück, die ihn noch als Dichter des **Barock** kennzeichnen, zugleich aber auch schon über die Epoche hinausweisen. Dazu gehört zum einen der regelmäßige Gedichtaufbau, der ein Element barocker Formensprache ist. Die **Antithetik** in der argumentativen Figur des Gegensatzes von Liebe und Vernunft weisen ebenso auf epochenspezifische Zusammenhänge wie die **positive Einschätzung** von **Vernunft und Klugheit**. Die Klage, dass die unglückliche Liebeserfahrung Lebenszeit gekostet habe, lässt zudem das **Barockmotiv der Vergänglichkeit** („vanitas“) anklingen.

Reflektierte Schlussfolgerung

Was das Gedicht **über den Barock hinausweisen** lässt, ist nicht nur der vollkommene **Verzicht auf eine metaphysische oder religiöse Anbindung** der skizzierten Lebenserfahrung. Es ist vor allem die **Subjektivität** der artikulierten Einsichten, in der das Ich nicht nur zum Ausgangspunkt der dargelegten Erfahrungszusammenhänge wird, sondern auch zum Bezugspunkt der daraus zu ziehenden Schlussfolgerungen, so befremdlich man sie als Leser des jungen 21. Jahrhunderts zunächst finden mag. „Ich habe genug!“ – so beginnt und so endet das Gedicht. Es postuliert damit eine **Vorstellung von Individualität**, die viel stärker auf die Literatur des folgenden 18. Jahrhunderts vorausweist als den Rückbezug zu den barocken Vorbildern des 17. Jahrhunderts sucht.

2. *Der **Operator des „erschließenden Vergleichens"** verlangt von Ihnen, die beiden Gedichte auf der Grundlage von nachvollziehbaren Vergleichskriterien in Beziehung zueinander zu setzen, um **Gemeinsamkeiten** oder **Unterschiede** herausarbeiten und kennzeichnen zu können. Eine solche Verknüpfung zweier Operatoren in der Aufgabenformulierung ist eher ungewöhnlich. Bei dem Aufgabentyp „Vergleichende Analyse von literarischen Texten" sind aber entgegen dem Anschein, den die Aufgabenstellung hier erweckt, zwei gesonderte Arbeitsschritte nötig – zuerst eine gesonderte Kurzanalyse (erschließen) des Vergleichsgedichts und dann erst der anschließende Vergleich. Das hilft Ihnen, sich nicht von vorneherein zu stark auf den Vergleich zu konzentrieren, ohne dafür die notwendige analytische Textarbeit zugrundegelegt zu haben.*
*Sinnvoll ist es, in der **Überleitung** auf ins Auge fallende Anknüpfungspunkte hinzuweisen – unabhängig von der Frage, ob Sie nun auf signifikante Unterschiede oder auffallende Gemeinsamkeiten eingehen. Die Einzelergebnisse des Analysevergleichs fassen Sie in einer **Schlussbetrachtung** noch einmal knapp zusammen und beziehen sie auf die vorgegebene Problemstellung, um die Unterschiede in den Haltungen gegenüber der Liebe, die die Gedichte entwerfen, deutlich machen zu können.*

Aufgabenbezogene Überleitung

Heinrich Heines „Lyrisches Intermezzo XVIII", das erstmalig 1821 veröffentlicht wurde, hat ebenfalls die Haltung eines lyrischen Ichs zur Liebe zum Thema. Nicht nur in der Länge und seiner ästhetischen Form unterscheidet es sich aber von Johann Christian Günthers Gedicht, es macht auch ein vollkommen **anderes Verhältnis zum Scheitern einer Liebesbeziehung** deutlich. Dies gilt vor allen Dingen im Hinblick auf die emotionale Aufarbeitung der Liebeserfahrung durch das lyrische Ich.

Hauptteil

Kurzanalyse des Heine-Gedichts

Formaler Aufbau

Heines Gedicht besteht aus **zwei Strophen mit je vier Versen**. **Zwei Paarreime** bilden die jeweiligen Strophen. Die Verse sind durchgängig von einem **fünfhebigen Jambus** geprägt und enden ausnahmslos mit einer männlichen Kadenz. Die einzige Unregelmäßigkeit ist eine leichte Tonbeugung in Vers zwei: Die reguläre Betonung auf der ersten Silbe des Adjektivs „ewig" verschiebt sich durch das Versmaß auf die zweite Silbe. Dies aber stört nicht den **volksliedhaften Ton**, der das Gedicht einreiht in die Ausdrucksformen der romantischen Lyrik. Bedingt durch den gleichmäßigen Rhythmus und die männlichen Kadenzen wirken die Aussagen des lyrischen Ichs sehr selbstsicher und gewiss in der Artikulation der eigenen Haltung und Einsicht, so als habe es keine Zweifel an dem, was es sagt.

Inhaltliche Erschließung der 1. Strophe

Die Souveränität des lyrischen Ichs klingt bereits im ersten Vers an, der eine gegen das geliebte Gegenüber gerichtete Emotionalität verneint: „Ich grolle nicht […]." (V. 1) Verstärkt wird diese **Betonung des Nicht-Affekthaften** sogar noch durch die Wiederholung im zweiten Vers. Dabei streitet das lyrische Ich keineswegs den Schmerz der gescheiterten Liebeserfahrung ab, der „das Herz“ (V. 1) brechen ließe. Er verbindet es aber mit der Analyse nicht der Liebesbeziehung, sondern der (zuvor) Geliebten. Dabei diagnostiziert das lyrische Ich eine erhebliche **Diskrepanz** zwischen der **äußeren Erscheinung der Geliebten** und ihrer **inneren, seelischen Verfasstheit**. Es bemüht das Bild vom strahlenden Licht, um deutlich zu machen, dass der „Diamantenpracht“ (V. 3) ihrer Erscheinung kein ebenso strahlendes Herz korrespondiert. Von ihrem Inneren geht nicht nur kein Licht aus – mehr noch: es dringt nicht einmal von außen ein Strahl in ihres „Herzens Nacht“ (V. 4). Was das lyrische Ich der einst Geliebten in dieser antithetischen Gegenüberstellung von äußerem Schein und innerem Sein unterstellt, ist nichts weniger als Beziehungsunfähigkeit und seelische Kälte.

Inhaltliche Erschließung der 2. Strophe

Die eigentliche Überraschung aber sind die Bemerkungen, die das lyrische Ich in der zweiten Strophe macht. Es behauptet zum einen, dass es die zuvor artikulierte Einsicht in die Gefühlskälte der Geliebten schon lange gehabt habe (vgl. V. 5). Zum anderen hat es sie nicht durch eine konkrete Wirklichkeitserfahrung im gemeinsamen Erleben mit der Geliebten gewonnen, sondern „im Traum“ (V. 5). Im **Traum** sah das lyrische Ich die innere Disposition der Geliebten, die es wiederum mit der Metapher der Nacht und der Dunkelheit und zudem mit dem religiös-mythologischen Bild der Schlange charakterisiert (vgl. V. 6 f.). Dabei erscheint die **Geliebte** aber nicht selbst als Versucherin, sondern als **Opfer der Versuchung**, die ihr „am Herzen frißt“ (V. 7). Die durch die Konjunktion „und“ erfolgende additive Reihung dessen, was das lyrische Ich im Traum an seiner Geliebten beobachten konnte, und die Verstärkung des Eindrucks durch die anaphorischen Anfänge der Verse 6 und 7 unterstreichen das Ausmaß des seelischen Unglücks der Geliebten. Dem lyrischen Ich wurde im Traum evident, wie „elend“ (V. 8) sie doch sei. Aus dieser Schlussbemerkung des Gedichts, die auch durch die Ablösung vom bildlichen Sprechen wie ein Fazit wirkt, erwächst **keine Klage** über das Scheitern der Liebesbeziehung, sondern eher **Mitleid** mit der einstigen Partnerin.

Vergleich der beiden Gedichte

Ein solches Mitleid kann schon deshalb in dem Gedicht Johann Christian Günthers keine Rolle spielen, weil sich dort das lyrische Ich zu einer **grundsätzlichen Absage** an die Liebe durchringt. Hier bei Heine bleibt sie auf eine **konkrete Liebeserfahrung** bezogen und erhebt erst gar nicht den Anspruch, allgemeingültig zu sein. Mag auch beiden Gedichten gemeinsam sein, dass sie sich des verführerischen Potenzials eines äußeren Scheins bewusst sind, so sind sie doch in ihrer **Haltung gegenüber der Liebe grundverschieden**. Günther artikuliert sich im Gedicht mit dem Anspruch auf Allgemeingültigkeit der gewonnenen Einsichten. Der Blick in innere Befindlichkeiten bleibt verhalten; eine Tendenz zur individualisierenden Psychologisierung der Geliebten hat sein Gedicht nicht einmal im Ansatz – ganz anders das Gedicht von Heinrich Heine: Er relativiert mit der Konzentration auf die **seelischen Befindlichkeiten des Gegenübers** nicht nur den eigenen Liebesschmerz, sondern fragt auch nach den **Ursachen** für das Scheitern der Liebe. Demgegenüber führt das lyrische Ich bei Günther Sachverhalte an, die der Liebe entgegenstehen und sie unmöglich machen. Es fokussiert die Umstände, nicht die Ursachen. Ihm geht es um das, was aus der negativen Liebeserfahrung folgt, nämlich um die **Absage an die Liebe**.

Das lyrische Ich bei Heine stellt fest, konstatiert – das aber mit sehr viel geringerer Emphase als das lyrische Ich im Günther-Gedicht, so dass der Leser viel weniger den Eindruck gewinnt, hier handele es sich um eine Selbstermutigung durch Radikalität in der Aussage, um das umsetzen zu können, was man gerade ausspricht. In Günthers Gedicht spricht ein vor Enttäuschung **zorniges lyrisches Ich**, in Heines Gedicht ein Ich, das sich dem eigenen Schmerz gegenüber **souverän** verhält.

Reflektierte Schlussfolgerung
Deutung vor literaturgeschichtlichem Hintergrund

In seiner Grundsätzlichkeit und dem Anspruch auf Verallgemeinerbarkeit bleibt Johann Christian Günthers Gedicht ein Dokument des zu Ende gehenden **Barockzeitalters**. Darin klingt die barocktypische Konzeption des lyrischen Ichs als Rollen-Ich noch nach, auch wenn sich schon eine Tendenz zur Subjektivität ablesen lässt. Zu Heines Zeit ist die **Subjektivität und Individualisierung** schon längst zu einem Leitbild des lyrischen Schaffens geworden – dies merkt man auch an seinem Gedicht: Heine sucht die Wirklichkeit hinter dem äußeren Schein und findet sie in der Subjektivität des Traums, der ihm den Blick für das Tatsächliche und für das öffnet, was Wirklichkeit über das Augenscheinliche hinaus erweitert. Damit erweist sich Heine als Zeitgenosse **romantischer Weltsicht**, auch wenn er mit der Metapher der „Diamantenpracht" aus dem typischen Bildarsenal des Barocks schöpft und die Antithetik in Vers 3 und 4 an diese Epoche erinnert. Auch der volksliedhafte Ton bestätigt die Zuordnung zum literaturgeschichtlichen Hintergrund der Romantik, so wie die regelmäßige und rhetorisch stark durchgestaltete Form des Günther-Gedichts dessen Zugehörigkeit zum Barock belegt. Allerdings unterläuft das „Lyrische Intermezzo XVIII" – und das ist typisch für Heine – die romantische Weltsicht auch wieder, weil er in der Darstellung des Scheiterns einer Liebe das **romantische Liebesideal** zugleich wieder **zerstört**. Nicht ohne Grund bezeichnete sich Heine selbst als „entlaufenen Romantiker".

Leistungskurs Deutsch (Nordrhein-Westfalen): Abiturprüfung 2012
II A: Analyse eines literarischen Textes mit weiterführendem Schreibauftrag

Aufgaben Punkte

1. Stellen Sie den Inhalt der Erzählung von Klaus Mann kurz dar und analysieren Sie sie im Hinblick auf die Handlung, die Einführung und Entfaltung des Motivs der Ehre sowie die erzählerischen Gestaltungsmittel. 39

2. Stellen Sie die wesentlichen Aspekte der Erzählung „Leutnant Gustl" von Schnitzler dar und gehen Sie dabei auf das Verhältnis Gustls zur Ehre ein. Vergleichen Sie das Verhältnis des Protagonisten zur Ehre bei Klaus Mann mit dem des Leutnant Gustl in Schnitzlers Erzählung und berücksichtigen Sie dabei auch den jeweiligen Epochenhintergrund. 33

Klaus Mann
Wert der Ehre

Keß waren sie beide, doch sie immer noch kesser als er. Es geschah oft, daß er ihren allzu radikalen Zynismus tadelte. „Meine Liebste", mahnte er mit zärtlicher Strenge, „die Ideale, über die du dich lustig machst, haben mehr inneren Wert, als du annimmst; übrigens auch mehr äußeren", fügte er hinzu. Worauf sie enerviert[1] und verächtlich die Achseln zuckte.

„Ehrgefühl ist bürgerlicher Quatsch", sagte sie anschließend. Darüber gerieten sie in ihrem Pariser Hotelzimmer in Streit.

Beide hatten fast immer Geld, beinahe zufälligerweise, woher es kam, wußte niemand genau. Er wie sie behaupteten stets, irgendwo komplizierte Geschäfte schwelen zu haben. In Frankfurt oder in Argentinien.

So war es nicht nötig, daß sie hochstapelten und die Hoteliers um das Ihrige brachten. Aber Jenny erklärte, mit Überzeugung: „Ich bin ehrlich, nur weil sich mir niemals ein reizvoller Anlaß zum Betrügen geboten hat. Prinzipiell bin ich täglich bereit, gegen jedes Gesetz zu verstoßen. Für meine bürgerliche Ehre gibt mir kein Mensch einen Heller[2]."

Ralf, der sich besser auskannte, lächelte verschmitzt.

Der junge Gentleman, der das anspruchsvolle Juwelengeschäft der Champs Elysées vormittags um halb elf Uhr siegesgewiß betrat, machte, mit kariertem Anzug, Monokel, weißen Gamaschen, den Eindruck dessen, der zu reisen gewohnt ist, Geld reichlich hat und es noch reichlicher ausgibt, eine Wohnung in London und Paris besitzt, Freundinnen aber auch in anderen Städten.

Die Kleinodien, die man ihm vorlegte, prüfte er mit der Miene des gewiegten Kenners; er entschied sich für ein Perlenkollier, das eine halbe Million Francs kostete. Er unterschrieb einen Scheck, bat nachlässig darum, den Schmuck sofort ins Claridge[3] hinüberzuschicken.

Derselbe junge Mann betrat um halb zwölf Uhr den benachbarten Laden, diesmal war seine Haltung nervöser. Er bat hastig, den Besitzer sprechen zu dürfen, und erklärte dem Herrn, der höflich, wenn auch etwas mißtrauisch lauschte, kurz und bündig, daß er Geld brauche. „Ich bin in Not“, sagte er einfach. „Dieser Schmuck gehörte meiner seligen Frau.“ Er wischte sich die Augen, man bemerkte, daß sie trocken waren. Es schien klar, daß er log.

Das war verdächtig, um so verdächtiger, als die Perlen keineswegs seiner seligen Frau gehört hatten, vielmehr noch diesen Morgen dem Geschäft nebenan, was der mißtrauische Besitzer, der die Auslagen der Konkurrenz kannte, auf den ersten Blick feststellte. Hier stimmte nicht alles. Es wurde noch klarer, als der junge Mann, nach dem Preis gefragt, den er forderte, 50 000 Francs wollte. Nebenan, das wußte der Geschäftsmann, hatte das Stück noch diesen Morgen das zehnfache gekostet. Die Echtheit der Perlen unterlag keinem Zweifel. Der junge Gentleman schien ein Betrüger; freilich hätte er, der Geschäftsmann, davon den Vorteil gehabt, es war die Konkurrenz, die hereingelegt wurde.

Der Händler kämpfte einen kurzen, aber heftigen Kampf. Sollte er einen Betrüger entlarven, der ihm selbst zu verdienen gab, die Konkurrenz aber schädigte? Schließlich siegte das Solidaritätsgefühl mit dem andern Kapitalisten, gegenüber einem Abenteurer, der der Gesellschaft gefährlich war; zudem konnte es vorteilhaft sein, sich den Nachbar durch Edelmut zu verpflichten.

Er schickte ein Fräulein hinüber, das sich erkundigen sollte, wie die Sache mit dem Perlenkauf stand. Den karierten jungen Mann, der sich bleich auf die Lippen biß, bat er, nicht ohne Strenge, zu warten.

Die Antwort von nebenan fiel nicht anders aus, als zu vermuten gewesen war: die Perlen waren mit einem Scheck bezahlt worden. Wenn einer als Bezahlung für ein Kollier um halb elf Uhr einen Scheck über eine halbe Million Francs unterschrieb und ebendasselbe Schmuckstück eine Stunde später für 50 000 Francs verkaufen wollte, lag der Sachverhalt klar: der Scheck mußte ungedeckt sein.

Der Geschäftsmann, der um ein Haar betrogen worden war, eilte herbei, um dem anderen, der ihn gebeten hatte, gerührt die Hand zu schütteln; so kameradschaftlich waren die beiden Herren noch nie miteinander gewesen. Den Karierten, der verzweifelt zur Erde starrte, streiften sie mit einem eisigen Seitenblick.

Er wurde gebeten, noch ein wenig Geduld zu haben. Indessen sandte man einen Angestellten zur Bank, auf deren Namen der Scheck lautete.

Er kam zu spät, es war Samstag und zwölf Uhr zehn. So mußte man das Einholen der Erkundigungen verschieben. Die befreundeten Juweliere besprachen sich erregt, doch konzentriert. Es war alles klar, der Verdacht zu dringend: man hatte die moralische Verpflichtung, den Hochstapler vorläufig in Gewahrsam zu nehmen. – Übrigens schien der Jüngling sich selber als überführt, seine Lage als hoffnungslos anzusehen: er widersprach nicht, knirschte nicht mit den Zähnen, als die Polizeibeamten ihn aufforderten, sie zu begleiten.

Die Zeit von Samstag vormittags bis Montag früh verbrachte Ralf im Gefängnis; seine Freundin inzwischen vermutete ihn auf einer Geschäftsreise in London.

Montag früh stellte sich heraus: der Scheck war gedeckt, das Bankguthaben des Herrn Ralf betrug 650 000 Francs.

Nach französischem Gesetz bekam der unter falschem Verdacht ins Gefängnis Gesetzte vom Staate einen moralischen Schadenersatz von 100 000 Francs bei der Haftentlassung ausbezahlt. „Freilich kann dieses Geld die Schmach nicht gutmachen, die wir Ihnen unter falschen Voraussetzungen zugefügt haben“, sagte der Beamte gefühlvoll. „Ehre ist unbezahlbar“. – Auch die Juweliere entschuldigten sich.

„So viel ist Ehre wert“, sagte Ralf als Abschluß seiner hochdramatischen Geschichte zu Jenny, die erschüttert nickte. „Mit Schurkerei so schnell Geld zu verdienen, ist nicht leicht. Ehre ist der höchstbezahlte Artikel.“

Übrigens schenkte er ihr die Perlen.

Aus: Klaus Mann: Wert der Ehre. In: Ders.: Abenteuer des Brautpaars. Hrsg. von Martin Gregor-Dellin. München: Ed. Spangenberg, 1976. (Die Erzählung erschien erstmalig April 1933)

Anmerkungen:
1 *enerviert:* entnervt
2 *Heller:* eine alte Münzeinheit, wie z. B. auch Groschen
3 *Claridge:* berühmtes Hotel in Paris

Der Autor:
Klaus Mann (1906–1949); zweites Kind von Thomas Mann, lebte als Schriftsteller und Schauspieler.

Hinweise und Tipps

Die Abituraufgabe bezieht sich im Bereich der vorgegebenen inhaltlichen Schwerpunkte auf den ***Epochenumbruch 19./20. Jahrhundert*** *und verknüpft einen Erzähltext, der in die Zeit der Neuen Sachlichkeit fällt, mit Arthur Schnitzlers Erzählung „Leutnant Gustl“.*

1. *In* ***Teilaufgabe 1*** *wird von Ihnen erwartet, dass Sie nach einer kurzen Klärung des inhaltlichen Zusammenhangs Ihre Analyse auf die Entfaltung des* ***Motivs der Ehre*** *sowie dessen erzählerische Darstellung fokussieren. Hier gilt es, den Zusammenhang von erzählerischer Form und inhaltlicher Entfaltung zu verdeutlichen. Auf diese Weise lässt sich die Problematisierung des Ehrbegriffs herausarbeiten.*
   Hinsichtlich Ihres methodischen Vorgehens ist es hilfreich, schon jetzt einen Blick auf die zweite Teilaufgabe zu werfen. Das erleichtert Ihnen die perspektivierende Zusammenfassung Ihrer Ergebnisse am Ende der Analyse und bereitet den in der zweiten Teilaufgabe erwarteten ***Vergleich*** *des Ehrbegriffs im vorliegenden Text von Klaus Mann mit dem in Schnitzlers Erzählung vor.*

Lösungsvorschlag

Klaus Manns Erzählung „Wert der Ehre“ erschien erstmals im April 1933. Darin hinterfragt er den **Wert eines bürgerlichen Ehrbegriffs**. Ausgangspunkt der literarischen Entfaltung dieses Themas ist das Gespräch eines Paares in einem Pariser Hotelzimmer. In diesem Gespräch streiten sich ein Mann namens Ralf und eine Frau namens Jenny über die Frage, ob Ehre einen Wert habe. Ihre offensichtlich abweichenden Einschätzungen des Stellenwerts von Ehre veranlassen Ralf zu einer durchaus **kühnen Tat**. Er begibt sich an einem späten Samstagvormittag in ein Pariser Juweliergeschäft und kauft dort für eine halbe Million Franc ein Perlenkollier. Nur eine Stunde später bietet er es einem benachbarten Juwelier mit dem Hinweis auf eigene Geldnot zu einem Zehntel des zuvor bezahlten Preises an. Dieser wird misstrauisch, verständigt sich mit seinem Konkurrenten und veranlasst, da der Vorfall nicht geklärt werden kann, die Verhaftung Ralfs. Ralf bleibt über das Wochenende im Gefängnis, bevor am darauf folgenden Montag der Vorfall geklärt und sich die augenscheinliche Seriosität des Kaufs herausstellt. Ralf erhält nicht nur eine Entschuldigung, sondern zugleich eine Entschädigung seitens des französischen Staats in Höhe von 100 000 Franc, weil er ungerechtfertigterweise inhaftiert worden ist. Ralf urteilt im anschließenden Gespräch mit Jenny, dass Ehre der höchstbezahlte Artikel sei. Die Erzählung endet lapidar mit dem Hinweis, dass er Jenny das Kollier geschenkt habe.

Aufgabenbezogene Einleitung
Primärinformationen und kurze Inhaltsdarstellung

Das die Erzählung einleitende Gespräch zwischen Ralf und Jenny schafft die **Leserperspektive**, aus der heraus die im Erzählkern entfaltete Handlung wahrgenommen wird. So sehr dabei die unterschiedlichen Sichtweisen der beiden Protagonisten in ihrem Gespräch deutlich werden, so unklar bleiben die Lebenszusammenhänge, aus denen heraus das Paar agiert. Die Kommentare, die der **auktoriale Erzähler** in die Wiedergabe des Gesprächs einwebt, dienen erzählstrategisch der Verrätselung und der Verunklarung der Figuren. Als „[k]eß“ (Z. 1) werden sie vorgestellt, ohne dass sich problemlos erschließen ließe, worin das Kesse der beiden Figuren besteht. Rätselhaft bleiben auch ihre soziale Herkunft und ihre ökonomischen Verhältnisse. Dass sie vermögend sind, ist offensichtlich; woher das Vermögen kommt, „wußte niemand genau“ (Z. 8 f.). Selbst das genauere Verhältnis der beiden zueinander bleibt ungeklärt. Dass er, Ralf, mit „zärtlicher Strenge“ zu ihr spricht und sie mit „[m]eine Liebste“ (Z. 2) anredet, deutet aber ein Liebesverhältnis an. Gewiss ist dies – wie vieles andere auch – aber nicht. Anlass oder Ursprung des Gesprächs bleiben ebenfalls im Dunkeln. Der auktoriale Erzähler führt den Leser mitten in den Disput hinein, der sich um den Wert von Ehre entspinnt. Jennys Haltung, dass „Ehr-

Hauptteil: Analyse
Gespräch als Vorspann: Perspektivierung des Erzählkerns

gefühl […] bürgerlicher Quatsch" (Z. 6) sei, fordert Ralf offenbar heraus. Er ist der Überzeugung, dass die „Ideale", über die sie sich „lustig" mache, „mehr inneren Wert" und zudem „auch mehr äußeren" (Z. 3 f.) Wert hätten, als sie annehme. Jenny hält dem entgegen, dass ihr bisher nur eine interessante Gelegenheit gefehlt hätte, um zur Hochstaplerin und Betrügerin zu werden, dass sie aber prinzipiell „täglich bereit" sei, „gegen jedes Gesetz zu verstoßen" (Z. 13 f.). Ihr Schlusssatz – im Übrigen ihr letzter Satz in der gesamten Erzählung – wirkt wie eine Begründung dieser Haltung: „Für meine bürgerliche Ehre gibt mir kein Mensch einen Heller." (Z. 14 f.)

Haltung des Erzählers

Zwar hat Jenny das letzte Wort, doch führt das Gespräch Ralf dem Leser insofern als den Überlegenen vor, als der **auktoriale Kommentar**, dass er „sich besser auskannte" (Z. 16) unmissverständlich ist. Ralfs ‚verschmitztes Lächeln' (vgl. Z. 16) deutet in die gleiche Richtung. Damit ergreift der Erzähler **Partei für Ralfs Haltung**; zugleich aber bestimmt er mit diesem Gesprächsende, das selbst keine Klärung über den „Wert der Ehre" herbeiführt, den Fokus, mit dem der Leser sich der folgenden Handlung zuwendet. Der Verzicht des Erzählers auf tiefergehende und aufklärende Erläuterungen zu den Figuren und ihren Lebensumständen bewirkt eine Konzentration auf die Frage der Ehre, die im Mittelpunkt des weiteren Erzählverlaufs steht. Der Erzählkern, der Mittelteil der Erzählung, wird dabei zu einer Illustration der Haltung, die Ralf vertritt.

Ausgestaltung des Erzählkerns und Erzählstrategie

Auch in diesem Mittelteil arbeitet der Erzähler mit einer **Vielzahl von Leerstellen**. Zum einen bleibt unklar, in welchem zeitlichen Abstand voneinander sich das Gespräch zwischen Ralf und Jenny und die nun einsetzende Handlung abspielen. Zum anderen wird der Leser zunächst nicht darüber aufgeklärt, wer denn nun der Protagonist der Ereignisse bei den Juwelieren ist. Erst als diese Person im Gefängnis landet, nennt ihn der Erzähler eindeutig beim Namen (vgl. Z. 67). Vorher ist stattdessen von einem „junge[n] Gentleman" (Z. 17 und 38), einem „jungen Mann" (Z. 26, 35 und 47) oder einem „Jüngling" (Z. 64) die Rede gewesen. Diese Distanzierung von der Figur geht einher mit einem **Wechsel der Erzählposition**: Zwar bleibt es grundsätzlich bei der auktorialen Erzählhaltung, doch nimmt der Erzähler bei der Schilderung der Ereignisse in den beiden Juweliergeschäften vorübergehend die Perspektive von Figuren ein – und zwar die der Geschäftsleute. Das reicht bis zum Rückgriff auf die **erlebte Rede**, um die inneren Beweggründe der jeweiligen Figuren zu vermitteln: „Sollte er einen Betrüger entlarven, der ihm selbst zu verdienen gab, die Konkurrenz aber schädigte?" (Z. 41 f.) In der anschließenden auktorialen Einlassung begründet der Erzähler die Entscheidung des zweiten Juweliers, seinen Konkurrenten zu Rate zu ziehen, mit dem „Solidaritätsgefühl mit dem andern Kapitalisten" (Z. 43). Dieser ideologisch besetzte und negative aufgeladene Begriff dokumentiert die **Ablehnung des Erzählers** denjenigen gegenüber, die mit Luxusgütern (hier Schmuck und Juwelen) handeln, und lässt eine klammheimliche Freude darüber vermuten, wie sie an der Nase herumgeführt werden.

Verhalten der Juweliere

Beiden Juwelieren ist gemeinsam, dass sie sich vom äußeren Schein **täuschen** lassen. Beim ersten Juwelier, bei dem Ralf das Perlenkollier für 500 000 Franc kauft, wird dessen Seriosität erst gar nicht in Frage gestellt. Kleidung, Auftreten, augenscheinliche Kennerschaft in Sachen Schmuck sowie der Aufenthaltsort des Mannes in einem Pariser Luxushotel werden als Garant dafür genommen, dass er in der Lage ist, die im Raum stehende Summe auch zu bezahlen. Auch der zweite Juwelier fällt auf einen inszenierten Auftritt herein, da er einen vermeintlichen „Betrüger" (Z. 38 f.) zu entlarven glaubt, dabei aber nicht erkennt, dass in dem scheinbar Fragwürdigen des Auftritts selbst die Täuschung liegt: Das Hastige im Verhalten des Kunden, dessen Trocknen erkennbar nicht vorhandener Tränen, sein Unsicherheit signalisierendes Beißen auf den Lippen und schließlich seine widerstandslose Kapitulation bei der Festnahme (Z. 27, 30 f., 47 f., 65) werden als typische Verhaltensweisen eines Betrügers wahrgenommen. Dass gerade sie bewusst inszeniert sind, um genau diesen Eindruck zu wecken, entgeht den Geschäftsleuten.

Lächerlichmachen des Ehrbegiffs

Ralf schafft mit dieser Inszenierung aber exakt die Konstellation, die er benötigt, um die Bedeutung eines **inneren und äußeren Ehrgefühls** zu demonstrieren – und zugleich zu verspotten. Denn er bringt den zweiten Juwelier in ein Dilemma. Folgt er dem Ansinnen seines Kunden, kann er ein Schmuckstück erwerben, dass das Zehnfache seines Kaufpreises wert ist, muss dann aber mit der Annahme leben, einen Konkurrenten betrogen zu haben. Worin der Betrug denn bestehen könnte, bleibt zunächst völlig offen, scheint auch nicht wichtig. Denn schnell stellt sich bei dem Mann eine Art von Ehrbewusstsein ein, das die Oberhand gewinnt. Konkretisiert wird eine solche **Ehre als „Solidaritätsgefühl**" (Z. 43), „Edelmut" (Z. 45) und eine „**moralische Verpflichtung**, den Hochstapler vorläufig in Gewahrsam zu nehmen" (Z. 62 f.). Zudem erhofft sich der zweite Juwelier einen erfreulichen Nebeneffekt, nämlich dass sein Berufskollege dann in seiner Schuld stehe. Folgt man der Perspektive des Erzählers, so ist vollkommen klar, worin der eigentliche Beweggrund für das Veralten der Juweliere liegt. Es ist, wie schon erwähnt, die Solidarität unter „Kapitalisten" (Z. 43) und damit ein aus **bloß ökonomischen Interessen abgeleitetes Ehrbewusstsein**, das die Geschäftsleute in ihrem Handeln motiviert.

Genau diese Form von Ehre führt Ralf ad absurdum. Den Zeitpunkt für seinen Schelmenstreich hatte er offenbar sorgfältig geplant, denn die Öffnungszeit der Bank gehört genuin zum Gelingen seines Planes dazu. Er muss über das Wochenende eingesperrt werden, um schließlich die Entschädigung von 100 000 Franc als „moralischen Schadenersatz" (Z. 72) einstreichen zu können. Die Juweliere werden in ihrer Haltung, die sie an den Tag legen, auf diese Weise der Lächerlichkeit preisgegeben.

Funktion der Binnenerzählung

Die Geschichte endet mit Ralfs Schlussfolgerung aus seinem gewissermaßen soziologischen Experiment, dass „Ehre" der „höchstbezahlte Artikel" (Z. 78) sei. Mit dem Begriff „Artikel" stellt Ralf klar den Bezug zur Warenwelt und damit zur **ökonomischen Verwertbarkeit von Ehre** her. Mit diesem Schluss wird zugleich der Rückbezug zum Eingangsgespräch gewährleistet, so dass sich Erzählanfang und Schluss wie ein **Rahmen** um den Erzählkern fügen. Damit wird aber auch die Frage aufgeworfen, inwiefern Ralf nun den inneren und äußeren Wert von Ehre hat zeigen können, dessen Gültigkeit er eingangs (vgl. Z. 3 f.) gegenüber Jenny behauptet hatte. Bei dieser Frage geht es mithin um die **Funktion der Binnenerzählung**: Ralfs planvolle Tat zeigt zum einen sehr wohl, dass Ehre auch in Geldwerten, also an Äußerem, berechnet wird. Sie manifestiert sich in der Höhe der Entschädigung, die er vom französischen Staat erhält. Darauf kann aber nicht unmittelbar das Ehrgefühl der beiden Juweliere bezogen werden. Auf den ersten Blick zeigen sie sogar, dass sich **Ehre auch jenseits ökonomischer Erwägung als handlungsbewegendes Moment** erweisen kann. Immerhin hätte der zweite Juwelier einen unmittelbaren hohen Gewinn einstreichen können, hätte er den angebotenen Schmuck angenommen. Das tut er nicht, sondern solidarisiert sich mit seinem Geschäftskonkurrenten. Aber warum? Es hat offensichtlich etwas mit der Rolle zu tun, die der vermeintliche Betrüger einzunehmen scheint, nämlich die des „Abenteurer[s]" (Z. 44), der als Antipode, Gegenspieler wahrgenommen wird, als **Hasardeur** also, der das **System des Kapitalismus** beschädigt. Hierauf deutet jedenfalls der Umstand hin, dass sich der Juwelier mit seinem Konkurrenten zusammenschließt, um gegen den Protagonisten anzugehen, den er als eine Gefahr für die Gesellschaft begreift (vgl. Z. 44).

Reflektierte Schlussfolgerung

Das Ehrbewusstsein der Juweliere, die durchaus als Figurationen bürgerlichen Selbstverständnisses verstanden werden können, kommt aus dem ökonomischen Bezugsrahmen gar nicht heraus und wird so als **bloß scheinhafte moralische Haltung** entlarvt. Das Ehrbewusstsein, das die Erzählung lächerlich macht, ist also nicht bloß „bürgerlicher Quatsch" (Z. 6), sondern ein „Quatsch", der System hat, in dem es, wie Ralf sagt, innere und äußere Werte behauptet, die aus sich heraus aber keine ‚wirklichen' Werte schaffen.

2. *Der weiterführende Schreibauftrag der* ***Teilaufgabe 2*** *läuft im Wesentlichen auf einen* ***Vergleich*** *des Ehrbegriffs in Schnitzlers „Leutnant Gustl" mit dem in Klaus Manns Erzählung hinaus. Die zunächst durch die Aufgabenstellung geforderte* ***Darstellung wesentlicher Aspekte*** *dient in diesem Zusammenhang der argumentativen Vorbereitung eines solchen Vergleichs, da ohne eine knappe Darlegung inhaltlicher Zusammenhänge der thematische Bezugsrahmen gar nicht klar werden könnte. Die gemeinsame* ***Schnittstelle*** *der beiden literarischen Texte ist das* ***Thema der Ehre*** *und deren* ***Bedeutung für Handlungsweisen****, die die Figuren an den Tag legen. In dem Umstand, dass Ehrgefühl zu einem Handlungsmovens wird, liegt die Gemeinsamkeit beider Texte, in den abweichenden gesellschaftlichen Bezugssystemen ihr wesentlicher Unterschied. Letzteres macht sie zu Dokumenten ihrer Epoche, so dass auch dieser gesellschafts- und literaturgeschichtliche Zusammenhang im Vergleich der beiden Texte deutlich von Ihnen herauszuarbeiten ist.*

Aufgabenbezogene Überleitung

Ehrgefühl ist auch in Arthur Schnitzlers im Jahre 1900 erschienener Erzählung „Leutnant Gustl" der thematische Kern, um den das gesamte Erzählgefüge gebaut ist. Denn im inneren Monolog Leutnant Gustls, eines Offiziers der österreichischen k. u. k. Monarchie, geht es nahezu ausschließlich um die Frage, wie er einer Ehrverletzung, die ihm seiner Wahrnehmung nach widerfahren ist, begegnen kann.

Hauptteil

Darstellung wesentlicher Aspekte der Erzählung

Handlungsaspekte

In der Garderobe eines Konzerthauses drängelt dieser Leutnant Gustl in so massiver Weise, dass sich ein in der Stadt bekannter Bäckermeister dieses Verhalten nicht gefallen lässt, ihn zurechtweist und überdies als ‚dummen Bub' bezeichnet. Diese **vermeintliche Schmach**, von einem ihm gesellschaftlich tiefer stehenden Zivilisten beleidigt worden zu sein, stürzt Gustl in eine tiefe Krise. Er befürchtet, dass der Bäckermeister die unbemerkt gebliebene Auseinandersetzung öffentlich machen und damit seine Ehre verletzen könne, die fundamental mit der Ehrhaftigkeit seines Berufsstandes verbunden ist. Deshalb kreisen seine Gedanken auf seinem nächtlichen Weg nach Hause um die ihm alternativlos erscheinende Notwendigkeit, sich umzubringen, um der vermeintlichen Ehrverletzung zu entgehen. Einen anderen Ausweg sieht er nicht, da der Bäcker als Zivilist nicht satisfaktionsfähig ist und er so nicht durch ein Duell seine Ehre wiederherstellen kann, wie es der militärische Ehrenkodex fordern würde. In einem nahezu ununterbrochenen **Gedankenstrom**, der sich dem Leser im **inneren Monolog** entfaltet, beschäftigt er sich mit der Frage, wie und wann er sich umbringen soll und ob und in welcher Weise er sich von seiner Geliebten Steffie und seinen Verwandten verabschieden soll. Sein Spaziergang durch das nächtliche Wien endet vorläufig im Prater, wo er auf einer Parkbank einschläft. Nach einem kurzen Schlaf beschließt er noch einmal in sein Kaffeehaus zu gehen, bevor er sich zu Hause erschießen will. In diesem Kaffeehaus erfährt er, dass der Bäckermeister unerwartet in der Nacht an einem Schlaganfall verstorben ist. Gustl nimmt sofort von seinem Suizidgedanken Abschied und schmiedet neue Pläne, zu denen zuerst ein für den folgenden Nachmittag vereinbartes Duell mit einem Kontrahenten gehört.

Schwerpunkt: Gustls Verhältnis zur Ehre

Gustl stellt Ehre und Ehrkonvention als Handlungsmovens nicht einmal im Ansatz in Frage, sein Verhalten und sein Denken verdeutlichen vielmehr, dass **Ehre** für ihn ein **absoluter Wert** ist, dem er sich unterwirft und dessen daran geknüpfte Normen und Verhaltensmuster er beachtet. Darin schlägt sich seine Prägung durch die militärische Berufsehre nieder, der er ebenso wenig kritisch zu begegnen vermag wie den daraus erwachsenden Folgen wie Duell oder Selbsttötung. Wie **inhaltsleer und hohl** aber diese Normen und Werte sind, zeigt sich nicht nur in der Bagatelle der kurzen Auseinandersetzung mit dem Bäckermeister, die zu Gustls Selbstmordabsichten führt. Vielmehr zeigt sich dies auch in dem Umstand, dass die Suizidpläne sofort wieder fallengelassen werden, als sich Gustl sicher sein kann, dass nach dem Tod des Bäckermeisters die vermeintliche Schmach nicht mehr öffentlich gemacht wird. Gustls Ehrgefühl hängt also grundlegend davon ab, wie er wahrgenommen wird. Er fürchtet vor allem den öffentlichen Gesichtsverlust. Die Krise, die Gustl durchläuft, und die für ihn letztendlich glückliche Fügung münden darüber hinaus nicht in einer Einsicht in die Hohlheit des soldatischen Ehrbegriffs. Der Offizier kehrt, ohne sich in irgendeiner Form entwickelt zu haben, wieder zu seinem alten Leben zurück, das den **militärischen Konventionen** der k. u. k. Monarchie verpflichtet ist.

Vergleich mit dem Text von Klaus Mann

Ehrbegriff des Protagonisten bei Klaus Mann

Es ist offensichtlich, dass Leutnant Gustl in Schnitzlers gleichnamiger Erzählung ein **grundsätzlich anderes Verhältnis** zur Ehre an den Tag legt als der Protagonist Ralf in der Erzählung Klaus Manns. Zwar ist es zu Beginn der Erzählung Jenny, die den Wert der Ehre stark angreift, doch letztendlich entlarvt Ralf in seinem – wenn man es so nennen will – Feldversuch, dass Ehre kein **absoluter Wert** ist, sondern selbst dem **Diktat ökonomischer Verwertbarkeit** unterliegt. Während Gustl **keinerlei Distanz** zu seinem Ehrbegriff einzunehmen vermag, setzt sich Ralf klar von dem herrschenden Ehrverständnis ab – nicht nur indem er es in einem schelmenhaften Spiel ausnutzt, sondern auch indem er die Ehre zum **Objekt** einer geradezu verhaltensökonomischen Studie macht, aus der er dann gegenüber Jenny seine Schlüsse zieht.

Berücksichtigung des gesellschaftlichen Bezugsrahmens der Figuren und der Entstehungszeit der Texte

Die bloße Äußerlichkeit und damit Scheinhaftigkeit der Ehre wird in beiden Erzähltexten deutlich; die Bezugswelt ist aber eine grundsätzlich andere. **Leutnant Gustl** erfüllt auf einer vollkommen sinnentleerten Ebene die scheinbaren Gebote der Ehre. Diese daraus unmittelbar entspringende sinnlose Wert- und Normorientierung, der er bedingungslos folgt, macht ihn zu einer Figur, die selbst **entwicklungsunfähig** ist. Denn als er vom Tod des Bäckers erfährt, tritt er bruchlos in die Bahnen seiner bisherigen Lebensweise zurück. Diese Lebensweise ist allerdings **geprägt durch das Militärische**, vor allem vom Korpsgeist einer durch und durch militärisch geprägten Gesellschaft. Insofern ist **Gustl eine prototypische Figur der Jahrhundertwende** und des Epochenumbruchs, einer Gesellschaft, die den Ersten Weltkrieg und damit die Urkatastrophe des 20. Jahrhunderts noch vor sich hat. Er repräsentiert ein Bewusstsein, dessen gesellschaftlichen Bezugsrahmen es nach diesem Weltkrieg, an dessen Ende auch Österreich als Verlierer dastehen wird, nicht mehr geben wird.

In Klaus Manns – angesichts der Erzählanlage fast lehrhaft zu nennenden – Erzählung sieht es ganz anders aus. Seine Figuren sind durchweg, seien es nun Ralf und Jenny mit ihrem mondänen Lebensstil, seien es die beiden Juweliere, **Teil einer bürgerlichen Welt**, der es ökonomisch gut zu gehen scheint – auch wenn Ralf und Jenny sich in Wort (Jenny) und Tat (Ralf) gegen die bürgerliche Gesellschaft wenden. An die Stelle von Militarismus und Obrigkeitsstaat und dessen Normen tritt bei Mann nicht die idealtypisch freie bürgerliche Gesellschaft, sondern ein **System**, das auf die **ökonomische Verwertbarkeit von Werten wie Ehre** setzt. Diese Reduktion des Ehrgefühls auf eine bloße Scheinhaftigkeit und auf Verwertung wird von Ralf in geradezu zynischer Weise aufgedeckt. Dass der Erzähler (vielleicht auch der Autor) für einen solchen Zynismus Sympathien hat, macht die Erzählweise deutlich. Nicht die überholte militärische Konvention der k. u. k. Monarchie und der damit verbundene Ehrbegriff sind der Zielpunkt der Kritik, sondern das ökonomische System der bürgerlichen Gesellschaft mit ihrem ebenfalls **leeren Ehrverständnis**.

Reflektierte Schlussfolgerung

Beiden Erzähltexten ist also gemein, dass sie einen ungeschminkten Blick auf die **Bewusstseinsverhältnisse ihrer Zeit** werfen. Dabei wird ihnen die Auseinandersetzung mit Ehre und Ehrgefühl zu einem zentralen Thema, das wie ein Brennglas die höchst problematischen Verhältnisse an den Leser heranrückt und ihnen klare Konturen verleiht. Auf ihre je eigene, literarisch anspruchsvolle Weise sind sie Texte ihrer jeweiligen Zeit, weisen zugleich aber auf Bruchstellen hin, deren Tragweite sie immer noch aktuell erscheinen lässt.

Ihre Meinung ist uns wichtig!

Ihre Anregungen sind uns immer willkommen. Bitte informieren Sie uns mit diesem Schein über Ihre Verbesserungsvorschläge!

Titel-Nr.	Seite	Vorschlag

Bitte hier abtrennen

Lernen • Wissen • Zukunft
STARK

Bitte hier abtrennen

Zutreffendes bitte ankreuzen!

Die Absenderin/der Absender ist:

- ☐ Lehrer/in in den Klassenstufen: ____
- ☐ Fachbetreuer/in
  Fächer: ____
- ☐ Seminarlehrer/in
  Fächer: ____
- ☐ Regierungsfachberater/in
  Fächer: ____
- ☐ Oberstufenbetreuer/in
- ☐ Schulleiter/in
- ☐ Referendar/in, Termin 2. Staats-
  examen: ____
- ☐ Leiter/in Lehrerbibliothek
- ☐ Leiter/in Schülerbibliothek
- ☐ Sekretariat
- ☐ Eltern
- ☐ Schüler/in, Klasse: ____
- ☐ Sonstiges: ____

Unterrichtsfächer: (Bei Lehrkräften!)

____

Kennen Sie Ihre Kundennummer? Bitte hier eintragen.

Absender (Bitte in Druckbuchstaben!)

Name/Vorname ____

Straße/Nr. ____

PLZ/Ort/Ortsteil ____

Telefon privat ____ Geburtsjahr ____

E-Mail ____

Schule/Schulstempel (Bitte immer angeben!)

22-VD5

Bitte ausfüllen und im frankierten Umschlag an uns einsenden. Für Fensterkuverts geeignet.

STARK Verlag
Postfach 1852
85318 Freising

(Bitte blättern Sie um)

Sozialwissenschaften

Wirtschaft – Wirtschaftliches Handeln im Sektor Unternehmen · Wirtschaftliches Handeln im Sektor Ausland .... Best.-Nr. 84852
Abitur-Wissen Demokratie .... Best.-Nr. 94803
Abitur-Wissen Sozialpolitik .... Best.-Nr. 94804
Abitur-Wissen Die Europäische Einigung .... Best.-Nr. 94805
Abitur-Wissen Politische Theorie .... Best.-Nr. 94806
Abitur-Wissen Internationale Beziehungen .... Best.-Nr. 94807
Abitur-Wissen Volkswirtschaft .... Best.-Nr. 94881
Kompakt-Wissen Abitur Grundlagen der nationalen und internationalen Politik .... Best.-Nr. 948001
Kompakt-Wissen Abitur Volkswirtschaft .... Best.-Nr. 948501
Kompakt-Wissen Abitur Grundbegriffe Politik ... Best.-Nr. 948002

Zentralabitur

Optimale Unterstützung für Schülerinnen und Schüler bei der Vorbereitung auf das **Zentralabitur in Nordrhein-Westfalen:**

- Wertvolle **Hinweise** zum Ablauf des Zentralabiturs.
- **Original-Prüfungsaufgaben und Übungsaufgaben im Stil des Abiturs** zu den aktuellen Schwerpunktthemen machen mit den Inhalten vertraut und geben Gelegenheit zum selbstständigen Üben unter Prüfungsbedingungen.
- **Schülergerechte Lösungen.**

Abiturprüfung Mathematik LK mit CD – NRW ... Best.-Nr. 55000
Abiturprüfung Mathematik GK mit CD – NRW ... Best.-Nr. 55100
Abiturprüfung Physik GK/LK – NRW .... Best.-Nr. 55300
Abiturprüfung Deutsch LK – NRW .... Best.-Nr. 55400
Abiturprüfung Deutsch GK – NRW .... Best.-Nr. 55410
Abiturprüfung Englisch LK – NRW .... Best.-Nr. 55460
Abiturprüfung Englisch GK – NRW .... Best.-Nr. 55470
Abiturprüfung Französisch GK/LK – NRW .... Best.-Nr. 55500
Abiturprüfung Spanisch GK/LK – NRW .... Best.-Nr. 55540
Abiturprüfung Latein GK/LK – NRW .... Best.-Nr. 55600
Abiturprüfung Biologie LK – NRW .... Best.-Nr. 55700
Abiturprüfung Biologie GK – NRW .... Best.-Nr. 55710
Abiturprüfung Chemie GK/LK mit CD – NRW ... Best.-Nr. 55730
Abiturprüfung Geschichte LK – NRW .... Best.-Nr. 55760
Abiturprüfung Geschichte GK – NRW .... Best.-Nr. 55780
Abitur Sozialwissenschaften GK/LK – NRW .... Best.-Nr. 55800
Abiturprüfung Erdkunde GK/LK – NRW .... Best.-Nr. 55900
Abitur Erziehungswissenschaft LK – NRW .... Best.-Nr. 55940
Abitur Erziehungswissenschaft GK – NRW .... Best.-Nr. 55941
Abiturprüfung Sport GK/LK – NRW .... Best.-Nr. 55980
Abiturprüfung Kunst GK/LK – NRW .... Best.-Nr. 55960

Natürlich führen wir noch mehr Titel für alle Fächer und Stufen: Alle Informationen unter
www.stark-verlag.de

Studi-Kompass

Wie geht es nach dem Abitur weiter?

Die Reihe **Studi-Kompass** gibt Antworten auf Fragen zum Studium:

- ➜ Detaillierte Informationen zu jeder Hochschule – und Hochschulstadt – in Deutschland sowie alle wichtigen Adressen und Ansprechpartner
- ➜ Zahlreiche Berufsbilder, mögliche Tätigkeitsfelder und Arbeitsmarktprognosen für Absolventen
- ➜ Online-SelfAssessment zur Unterstützung der Schülerinnen und Schüler bei der persönlichen Studienentscheidung

Wirtschaftswissenschaften und Wirtschaftsingenieurwesen, Ausgabe Nord .... Best.-Nr. 20088A
Wirtschaftswissenschaften und Wirtschaftsingenieurwesen, Ausgabe Süd .... Best.-Nr. 20088B
Ingenieurwissenschaften, Ausgabe Nord .... Best.-Nr. 20010A
Ingenieurwissenschaften, Ausgabe Süd .... Best.-Nr. 20010B
Psychologie und Pädagogik .... Best.-Nr. 20094
Biologie, Chemie, Pharmazie .... Best.-Nr. 20073
Mathematik und Physik, Ausgabe Nord .... Best.-Nr. 20030A
Mathematik und Physik, Ausgabe Süd .... Best.-Nr. 20030B
Rechtswissenschaften, Ausgabe Nord .... Best.-Nr. 20085A
Rechtswissenschaften, Ausgabe Süd .... Best.-Nr. 20085B
Sprach- und Literaturwissenschaften .... Best.-Nr. 20040
Kulturwissenschaften .... Best.-Nr. 20076
Politik- und Sozialwissenschaften .... Best.-Nr. 20020
Medien, Ethnologie und Journalistik .... Best.-Nr. 20080
„So finde ich das passende Studienfach!“ Leitfaden zum Online-SelfAssessment inkl. Aktivierungs-Code .... Best.-Nr. 20000
Aktivierungs-Code zum Online-SelfAssessment . Best.-Nr. 20000C

Bestellungen bitte direkt an:
STARK Verlagsgesellschaft mbH & Co. KG · Postfach 1852 · 85318 Freising
Tel. 0180 3 179000* · Fax 0180 3 179001* · www.stark-verlag.de · info@stark-verlag.de
*9 Cent pro Min. aus dem deutschen Festnetz, Mobilfunk bis 42 Cent pro Min.
Aus dem Mobilfunknetz wählen Sie die Festnetznummer: 08167 9573-0

Lernen • Wissen • Zukunft
STARK

22-VD5